MAPAS MENTAIS PARA

# CARREIRAS POLICIAIS

## MAPEAR DIREITO

Mapear Direito

MAPAS MENTAIS PARA

# CARREIRAS POLICIAIS

## MAPEAR DIREITO

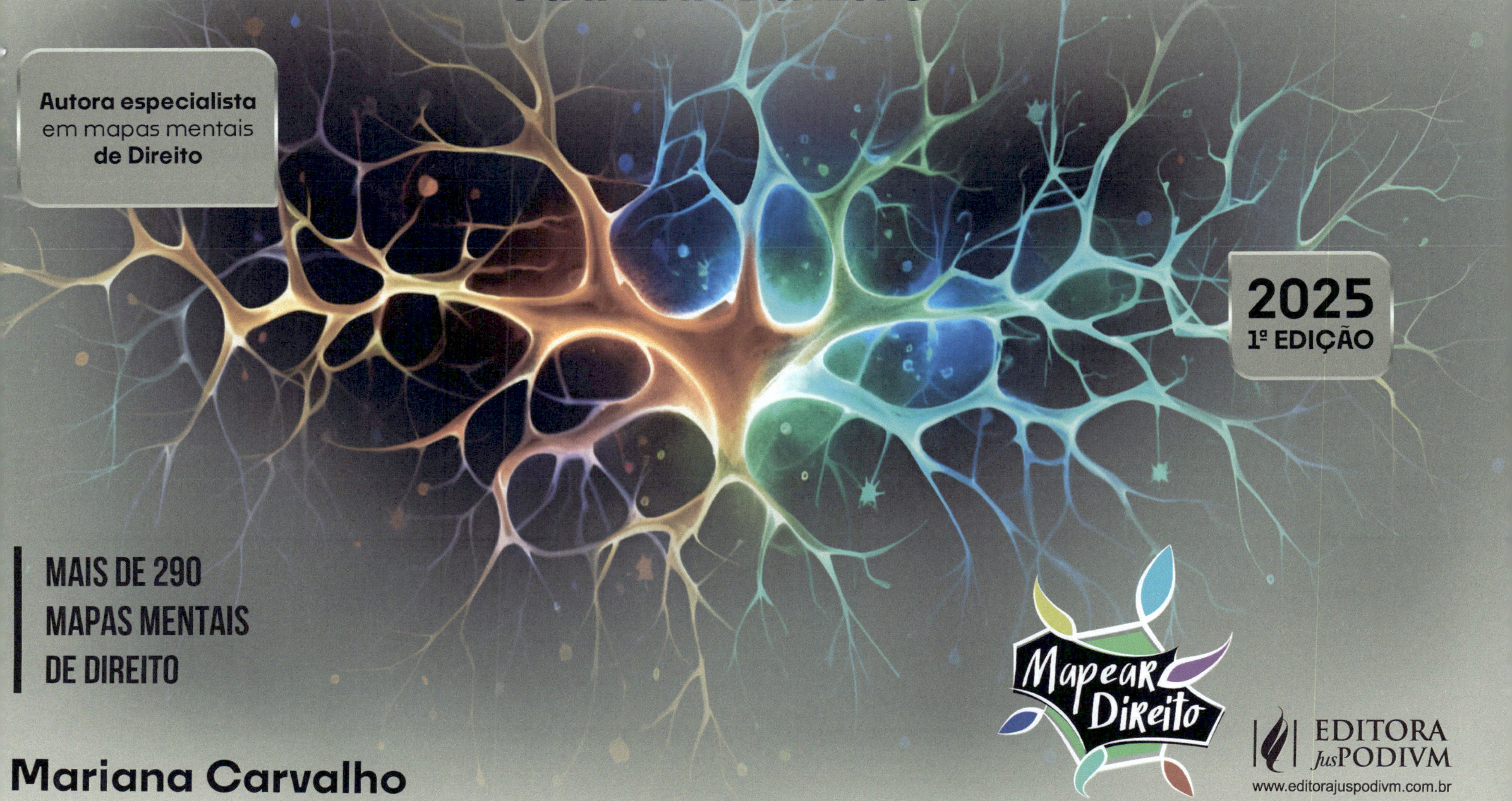

**Autora especialista**
em mapas mentais
**de Direito**

**2025**
**1ª EDIÇÃO**

**MAIS DE 290**
**MAPAS MENTAIS**
**DE DIREITO**

**Mariana Carvalho**

Mapear Direito

EDITORA JusPODIVM
www.editorajuspodivm.com.br

EDITORA
*Jus*PODIVM
www.editorajuspodivm.com.br

Rua Canuto Saraiva, 131 – Mooca – CEP: 03113-010 – São Paulo – São Paulo
Tel: (11) 3582.5757
• Contato: https://www.editorajuspodivm.com.br/central-de-relacionamento



C331m Carvalho, Mariana.
Mapas Mentais para Carreiras Policiais - Mapear Direito / Mariana Carvalho – São Paulo: Editora JusPodivm, 2025.
336 p.

ISBN 978-85-442-5934-4

1. Concurso Público. I. Carvalho, Mariana. II. Título.

CDD 341.33312

**Bibliotecária responsável:**
**Ana Carolina Ribeiro Mois – CRB7 – RJ 007348/0**

Difundidos pelo saudoso escritor britânico Tony Buzan, os mapas mentais trazem inúmeros benefícios para a aprendizagem e memória. Facilitam a organização do conhecimento, sua absorção e revisão.

Os mapas mentais possuem três principais características, que os tornam altamente eficientes; uso de palavras-chave, imagens e cores. E a aplicação destas técnicas, de forma correta, que possibilita que os mapas libertem todo o potencial do cérebro.

Nos últimos anos, apliquei esta técnica em meus estudos e auxiliei milhares de estudantes a fazerem o mesmo.

Os mapas que apresento nesta obra, foram cuidadosamente adaptados para transmitir suas informações ao leitor, mantendo ao máximo a eficiência da técnica.

Nesse sentido, você pode esperar:

PALAVRAS-: foram utilizadas sempre que possível. As frases são utilizadas sempre que necessário para facilitar a compreensão do leitor.

**IMAGENS**: podem ter diferentes sentidos para diferentes pessoas. Assim, é aconselhável que o leitor acrescente suas próprias imagens.

CORES: o leitor conta com mapas coloridos e vibrantes!!!

Mariana Carvalho

# SUMÁRIO

**Direito Constitucional**

## Direito Administrativo

## Direito Penal - Parte Geral

## Direito Penal - Parte Especial

## Processo Penal

## Direitos Humanos

## Leis Extravagantes

# DIREITO CONSTITUCIONAL

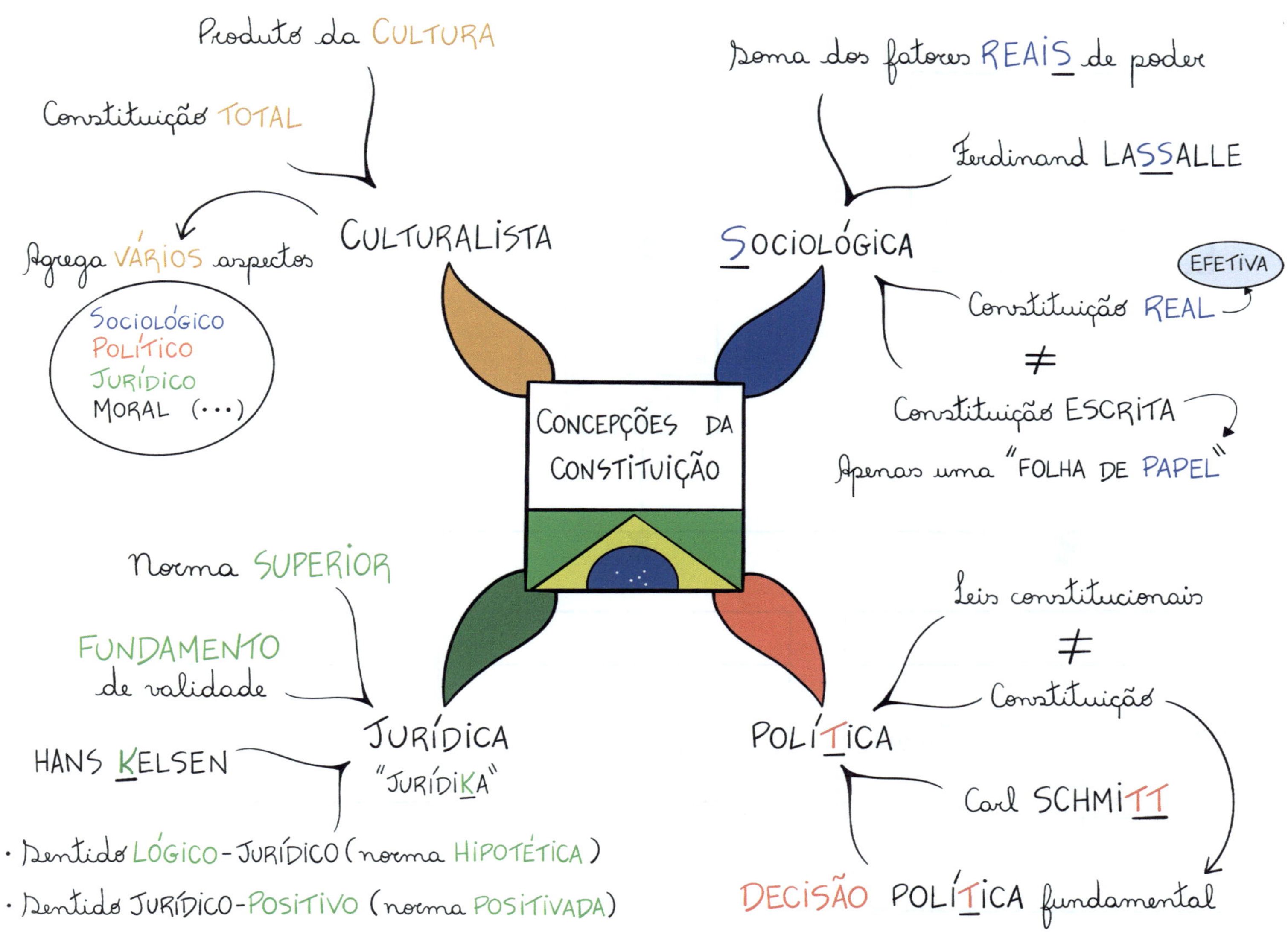
CONCEPÇÕES DA CONSTITUIÇÃO
CULTURALISTA
Produto da CULTURA
Constituição TOTAL
Agrega VÁRIOS aspectos
Sociológico
Político
Jurídico
Moral (...)
SOCIOLÓGICA
Soma dos fatores REAIS de poder
Ferdinand LASSALLE
Constituição REAL
EFETIVA
≠
Constituição ESCRITA
Apenas uma "FOLHA DE PAPEL"
JURÍDICA
"JURÍDIKA"
Norma SUPERIOR
FUNDAMENTO de validade
HANS KELSEN
• Sentido LÓGICO-JURÍDICO (norma HIPOTÉTICA)
• Sentido JURÍDICO-POSITIVO (norma POSITIVADA)
POLÍTICA
Leis constitucionais
≠
Constituição
Carl SCHMITT
DECISÃO POLÍTICA fundamental

## PODER DIFUSO

- ALTERAÇÃO **INFORMAL** da CF
- Não altera o texto
- **MUTAÇÃO** CONSTITUCIONAL

## PODER ORIGINÁRIO

- CONSTITUINTE
- INICIAL
- POLÍTICO
- PERMANENTE
- INCONDICIONADO
- AUTÔNOMO
- Juridicamente ILIMITADO

## PODER DERIVADO

- DERIVADO
- CONSTITUÍDO
- JURÍDICO
- LIMITADO ou SUBORDINADO
- CONDICIONADO

### REFORMADOR

ALTERAÇÃO FORMAL da Constituição

NO TEXTO

EMENDA CONSTITUCIONAL

### REVISOR

REVISÃO constitucional (ADCT - ART. 3º)

### DECORRENTE

Poder conferido aos ESTADOS para elaborarem suas próprias Constituições

# PODER REFORMADOR (LIMITAÇÕES EXPRESSAS)

## FORMAIS OBJETIVA

- Discussão e votação:
  - Em CADA CASA
  - 2 TURNOS
  - 3/5 dos VOTOS dos MEMBROS
- PEC REJEITADA: NÃO pode ser objeto de nova proposta na MESMA sessão legislativa

## MATERIAIS

Não pode ABOLIR:

- Forma FEDERATIVA
- SEPARAÇÃO dos poderes
- DIREITOS e GARANTIAS individuais
- VOTO
  - DIRETO
  - SECRETO
  - UNIVERSAL
  - PERIÓDICO

## FORMAIS SUBJETIVA

Emendada mediante proposta:

- 1/3, no mínimo, dos MEMBROS | CÂMARA / SENADO
- PRESIDENTE da República
- MAIS da METADE das ASSEMBLEIAS LEGISLATIVAS (MAIORIA RELATIVA dos membros)

## CIRCUNSTANCIAIS

Não poderá ser emendada na vigência de:

- INTERVENÇÃO FEDERAL
- ESTADO DE SÍTIO
- ESTADO DE DEFESA

# CLASSIFICAÇÃO DAS CONSTITUIÇÕES

## PARTE 1

### Modo de ELABORAÇÃO

- HISTÓRICA:
  - Produto da EVOLUÇÃO
  - NÃO ESCRITA
- DOGMÁTICA
  - Elaborada por um ÓRGÃO
  - OCASIÃO CERTA
  - ESCRITA (CF/88)

### ORIGEM

- PROMULGADA
  - DEMOCRÁTICA
  - POPULAR
  - PARTICIPAÇÃO do POVO (CF/88)
- OUTORGADA
  - AUTOCRÁTICA
  - DITATORIAL
  - IMPOSTA
  - CARTA CONSTITUCIONAL
- DUALISTA
  - CONVENCIONADA
  - PACTUADA
- CESARISTA ou BONAPARTISTA
  - VONTADE AUTORITÁRIA + RETIFICAÇÃO POPULAR

### ESTABILIDADE

- RÍGIDA: processo de modificação MAIS COMPLEXO / SOLENE (CF/88)
- FLEXÍVEL: MESMO processo de modificação das leis infraconstitucionais
- SEMIRRÍGIDA ou SEMIFLEXÍVEL: parte RÍGIDA, parte FLEXÍVEL

### FORMA

- ESCRITA
  - ÚNICO DOCUMENTO
  - CODIFICADA (CF/88)
- NÃO ESCRITA
  - DIVERSAS
  - ESPARSAS

# CLASSIFICAÇÃO DAS CONSTITUIÇÕES PARTE 2

## CONTEÚDO

- FORMAL: constitucional são TODAS as normas inseridas no TEXTO da Constituição (CF/88)
- MATERIAL: constitucional são TODAS as normas que tratam de MATÉRIA constitucional

## EXTENSÃO

- ANALÍTICA (CF/88)
  - AMPLA
  - PROLIXA
  - DETALHADA
  - EXTENSA
- SINTÉTICA
  - REDUZIDA
  - CONCISA
  - SUMÁRIA
  - SUCINTA

## IDEOLOGIA

- ECLÉTICA ou COMPROMISSÓRIA ou HETERODOXA (CF/88)
  - PLURAL
  - VÁRIAS ideologias
- ORTODOXA: UMA ideologia

## Correspondência com a REALIDADE

(Critério ONTOLÓGICO - Karl Loewenstein)

- NORMATIVA: PERFEITA SINTONIA (CF/88)
- NOMINATIVA: ALMEJA ALCANÇAR
- SEMÂNTICA: NUNCA pretendeu ter (Garante o AUTORITARISMO)

## FINALIDADE

- GARANTIA: GARANTIR direitos conquistados
- BALANÇO: DESCREVER a organização estabelecida
- DIRIGENTE: PROGRAMAS e PROJETOS (CF/88)

RECEPÇÃO MATERIAL das normas constitucionais

- Com status de norma CONSTITUCIONAL
- Deve ser
  - EXPRESSA
  - TEMPORÁRIA
- ADCT - ART. 34

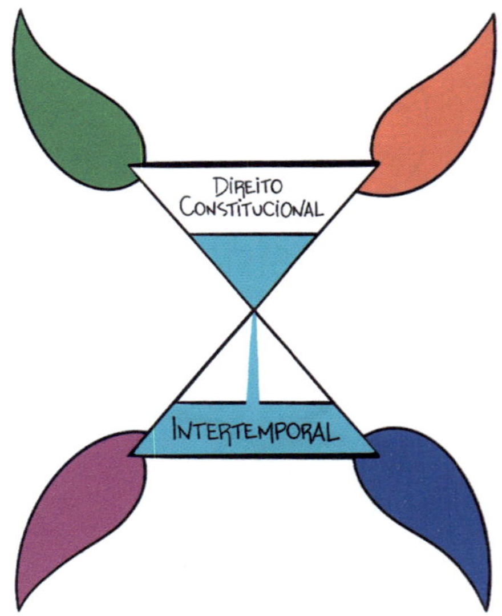


Nova Constituição:

- Causa REVOGAÇÃO da Constituição PRETÉRITA — COMPLETA INTEGRAL
- REVOGA normas INFRACONSTITUCIONAIS:
  - JÁ existentes
  - Se MATERIALMENTE INCOMPATÍVEIS
- Declaração de INCONSTITUCIONALIDADE
  - Normas INFRACONSTITUCIONAIS POSTERIORES INCOMPATÍVEIS

DESCONSTITUCIONALIZAÇÃO

- Normas constitucionais anteriores PERMANECEM
- MAS rebaixadas ao status INFRACONSTITUCIONAL
- Desde que MATERIALMENTE COMPATÍVEIS
- Não adotada expressamente pela CF/88

RECEPÇÃO

Nova Constituição adota as normas INFRACONSTITUCIONAIS
- já existentes
- MATERIALMENTE COMPATÍVEIS

# NORMAS CONSTITUCIONAIS

## EFICÁCIA E APLICABILIDADE

### PLENA  SIGA

- Não depende de regulamentação
- Produz TODOS os seus efeitos assim que entra em vigor
- Aplicabilidade
  - IMEDIATA
  - DIRETA
  - INTEGRAL

### CONTIDA 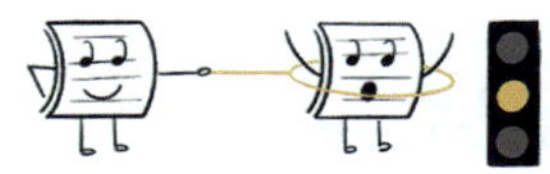 ATENÇÃO

- Pode ser RESTRINGIDA
- Produz TODOS os seus efeitos assim que entra em vigor
- Aplicabilidade
  - IMEDIATA
  - DIRETA
  - RESTRINGÍVEL

### LIMITADA 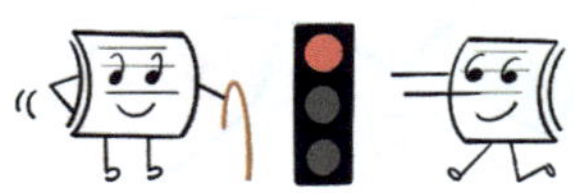 PARE

- Só produz seu pleno efeito depois da REGULAMENTAÇÃO
- Aplicabilidade
  - INDIRETA
  - MEDIATA
  - REDUZIDA
- Definidoras de princípios
  - INSTITUTIVOS
  - PROGRAMÁTICOS

# PRINCÍPIOS FUNDAMENTAIS

CF/88

## FUNDAMENTOS DA RFB (ART. 1º)

- SOBERANIA
- CIDADANIA
- DIGNIDADE da pessoa humana
- VALORES sociais do trabalho e da livre iniciativa
- PLURALISMO político

## SEPARAÇÃO DE PODERES (ART. 2º)

INDEPENDENTES e HARMÔNICOS entre si

- LEGISLATIVO
  - Legislar
  - Fiscalizar
- EXECUTIVO
  - Administrar
- JUDICIÁRIO
  - Julgar

## OBJETIVOS DA RFB (ART. 3º)

- CONSTRUIR uma sociedade livre justa e solidária
- GARANTIR o desenvolvimento nacional
- ERRADICAR a pobreza e a marginalização e REDUZIR as desigualdades sociais e regionais
- PROMOVER o bem de todos sem preconceitos ou quaisquer formas de discriminação

## ÂMBITO INTERNACIONAL (ART. 4º)

- INDEPENDÊNCIA nacional
- Prevalência dos DIREITOS HUMANOS
- AUTODETERMINAÇÃO dos povos
- NÃO-INTERVENÇÃO
- IGUALDADE entre Estados
- Defesa da PAZ
- Solução PACÍFICA dos conflitos
- Repúdio ao TERRORISMO e ao RACISMO
- COOPERAÇÃO entre os povos para o PROGRESSO
- Concessão de ASILO POLÍTICO
- Busca pela INTEGRAÇÃO econômica, social, política e cultural dos povos da AMÉRICA LATINA

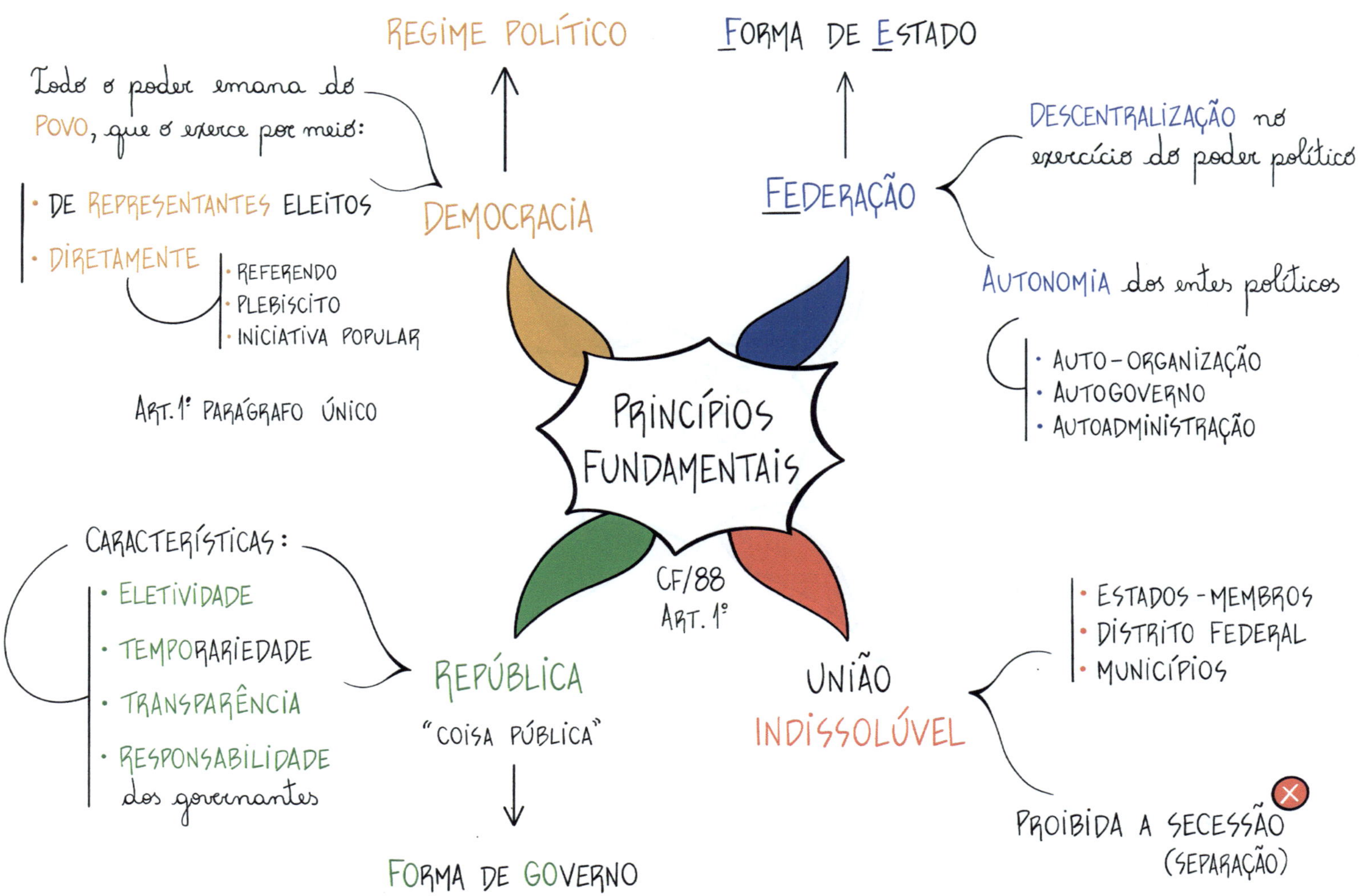
PRINCÍPIOS FUNDAMENTAIS
CF/88
ART. 1º
REGIME POLÍTICO
DEMOCRACIA
Todo o poder emana do POVO, que o exerce por meio:
• DE REPRESENTANTES ELEITOS
• DIRETAMENTE
• REFERENDO
• PLEBISCITO
• INICIATIVA POPULAR
ART. 1º PARÁGRAFO ÚNICO
FORMA DE ESTADO
FEDERAÇÃO
DESCENTRALIZAÇÃO no exercício do poder político
AUTONOMIA dos entes políticos
• AUTO-ORGANIZAÇÃO
• AUTOGOVERNO
• AUTOADMINISTRAÇÃO
REPÚBLICA
"COISA PÚBLICA"
FORMA DE GOVERNO
CARACTERÍSTICAS:
• ELETIVIDADE
• TEMPORARIEDADE
• TRANSPARÊNCIA
• RESPONSABILIDADE dos governantes
UNIÃO INDISSOLÚVEL
• ESTADOS-MEMBROS
• DISTRITO FEDERAL
• MUNICÍPIOS
PROIBIDA A SECESSÃO (SEPARAÇÃO)

# DIREITOS FUNDAMENTAIS
## CARACTERÍSTICAS

**HISTORICIDADE**
- Frutos de um PROCESSO HISTÓRICO
- Não nascem todos de uma só vez

**UNIVERSALIDADE**
- Alcançam TODOS:
  - BRASILEIROS
  - ESTRANGEIROS
  - PESSOAS JURÍDICAS ...

**EFETIVIDADE**: devem ser efetivados pelo Estado

**RELATIVIDADE**: são LIMITADOS por situações fáticas por outros direitos

**COMPLEMENTARIEDADE**: devem ser interpretados de forma CONJUNTA e SISTEMÁTICA

**INVIOLABILIDADE**: não podem ser DESRESPEITADOS por leis ou atos do poder público

**IRRENUNCIABILIDADE**: não podem ser RENUNCIADOS por seus titulares

**IMPRESCRITIBILIDADE**: não deixam de existir pelo decurso do TEMPO

**INALIENABILIDADE**: não possuem conteúdo patrimonial
- INTRANSMISSÍVEIS
- INEGOCIÁVEIS
- INDISPONÍVEIS

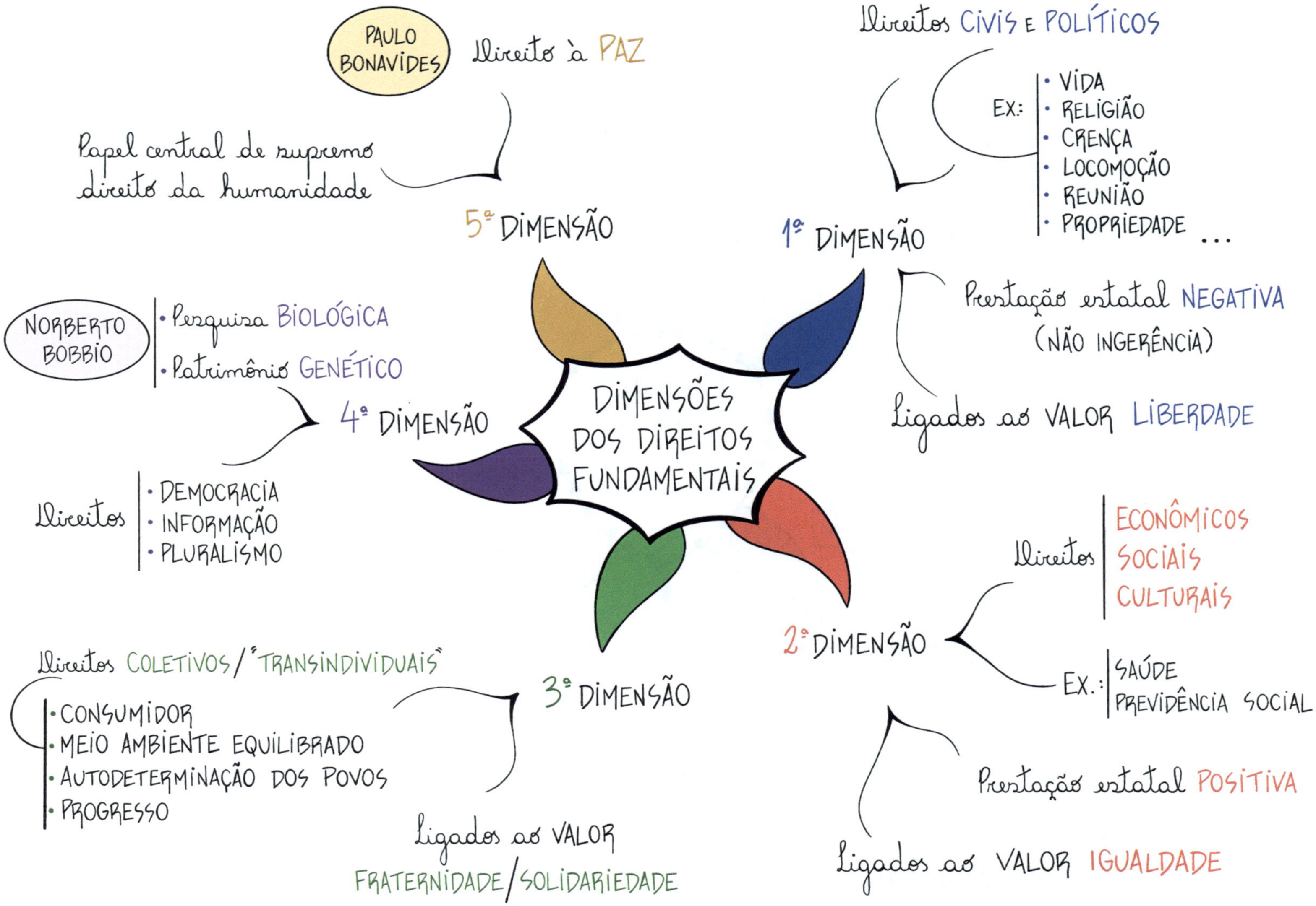
DIMENSÕES DOS DIREITOS FUNDAMENTAIS
1ª DIMENSÃO
Direitos CIVIS E POLÍTICOS
EX:
• VIDA
• RELIGIÃO
• CRENÇA
• LOCOMOÇÃO
• REUNIÃO
• PROPRIEDADE ...
Prestação estatal NEGATIVA
(NÃO INGERÊNCIA)
Ligados ao VALOR LIBERDADE
2ª DIMENSÃO
Direitos
ECONÔMICOS
SOCIAIS
CULTURAIS
EX.:
SAÚDE
PREVIDÊNCIA SOCIAL
Prestação estatal POSITIVA
Ligados ao VALOR IGUALDADE
3ª DIMENSÃO
Direitos COLETIVOS/"TRANSINDIVIDUAIS"
• CONSUMIDOR
• MEIO AMBIENTE EQUILIBRADO
• AUTODETERMINAÇÃO DOS POVOS
• PROGRESSO
Ligados ao VALOR
FRATERNIDADE/SOLIDARIEDADE
4ª DIMENSÃO
NORBERTO BOBBIO
• Pesquisa BIOLÓGICA
• Patrimônio GENÉTICO
Direitos
• DEMOCRACIA
• INFORMAÇÃO
• PLURALISMO
5ª DIMENSÃO
PAULO BONAVIDES
Direito à PAZ
Papel central de supremo direito da humanidade

ASSISTÊNCIA RELIGIOSA nas entidades de internação coletiva - CIVIL E MILITAR

Ex.: hospitais e estabelecimentos prisionais

Liberdade de
- CRENÇA
- CONSCIÊNCIA
- CULTO
  - EXERCÍCIO
  - LITURGIA
  - LOCAL

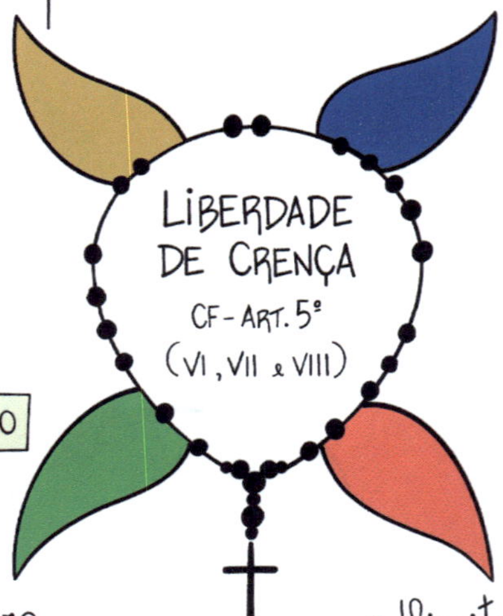


EXCEÇÃO

PRIVAÇÃO DE DIREITOS

Invocar a escusa de consciência para NÃO CUMPRIR obrigação a TODOS IMPOSTA

(E)

NÃO CUMPRIR PRESTAÇÃO ALTERNATIVA, fixada em lei

ESCUSA DE CONSCIÊNCIA

- Direito de usar a liberdade de crença para fazer ou deixar de fazer algo
- Ninguém será privado de direitos por motivo de:
  - CRENÇA RELIGIOSA
  - CONVICÇÃO FILOSÓFICA ou POLÍTICA

REGRA

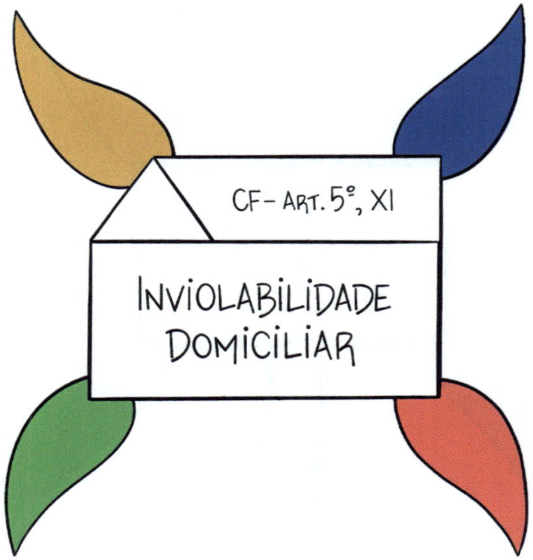


CONCEITO DE DIA

Entre 6h e 18h
CRITÉRIO OBJETIVO/CRONOLÓGICO

OU

Entre a AURORA e CREPÚSCULO
CRITÉRIO FÍSICO/ASTRONÔMICO
?

CONCEITO de CASA

AMPLO
- Casa, apto, barraca...
- Quarto de HOTEL
- Local de ATIVIDADE ou PROFISSÃO
  - NÃO aberto ao público
  - Ex.: escritório de advocacia

LEI DE ABUSO DE AUTORIDADE

Para fins de tipificação de abuso de autoridade, a lei 13.869/19 positivou o CONCEITO DE "DIA"

Entre 5h e 21h
ART. 22, §1º, III

EXCEÇÕES
- FLAGRANTE
- DESASTRE
- SOCORRO
- ORDEM JUDICIAL – Só durante o DIA

**Direito de Reunião (CF - Art. 5º, XVI)**

- Em local ABERTO ao público
- SEM armas
- PACIFICAMENTE
- Direito líquido e certo garantido por MANDADO DE SEGURANÇA [MS]
- ⊗ NÃO precisa de AUTORIZAÇÃO
- ⊗ NÃO PODE ↓ FRUSTRAR outra reunião ANTES agendada para o MESMO LOCAL
- PRÉVIO AVISO à autoridade competente ?
  - [STF] São permitidas reuniões em locais públicos INDEPENDENTEMENTE de comunicação oficial prévia às autoridades competentes

As entidades associativas, quando EXPRESSAMENTE AUTORIZADAS, possuem legitimidade para REPRESENTAR seus filiados JUDICIAL OU EXTRAJUDICIALMENTE

- ⊗ VEDADO caráter PARAMILITAR
- ⊗ CRIAÇÃO: NÃO precisa de autorização estatal
- ⊗ Estado NÃO pode intervir no funcionamento
- ⊗ Ninguém poderá ser obrigado a:
  - SE ASSOCIAR OU
  - PERMANECER ASSOCIADO
- ✓ FINS LÍCITOS

DISSOLUÇÃO COMPULSÓRIA

POR DECISÃO JUDICIAL E TRÂNSITO EM JULGADO

SUSPENSÃO das atividades POR DECISÃO JUDICIAL

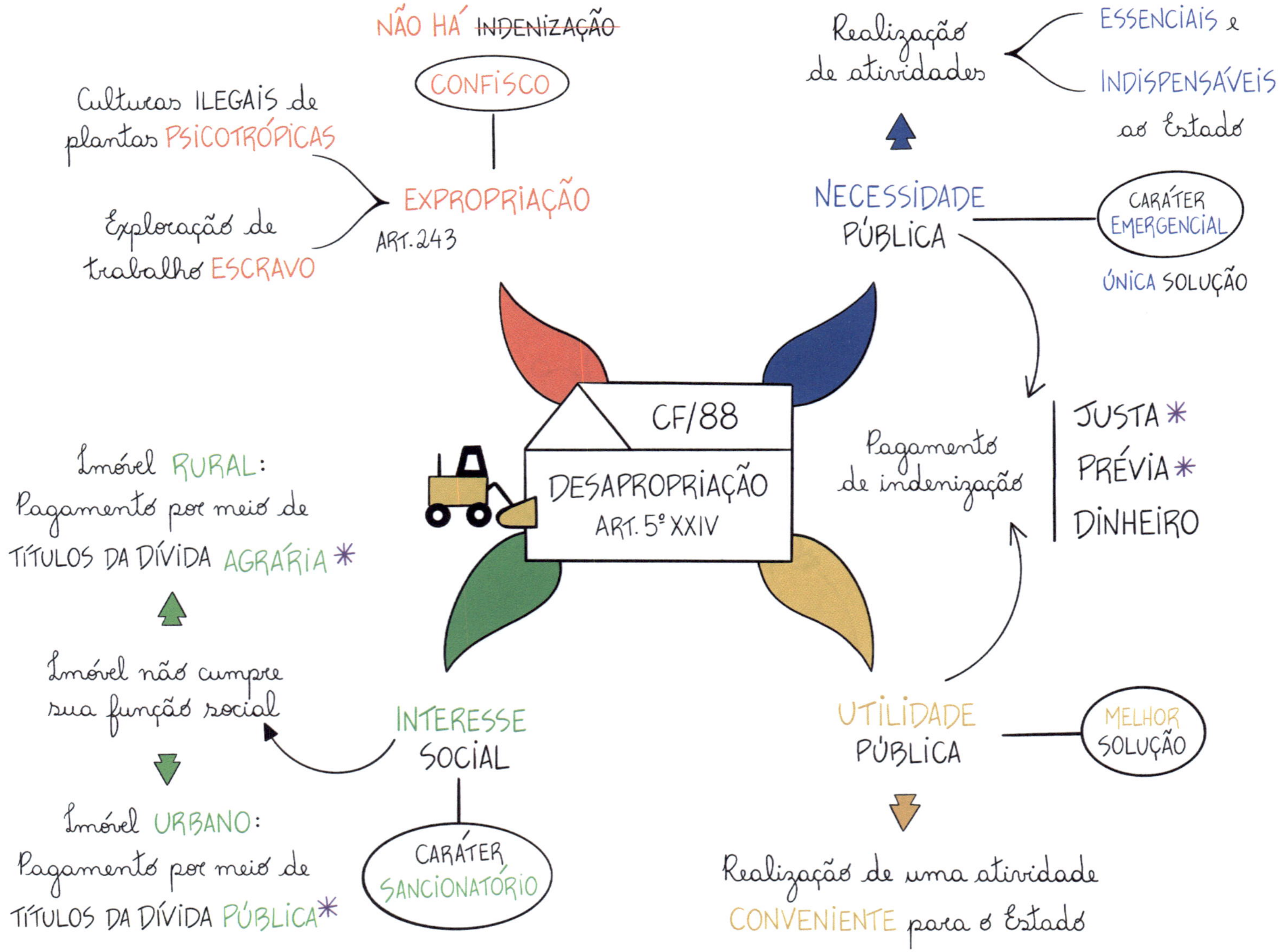
NÃO HÁ ~~INDENIZAÇÃO~~
CONFISCO
Culturas ILEGAIS de plantas PSICOTRÓPICAS
Exploração de trabalho ESCRAVO
EXPROPRIAÇÃO
ART. 243
Realização de atividades
ESSENCIAIS e
INDISPENSÁVEIS ao Estado
NECESSIDADE PÚBLICA
CARÁTER EMERGENCIAL
ÚNICA SOLUÇÃO
CF/88
DESAPROPRIAÇÃO
ART. 5º XXIV
Pagamento de indenização
JUSTA *
PRÉVIA *
DINHEIRO
Imóvel RURAL:
Pagamento por meio de
TÍTULOS DA DÍVIDA AGRÁRIA *
Imóvel não cumpre sua função social
Imóvel URBANO:
Pagamento por meio de
TÍTULOS DA DÍVIDA PÚBLICA *
INTERESSE SOCIAL
CARÁTER SANCIONATÓRIO
UTILIDADE PÚBLICA
MELHOR SOLUÇÃO
Realização de uma atividade CONVENIENTE para o Estado

# DIREITO DE

INFORMAÇÃO • PETIÇÃO • CERTIDÃO • PROTEÇÃO DE DADOS PESSOAIS

## DIREITO À OBTENÇÃO DE CERTIDÕES

São a todos assegurados a obtenção de certidões em repartições públicas para:

- defesa de direitos
  E
- esclarecimentos de situações de interesse pessoal

Cabe MANDADO DE SEGURANÇA

INDEPENDE do pagamento de TAXA

CF/88-ART. 5º, XXXIV

## DIREITO DE INFORMAÇÃO

Todos têm direito a receber dos órgãos públicos INFORMAÇÕES de interesse:

- PARTICULAR
- COLETIVO ou
- GERAL

INFORMAÇÕES serão prestadas no prazo da lei

Sob pena de RESPONSABILIDADE

CF/88 - ART. 5º, XXXIII

* Ressalva

Informações cujo SIGILO é imprescindível à SEGURANÇA da sociedade e do Estado

## DIREITO DE PETIÇÃO

Cabe MANDADO DE SEGURANÇA

INDEPENDE do pagamento de TAXA

São a todos assegurados o direito de petição aos Poderes Públicos em defesa de direitos ou contra ilegalidade ou abuso de poder

## PROTEÇÃO DE DADOS PESSOAIS

É assegurado o direito à PROTEÇÃO dos DADOS PESSOAIS, inclusive nos meios DIGITAIS

CF/88 - ART. 5º LXXIX

## AÇÃO POPULAR

Qualquer CIDADÃO pode propor

Visa ANULAR ato lesivo ao:
- PATRIMÔNIO público
- PATRIMÔNIO histórico e cultural
- MORALIDADE administrativa
- MEIO AMBIENTE

## HABEAS CORPUS

Protege o direito de LOCOMOÇÃO contra:
- ABUSO DE PODER
- ILEGALIDADE

## MANDADO DE SEGURANÇA
### - COLETIVO -

Impetrado por:
- Organização sindical
- Entidade de classe
- Associação [LEGAL 1 ANO]
- Partido político [COM] representação no Congresso

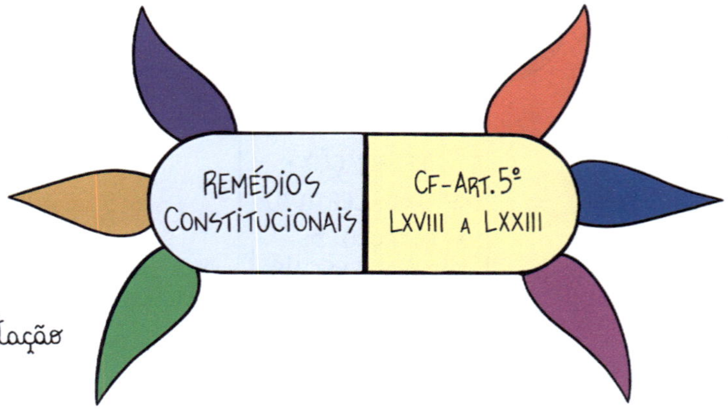


## HABEAS DATA

Para viabilizar:
- CONHECIMENTO
- RETIFICAÇÃO
- ANOTAÇÃO de informações da pessoa do impetrante

## MANDADO DE SEGURANÇA

Protege direito LÍQUIDO e CERTO contra ATO de autoridade pública ou de quem exerça função pública

↓

Não amparado por HC ou HD

## MANDADO DE INJUNÇÃO

Cabível sempre que a FALTA de norma regulamentadora tornar inviável o exercício de direitos

Nascido no ESTRANGEIRO
+
Filho de PAI ou/e de MÃE BRASILEIROS
+
Vier a RESIDIR NO BRASIL A QUALQUER TEMPO
+
OPÇÃO CONFIRMATIVA APÓS atingir a MAIORIDADE

CRITÉRIO
SANGUÍNEO + RESIDENCIAL + CONFIRMATIVO

Nascido no BRASIL

CRITÉRIO TERRITORIAL

+
Ainda que de PAIS ESTRANGEIROS
+
Desde que NÃO estejam A SERVIÇO DO PAÍS DE ORIGEM

Nascido no ESTRANGEIRO
+
Filho de PAI ou/e de MÃE BRASILEIROS
+
REGISTRO em REPARTIÇÃO BRASILEIRA competente

CRITÉRIO
SANGUÍNEO + REGISTRO

Nascido no ESTRANGEIRO
+
Filho de PAI ou/e de MÃE BRASILEIROS
+
Um deles (ou ambos) A SERVIÇO DO BRASIL

CRITÉRIO
SANGUÍNEO + FUNCIONAL

## EXTRADIÇÃO do brasileiro naturalizado

- CRIME COMUM ANTES da naturalização
- Envolvimento comprovado com o TRÁFICO ilícito de entorpecentes ou drogas afins
  – ANTES ou DEPOIS da naturalização –

## NATURALIZAÇÃO ORDINÁRIA

São brasileiros naturalizados os que, na forma da lei, adquiram a nacionalidade brasileira

→ Lei de Migração

Aos indivíduos originários de países de LÍNGUA PORTUGUESA é exigido apenas:

- RESIDÊNCIA ININTERRUPTA — POR 1 ANO
- IDONEIDADE MORAL

## NATURALIZAÇÃO EXTRAORDINÁRIA

São brasileiros naturalizados os estrangeiros de qualquer nacionalidade:

- RESIDÊNCIA ININTERRUPTA — POR MAIS DE 15 ANOS
- AUSÊNCIA DE CONDENAÇÃO PENAL
- REQUERIMENTO de naturalização

DIREITO SUBJETIVO

Cancelamento da naturalização
Sentença judicial

FRAUDE no processo de naturalização

Pode READQUIRIR a nacionalidade brasileira originária

↑

PEDIDO EXPRESSO

- perante autoridade brasileira competente
- SALVO se acarretar APATRIDIA

Cancelamento da naturalização
Sentença judicial

ATENTADO contra
- Ordem Constitucional
- Estado Democrático

NÃO podem ser votados / INELEGÍVEIS

- ANALFABETOS
- INALISTÁVEIS

* INELEGIBILIDADE ABSOLUTA

Voto é OBRIGATÓRIO para:

- Maiores de 18 anos
- Menores de 70 anos

NÃO podem votar / INALISTÁVEIS:

*
- ESTRANGEIROS
- CONSCRITOS
- Menores de 16 anos

Voto é FACULTATIVO para:

- ANALFABETOS *
- Maiores de 70 anos
- Maiores de 16 e menores de 18 anos

IDADE MÍNIMA

18 ANOS — VEREADOR

21 ANOS — DEPUTADOS; PREFEITOS (E VICES); JUIZ DE PAZ

30 ANOS — GOVERNADORES (E VICES)

35 ANOS — PRESIDENTE DA REPÚBLICA (E VICES); SENADOR

NACIONALIDADE BRASILEIRA

Pressuposto básico para o alistamento eleitoral

Cargos PRIVATIVOS de brasileiro NATO:

- MINISTROS DO STF
- PRESIDENTE DA REPÚBLICA (E VICE)
- PRESIDENTE DA CÂMARA DOS DEPUTADOS
- PRESIDENTE DO SENADO FEDERAL
- CARREIRA DIPLOMÁTICA
- OFICIAL DAS FORÇAS ARMADAS
- MINISTRO DE ESTADO DA DEFESA

MACETE: MP3.COM

FILIAÇÃO PARTIDÁRIA

DOMICÍLIO eleitoral na CIRCUNSCRIÇÃO: ser domiciliado no local pelo qual se candidata

≠ DOMICÍLIO CIVIL

PLENO exercício dos direitos políticos

ALISTAMENTO eleitoral: somente pode ser eleito quem pode VOTAR

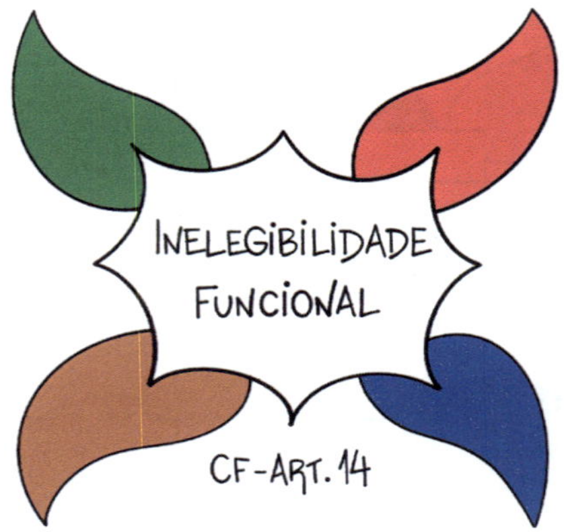


Inelegibilidade RELATIVA por motivos FUNCIONAIS

- * MESMO cargo
- * OUTRO cargo

* OUTRO CARGO

Os chefes do PODER EXECUTIVO

E quem os houver sucedido, ou substituído no curso dos mandatos

(§6º)

▼

Devem RENUNCIAR aos respectivos mandatos ATÉ 6 MESES ANTES do pleito

* MESMO CARGO

Os chefes do PODER EXECUTIVO

E quem os houver sucedido, ou substituído no curso dos mandatos

(§5º)

▼

✓ Poderão ser reeleitos para um ÚNICO PERÍODO SUBSEQUENTE

A reeleição é permitida; o que não pode é a reeleição para um 3º mandato subsequente ✗

Regra válida apenas para os membros do PODER EXECUTIVO

- Presidente da República
- Governadores (Estados e Distrito Federal)
- Prefeitos

# INELEGIBILIDADE REFLEXA

CF - ART. 14, §7º

Inelegibilidade RELATIVA em razão do PARENTESCO

Aplicável somente aos parentes do chefe do PODER EXECUTIVO

**REGRA**

Não inelegíveis
- CÔNJUGE
- PARENTES
  - Consanguíneos ou afins
  - Até o 2º GRAU ou por ADOÇÃO

Dos chefes do EXECUTIVO, ou de quem os haja substituído dentro dos 6 MESES anteriores ao pleito

**EXCEÇÃO**

Não elegíveis se:
- JÁ TITULAR de mandato e CANDIDATO à REELEIÇÃO
- FORA do território de jurisdição do titular

Se restringe ao TERRITÓRIO de JURISDIÇÃO do TITULAR

| Meu parente até 2º grau | Não posso me candidatar |
|---|---|
| PREFEITO (MUNICÍPIO X) | • PREFEITO / VICE<br>• VEREADOR<br>(MUNICÍPIO X) |
| GOVERNADOR (ESTADO Y)<br>ESTADO<br>DISTRITO FEDERAL | • PREFEITO, VICE ou VEREADOR nos Municípios do Estado<br>• GOVERNADOR / VICE<br>• DEPUTADO (FEDERAL, ESTADUAL, DISTRITAL) (ESTADO Y)<br>• SENADOR |
| GOVERNADOR TERRITÓRIOS (TERRITÓRIO W) | • PREFEITO, VICE ou VEREADOR nos Municípios do Território<br>• DEPUTADO FEDERAL (TERRITÓRIO W) |
| PRESIDENTE | • PARA NENHUM CARGO |

## ELEGIBILIDADE DOS MILITARES

CF - ART. 14

MILITAR ALISTÁVEL

+10 ANOS de serviço

Se ELEITO, no ato da DIPLOMAÇÃO

↓

Passará automaticamente para a INATIVIDADE

✱ Não eleito: retorno para a atividade militar anterior

Os CONSCRITOS são INALISTÁVEIS, portanto INELEGÍVEIS

CONSCRITO: quem está prestando SERVIÇO MILITAR OBRIGATÓRIO

MILITAR ALISTÁVEL

+10 ANOS de serviço

Registro da candidatura

↓

Será AGREGADO pela autoridade superior

MILITAR ALISTÁVEL

-10 ANOS de serviço

Registro da candidatura

↓

- Deixa a condição de MILITAR
- AFASTAMENTO da atividade

CF-ART. 15

RECUSA de cumprir:

- OBRIGAÇÃO A TODOS IMPOSTA
- PRESTAÇÃO ALTERNATIVA

SUSPENSÃO

CANCELAMENTO DA NATURALIZAÇÃO por sentença TRANSITADA EM JULGADO

PERDA

CONDENAÇÃO CRIMINAL TRANSITADA EM JULGADO, enquanto durarem seus efeitos

SUSPENSÃO

INCAPACIDADE CIVIL ABSOLUTA

IMPROBIDADE ADMINISTRATIVA

SUSPENSÃO

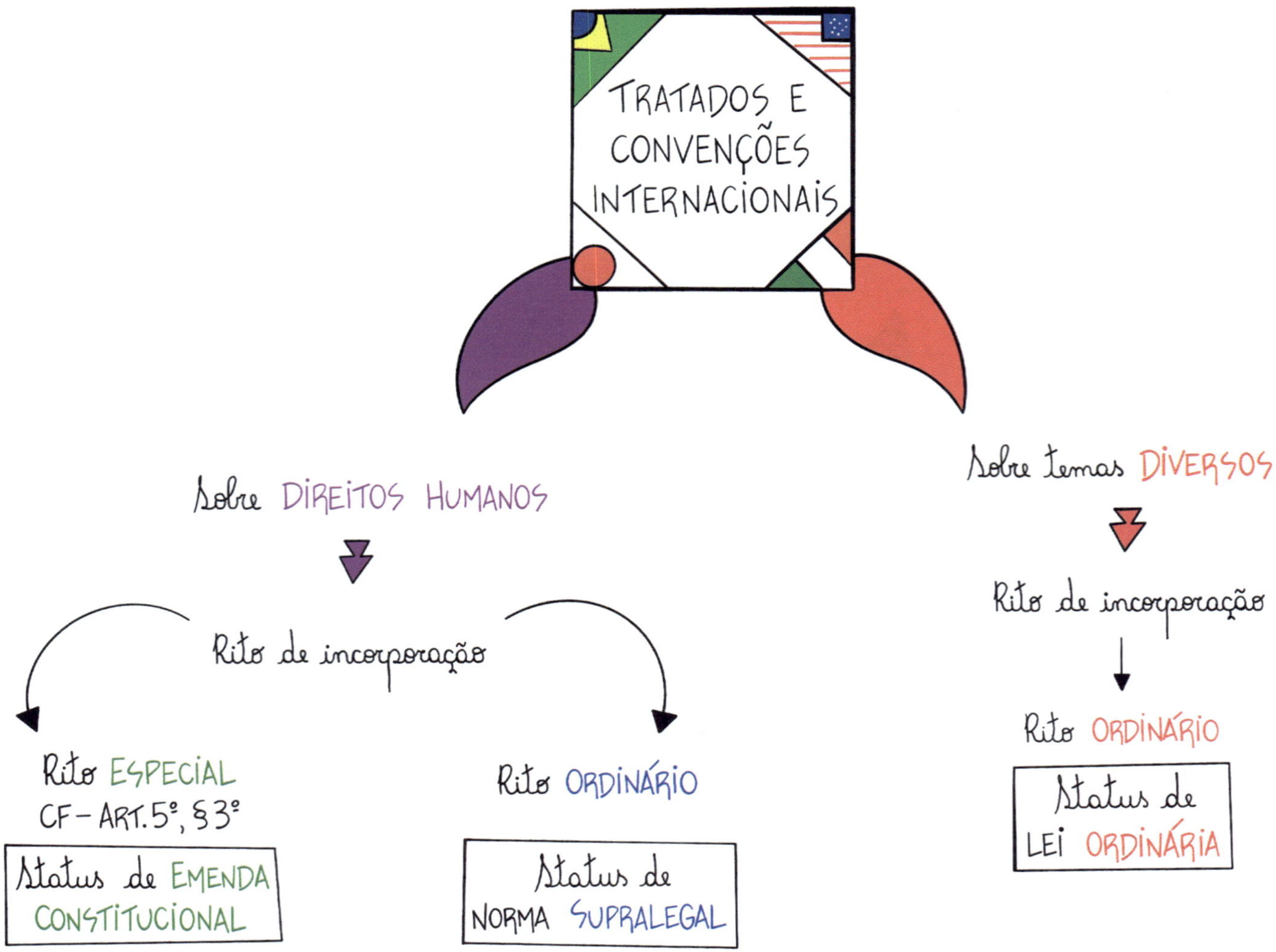
TRATADOS E CONVENÇÕES INTERNACIONAIS
Sobre DIREITOS HUMANOS
Rito de incorporação
Rito ESPECIAL
CF – ART. 5º, § 3º
Status de EMENDA CONSTITUCIONAL
Rito ORDINÁRIO
Status de NORMA SUPRALEGAL
Sobre temas DIVERSOS
Rito de incorporação
Rito ORDINÁRIO
Status de LEI ORDINÁRIA

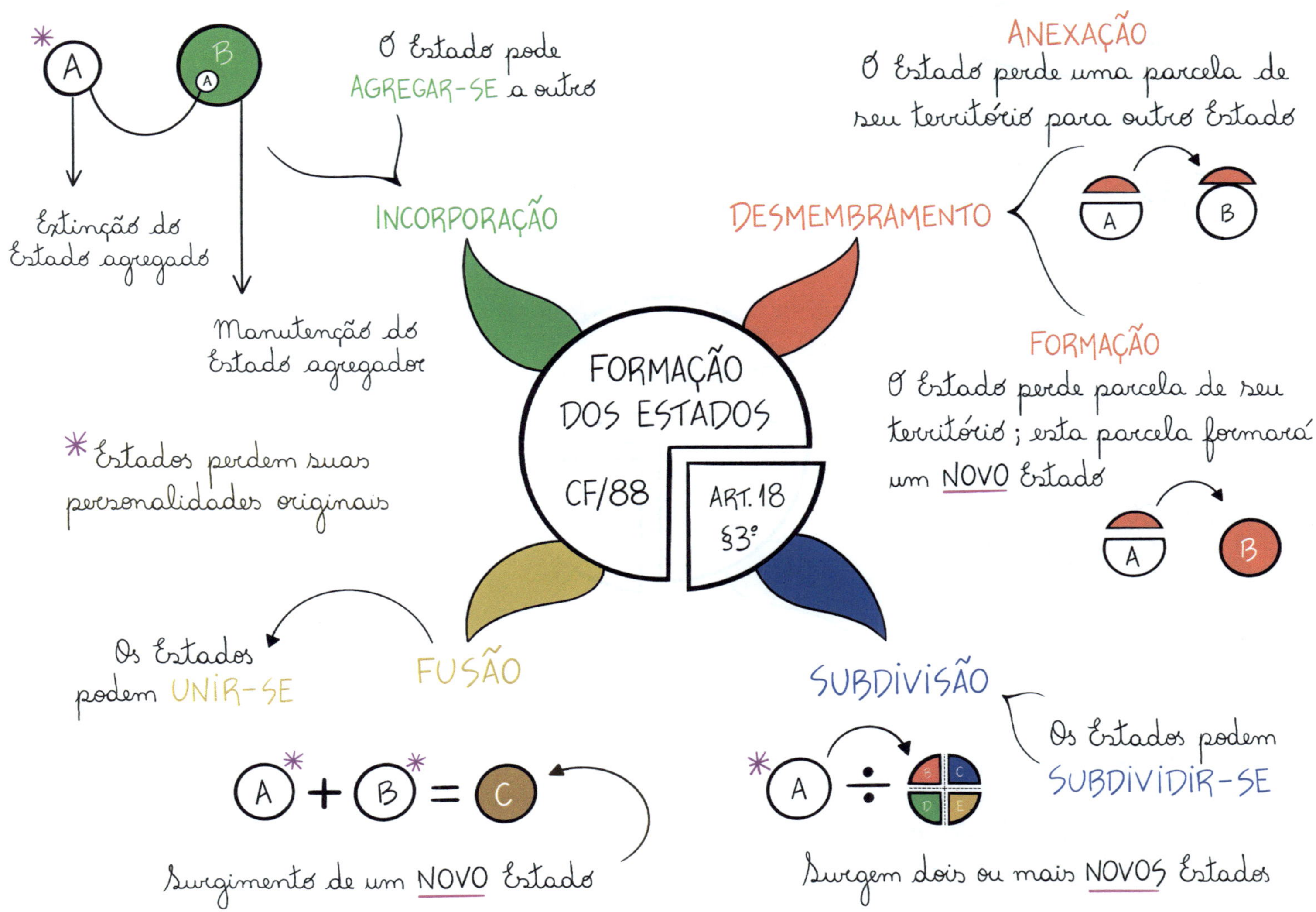
FORMAÇÃO DOS ESTADOS
CF/88
ART. 18 §3º
INCORPORAÇÃO
O Estado pode AGREGAR-SE a outro
A
B
A
Extinção do Estado agregado
Manutenção do Estado agregador
* Estados perdem suas personalidades originais
DESMEMBRAMENTO
ANEXAÇÃO
O Estado perde uma parcela de seu território para outro Estado
A
B
FORMAÇÃO
O Estado perde parcela de seu território; esta parcela formará um NOVO Estado
A
B
FUSÃO
Os Estados podem UNIR-SE
A + B = C
Surgimento de um NOVO Estado
SUBDIVISÃO
Os Estados podem SUBDIVIDIR-SE
A ÷
B
C
D
E
Surgem dois ou mais NOVOS Estados

## FORMAÇÃO DE NOVOS ESTADOS E MUNICÍPIOS

ART. 25, §3º — INSTITUIÇÃO DE REGIÃO METROPOLITANA — LEI COMPLEMENTAR ESTADUAL

A organização político-administrativa da RFB compreende a:
- UNIÃO
- ESTADOS
- DISTRITO FEDERAL
- MUNICÍPIOS

TODOS AUTÔNOMOS

ART. 18, CF/88 → Inadmissibilidade do direito de SECESSÃO (NÃO SEPARAÇÃO)

### FORMAÇÃO DOS MUNICÍPIOS
Requisitos ART. 18, §4º

- Edição de LEI COMPLEMENTAR FEDERAL
- Estudo de VIABILIDADE MUNICIPAL
- Aprovação de LEI ESTADUAL
- CONSULTA PRÉVIA às populações dos Municípios diretamente interessados (PLEBISCITO)

### FORMAÇÃO DE NOVOS ESTADOS
Requisitos (ART. 18, §3º)

- CONSULTA PRÉVIA à população diretamente interessada (PLEBISCITO)
- OITIVA das Assembleias Legislativas envolvidas
- APROVAÇÃO do Congresso Nacional (LEI COMPLEMENTAR)

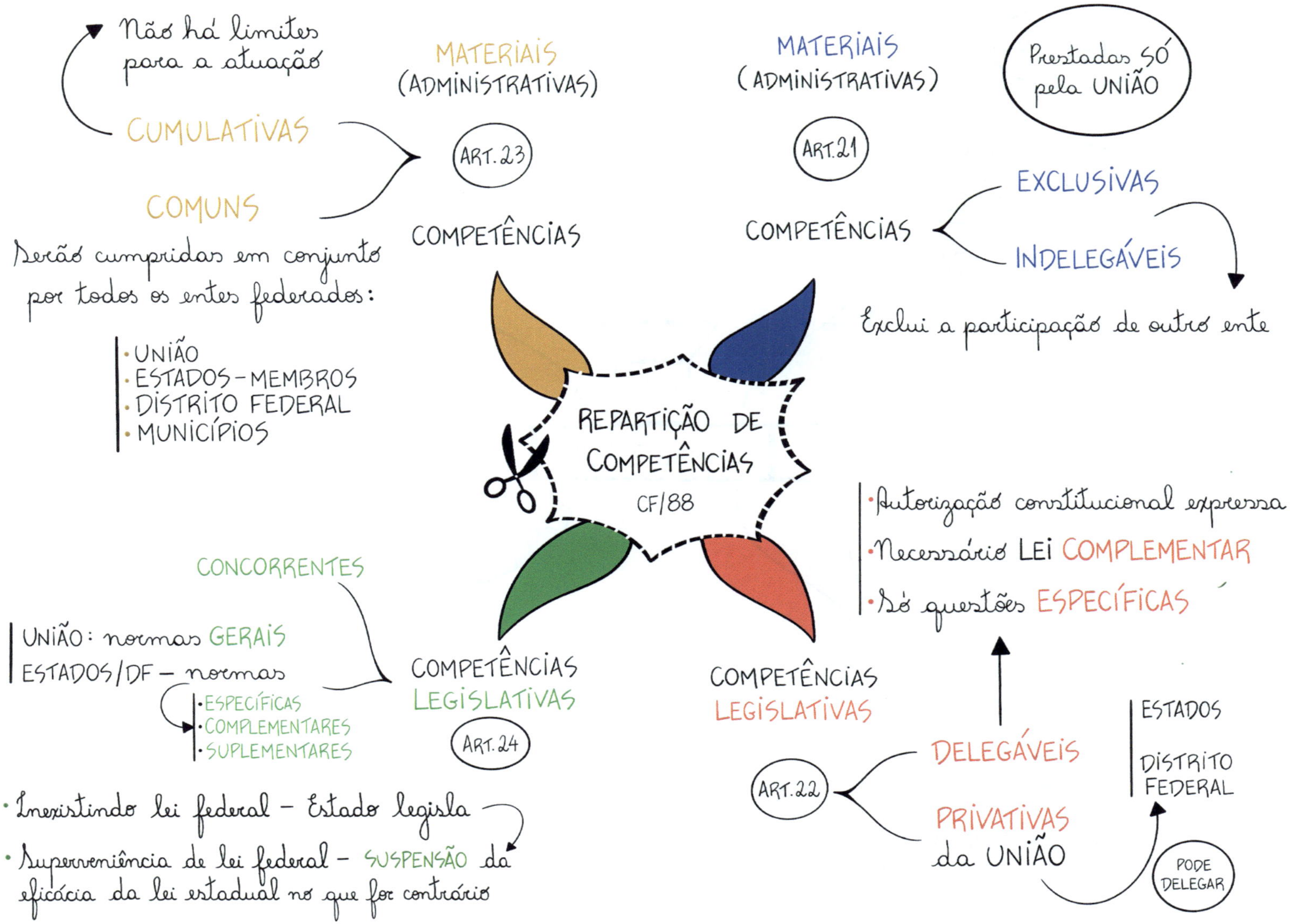
REPARTIÇÃO DE COMPETÊNCIAS
CF/88
COMPETÊNCIAS
MATERIAIS (ADMINISTRATIVAS)
ART. 23
CUMULATIVAS
Não há limites para a atuação
COMUNS
Serão cumpridas em conjunto por todos os entes federados:
• UNIÃO
• ESTADOS-MEMBROS
• DISTRITO FEDERAL
• MUNICÍPIOS
COMPETÊNCIAS
MATERIAIS (ADMINISTRATIVAS)
ART. 21
Prestadas SÓ pela UNIÃO
EXCLUSIVAS
INDELEGÁVEIS
Exclui a participação de outro ente
COMPETÊNCIAS LEGISLATIVAS
ART. 24
CONCORRENTES
UNIÃO: normas GERAIS
ESTADOS/DF – normas
• ESPECÍFICAS
• COMPLEMENTARES
• SUPLEMENTARES
• Inexistindo lei federal – Estado legisla
• Superveniência de lei federal – SUSPENSÃO da eficácia da lei estadual no que for contrário
COMPETÊNCIAS LEGISLATIVAS
ART. 22
DELEGÁVEIS
• Autorização constitucional expressa
• Necessário LEI COMPLEMENTAR
• Só questões ESPECÍFICAS
PRIVATIVAS da UNIÃO
PODE DELEGAR
ESTADOS
DISTRITO FEDERAL

MACETE !

GÁS CANALIZ**ADO**

COMPETÊNCIA DO EST**ADO**

MEDIDA PROVISÓRIA É VED**ADA**

ESTADOS possuem autorização para explorar os serviços locais de GÁS CANALIZADO
- DIRETAMENTE ou
- POR CONCESSÃO

Regulamentação POR LEI

VEDADA a edição de MEDIDA PROVISÓRIA

O §2º do artigo 25 descreve uma COMPETÊNCIA
- MATERIAL
- EXCLUSIVA

DOS **ESTADOS**

## Iniciativa POPULAR

- 1% do eleitorado nacional
- Pelo menos 5 estados-membros
- 0,3% do número total de eleitores de cada um dos estados participantes

↓

MACETE

Lembrar do número 1503

ART. 61, §2º

## DISCUSSÃO e VOTAÇÃO dos projetos de lei

de iniciativa do:
- PRESIDENTE DA REPÚBLICA
- STF
- TRIBUNAIS SUPERIORES

↓

Início na CÂMARA DOS DEPUTADOS

ART. 64

ART. 60, §5º ; ART. 62, §10º ; ART. 67

## REAPRECIAÇÃO das normas em casos de REJEIÇÃO

- MP / PEC: só na PRÓXIMA sessão legislativa
- PL: pode na MESMA sessão legislativa por REQUERIMENTO da MAIORIA ABSOLUTA

CÂMARA OU SENADO

MAIORIA SIMPLES: maioria dos PRESENTES

MAIORIA ABSOLUTA: maioria dos MEMBROS

→ Primeiro número inteiro após a metade

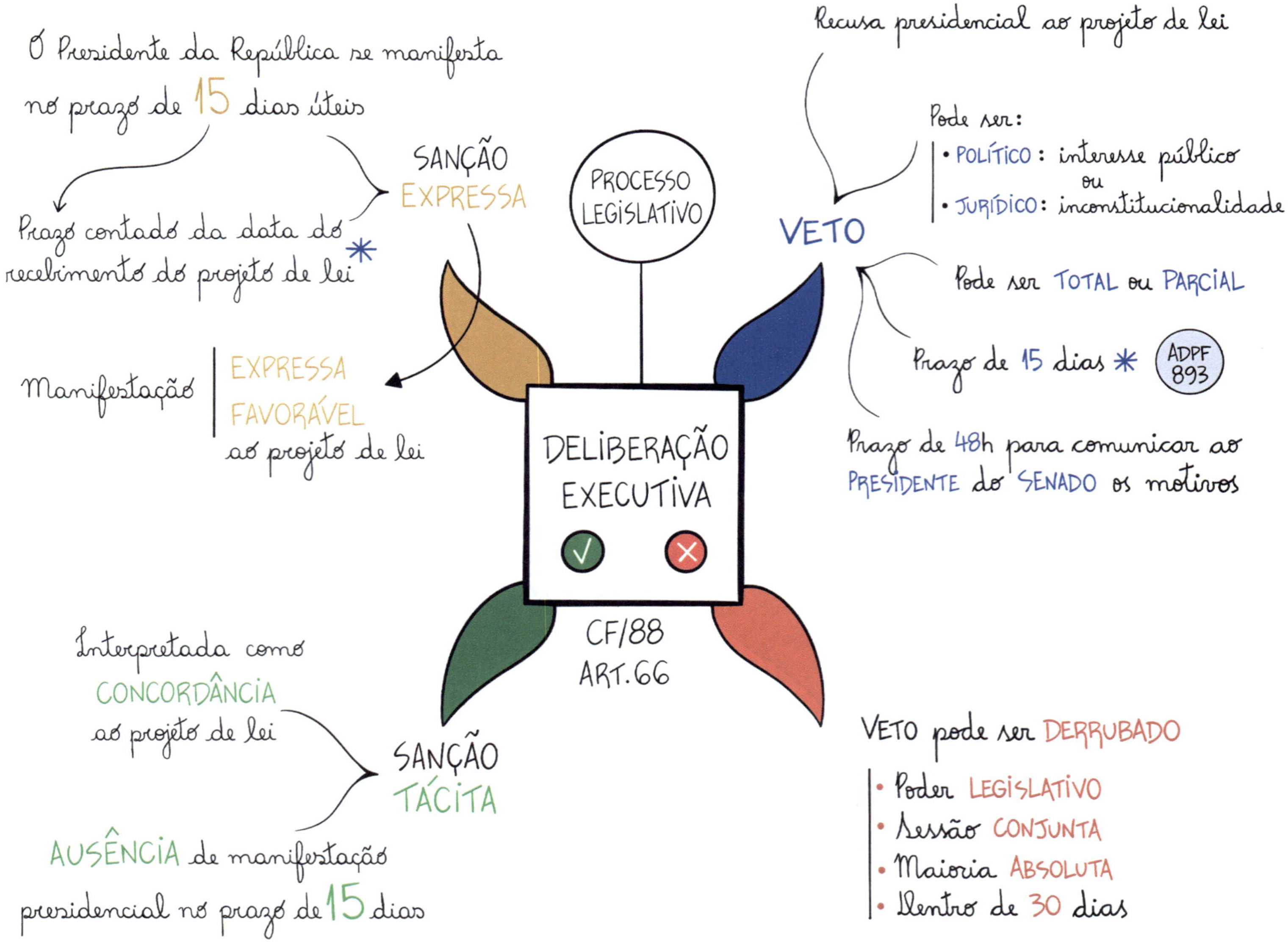
PROCESSO LEGISLATIVO
DELIBERAÇÃO EXECUTIVA
CF/88 ART.66
SANÇÃO EXPRESSA
O Presidente da República se manifesta no prazo de 15 dias úteis
Prazo contado da data do recebimento do projeto de lei *
Manifestação
EXPRESSA
FAVORÁVEL
ao projeto de lei
VETO
Recusa presidencial ao projeto de lei
Pode ser:
• POLÍTICO: interesse público
ou
• JURÍDICO: inconstitucionalidade
Pode ser TOTAL ou PARCIAL
Prazo de 15 dias *
ADPF 893
Prazo de 48h para comunicar ao PRESIDENTE do SENADO os motivos
SANÇÃO TÁCITA
Interpretada como CONCORDÂNCIA ao projeto de lei
AUSÊNCIA de manifestação presidencial no prazo de 15 dias
VETO pode ser DERRUBADO
• Poder LEGISLATIVO
• Sessão CONJUNTA
• Maioria ABSOLUTA
• Dentro de 30 dias

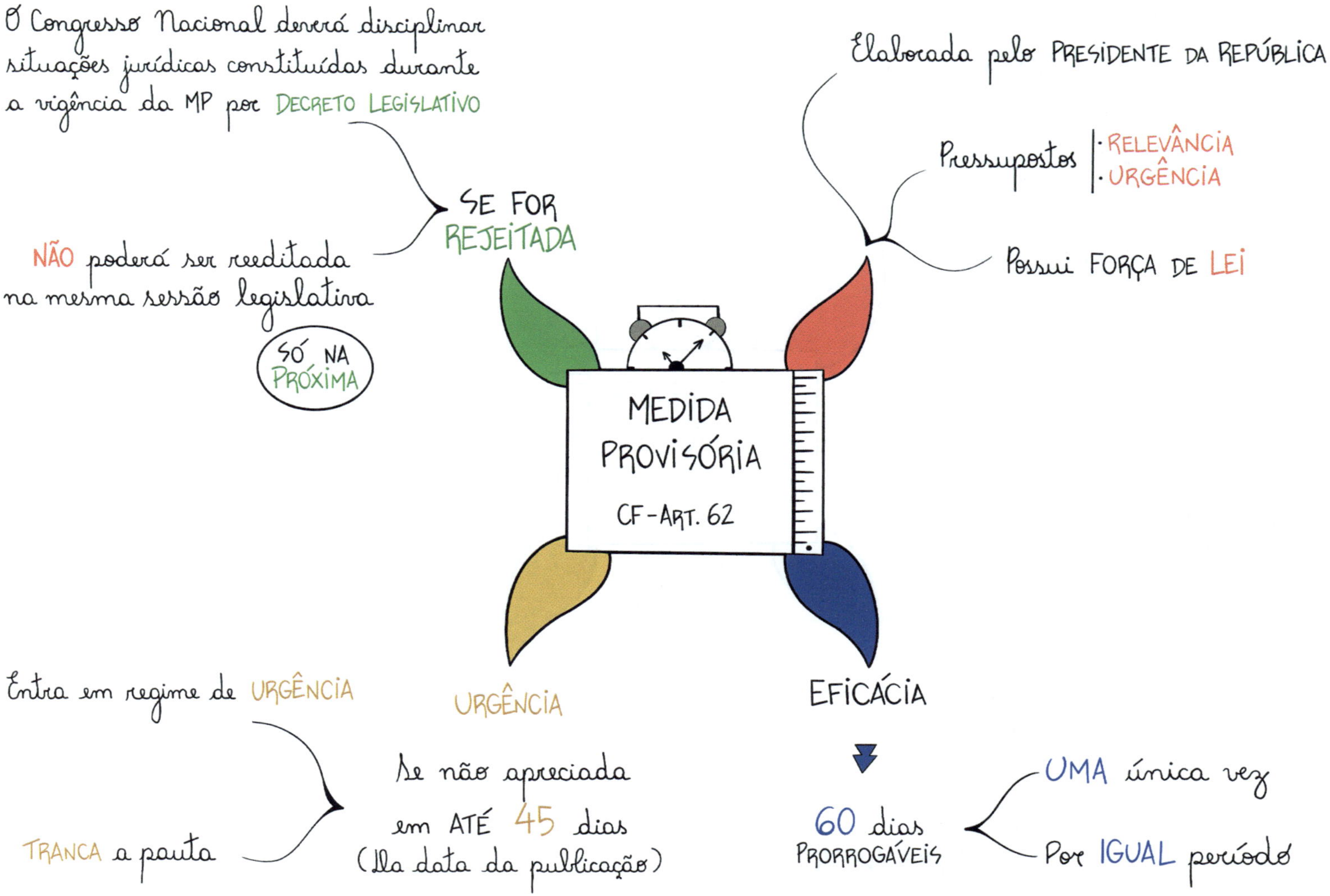
MEDIDA PROVISÓRIA
CF-ART. 62
Elaborada pelo PRESIDENTE DA REPÚBLICA
Pressupostos
· RELEVÂNCIA
· URGÊNCIA
Possui FORÇA DE LEI
SE FOR REJEITADA
O Congresso Nacional deverá disciplinar situações jurídicas constituídas durante a vigência da MP por DECRETO LEGISLATIVO
NÃO poderá ser reeditada na mesma sessão legislativa
SÓ NA PRÓXIMA
URGÊNCIA
Entra em regime de URGÊNCIA
TRANCA a pauta
Se não apreciada em ATÉ 45 dias (da data da publicação)
EFICÁCIA
60 dias PRORROGÁVEIS
UMA única vez
Por IGUAL período

CF/88
ART. 62, §1º

MATÉRIA RELATIVA A...

- NACIONALIDADE
- CIDADANIA
- DIREITOS POLÍTICOS
- PARTIDOS POLÍTICOS
- DIREITO
  - ELEITORAL
  - PENAL
  - PROCESSUAL PENAL
  - PROCESSUAL CIVIL

- ORGANIZAÇÃO (CARREIRA E GARANTIAS)
  - PODER JUDICIÁRIO
  - MINISTÉRIO PÚBLICO

- PLANO PLURIANUAL
- DIRETRIZ ORÇAMENTÁRIA
- ORÇAMENTO E CRÉDITO (SUPLEMENTAR E ADICIONAL) *

* Salvo despesas IMPREVISÍVEIS e URGENTES (GUERRA, CALAMIDADE...)

MATÉRIA que vise a DETENÇÃO ou SEQUESTRO de:

- BENS
- POUPANÇA POPULAR
- OUTRO ATIVO FINANCEIRO

MATÉRIA RESERVADA A LEI COMPLEMENTAR

Ex.:
CF/88 ART. 163

Obs.: NÃO PODE regulamentar a exploração dos serviços de gás canalizado!

PENDENTE de SANÇÃO ou VETO do PRESIDENTE DA REPÚBLICA

MATÉRIA já disciplinada em PROJETO DE LEI APROVADO pelo CONGRESSO NACIONAL

(E)

PARA QUEM? MINISTROS DE ESTADO / PROCURADOR-GERAL DA REPÚBLICA / ADVOGADO-GERAL DA UNIÃO

## ATRIBUIÇÕES DELEGÁVEIS DO PRESIDENTE DA REPÚBLICA

CF - ART. 84 PARÁGRAFO ÚNICO

- PROVER CARGOS públicos federais, na forma da lei
- Dispor por meio de DECRETO sobre EXTINÇÃO DE CARGO PÚBLICO VAGO
- COMUTAR PENAS
- CONCEDER INDULTO
  - Audiência dos órgãos instituídos em lei, se necessário
- Dispor por meio de DECRETO sobre ORGANIZAÇÃO e FUNCIONAMENTO da administração federal
  - Mas não pode implicar:
    - AUMENTO DE DESPESA
    - CRIAÇÃO/EXTINÇÃO DE ÓRGÃOS PÚBLICOS

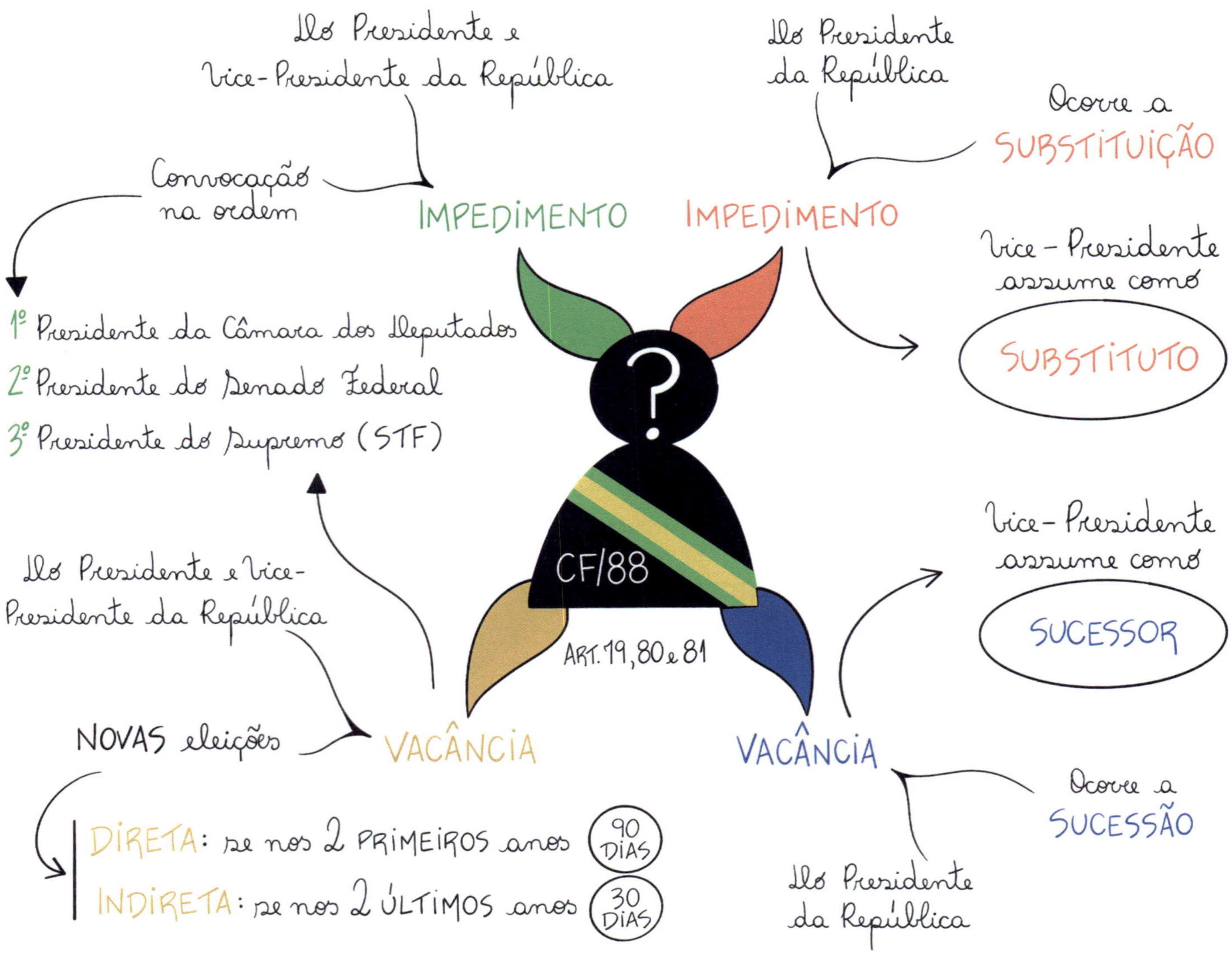
Do Presidente e Vice-Presidente da República
Convocação na ordem
IMPEDIMENTO
1º Presidente da Câmara dos Deputados
2º Presidente do Senado Federal
3º Presidente do Supremo (STF)
Do Presidente da República
Ocorre a SUBSTITUIÇÃO
IMPEDIMENTO
Vice-Presidente assume como
SUBSTITUTO
CF/88
ART. 79, 80 e 81
Do Presidente e Vice-Presidente da República
NOVAS eleições
VACÂNCIA
DIRETA: se nos 2 PRIMEIROS anos
90 DIAS
INDIRETA: se nos 2 ÚLTIMOS anos
30 DIAS
Vice-Presidente assume como
SUCESSOR
VACÂNCIA
Ocorre a SUCESSÃO
Do Presidente da República

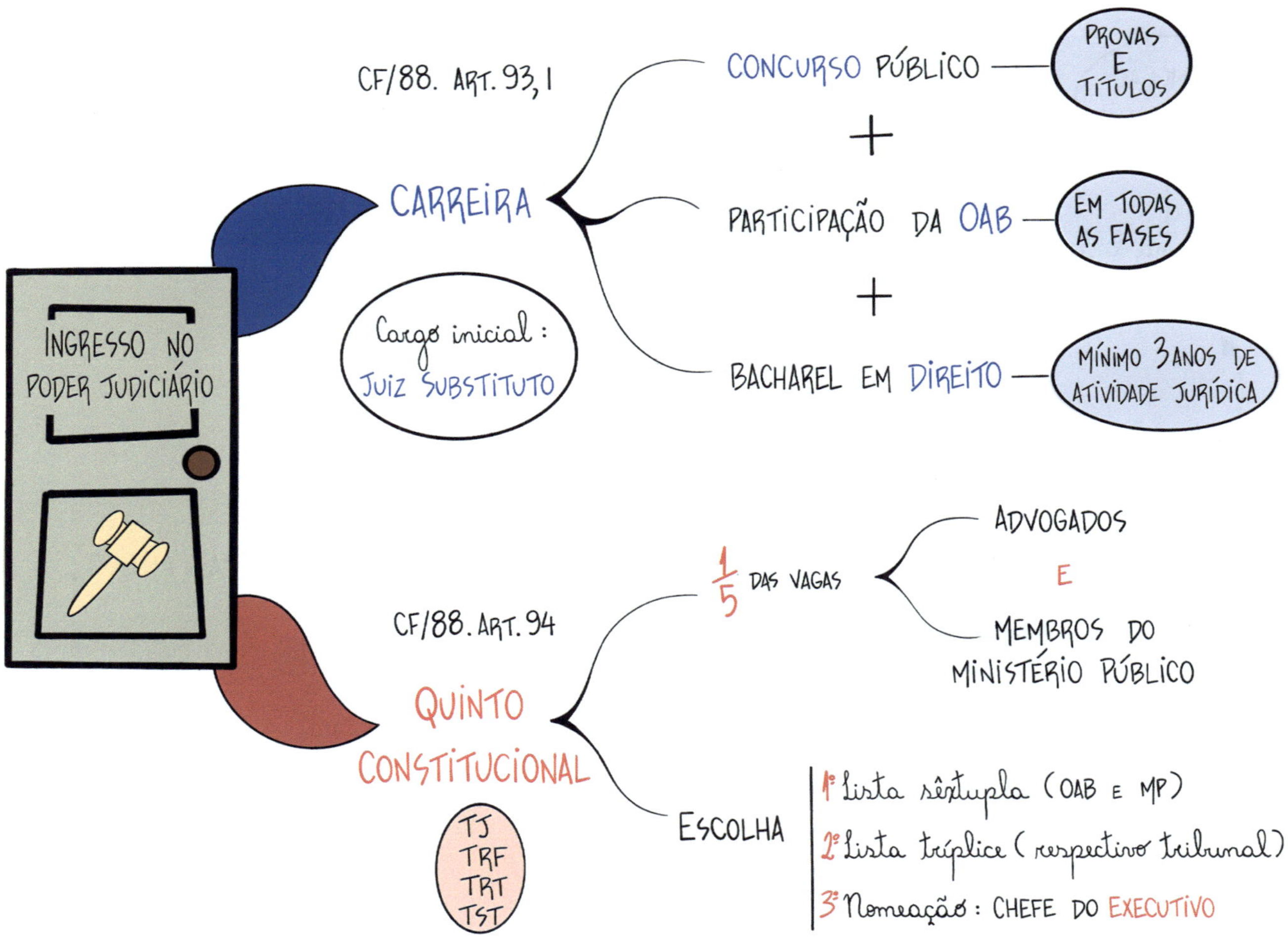
INGRESSO NO PODER JUDICIÁRIO
CF/88. ART. 93, I
CARREIRA
Cargo inicial:
JUIZ SUBSTITUTO
CONCURSO PÚBLICO
PROVAS E TÍTULOS
+
PARTICIPAÇÃO DA OAB
EM TODAS AS FASES
+
BACHAREL EM DIREITO
MÍNIMO 3 ANOS DE ATIVIDADE JURÍDICA
CF/88. ART. 94
QUINTO CONSTITUCIONAL
TJ
TRF
TRT
TST
1/5 DAS VAGAS
ADVOGADOS
E
MEMBROS DO MINISTÉRIO PÚBLICO
ESCOLHA
1º Lista sêxtupla (OAB E MP)
2º Lista tríplice (respectivo tribunal)
3º Nomeação: CHEFE DO EXECUTIVO

(CRITÉRIOS)

## MERECIMENTO

PROMOÇÃO OBRIGATÓRIA

Se figurar na lista por:

3x CONSECUTIVAS OU 5x ALTERNADAS

↓

2 anos de exercício na respectiva entrância

Ⓔ

Integrar a PRIMEIRA QUINTA PARTE da lista de ANTIGUIDADE

Se não houver alguém com tais requisitos?

QUEM ACEITAR LUGAR VAGO

## ANTIGUIDADE

Pode-se RECUSAR o juiz MAIS ANTIGO?

SIM ✓

↓

VOTO FUNDAMENTADO de $\frac{2}{3}$ dos membros do tribunal

→ ASSEGURADA AMPLA DEFESA

↓

A votação será REPETIDA até que seja fixada a indicação

## IRREDUTIBILIDADE DE SUBSÍDIOS

A remuneração dos magistrados NÃO PODERÁ SER REDUZIDA, SALVO incidência dos tributos

## VITALICIEDADE (1º GRAU)

Somente é adquirida após o magistrado exercer efetivamente o cargo por 2 ANOS

Torna o sujeito detentor do cargo POR TODA VIDA

PERDA DO CARGO: DECISÃO JUDICIAL TRANSITADA EM JULGADO

## VITALICIEDADE (TRIBUNAIS)

Torna o sujeito detentor do cargo POR TODA VIDA

É adquirida automaticamente com a POSSE

## INAMOVIBILIDADE

O magistrado somente será removido, ou promovido, por INICIATIVA PRÓPRIA

De ofício: só no caso de interesse público

É VEDADO receber, a qualquer título ou pretexto:

- CUSTAS ou PARTICIPAÇÃO em processo
- AUXÍLIOS ou CONTRIBUIÇÕES de:
  - PESSOAS FÍSICAS
  - ENTIDADES PÚBLICAS OU PRIVADAS

→ Salvo exceções previstas em lei

É VEDADO exercer a ADVOCACIA no juízo ou tribunal do qual se afastou, antes de decorridos 3 anos do afastamento do cargo por aposentadoria ou exoneração

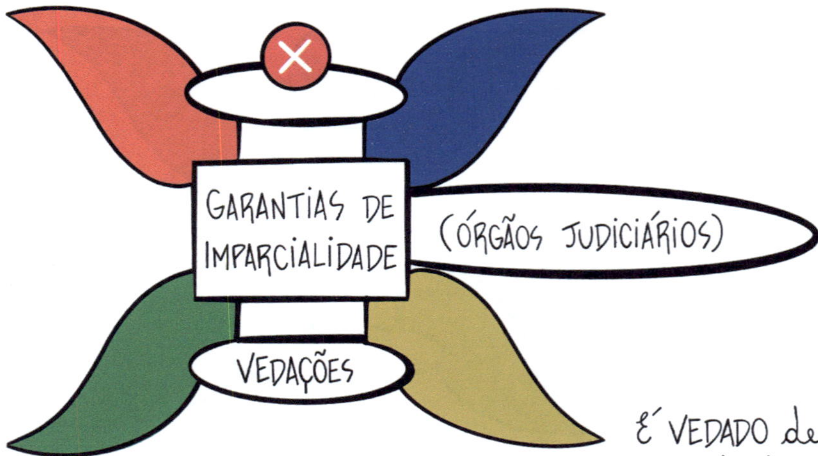


É VEDADO exercer, ainda que em disponibilidade, OUTRO CARGO OU FUNÇÃO → SALVO UMA DE MAGISTÉRIO

É VEDADO dedicar-se à atividade POLÍTICO-PARTIDÁRIA

↓

Não pode filiar-se a partidos políticos e participar de campanhas políticas

## CABIMENTO DA RECLAMAÇÃO AO STF

Contra decisão judicial ou ato administrativo que:

- CONTRARIAR
- NEGAR VIGÊNCIA
- APLICAR INDEVIDAMENTE

→ SÚMULA VINCULANTE

## COMPETÊNCIA EXCLUSIVA

Cabe ao STF a edição, revisão e o cancelamento das súmulas vinculantes (De OFÍCIO ou por PROVOCAÇÃO)

## LEGITIMADOS

- Os mesmos da ADI
- Defensor Público-Geral da União
- Todos os tribunais

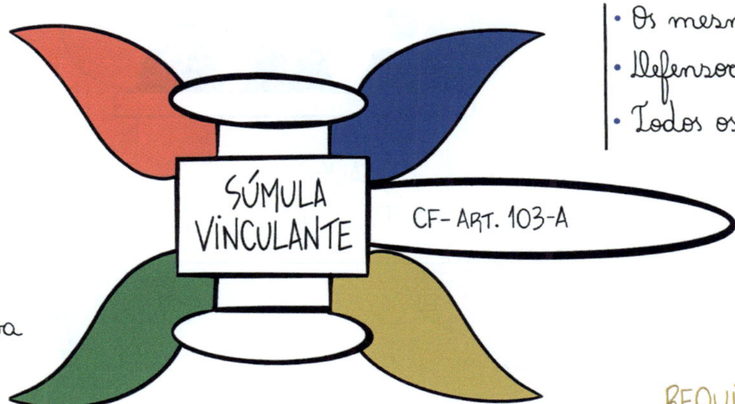


## O EFEITO VINCULANTE

### ☒ NÃO VINCULA

- PLENO DO STF
- EXECUTIVO E LEGISLATIVO quando no exercício da produção normativa

### ☑ VINCULA

- Todos os DEMAIS ÓRGÃOS DO JUDICIÁRIO
- ADMINISTRAÇÃO PÚBLICA direta e indireta, de todas as unidades da federação

## REQUISITOS CONSTITUCIONAIS

- REITERADAS decisões sobre matéria CONSTITUCIONAL
- CONTROVÉRSIA atual + grave INSEGURANÇA jurídica
- MULTIPLICAÇÃO de processos IDÊNTICOS
- APROVAÇÃO de 2/3 dos membros da Corte

Deve ser observada no processo de controle de constitucionalidade DIFUSO, nos TRIBUNAIS

Determina que somente pelo voto da MAIORIA ABSOLUTA de seus membros ou dos membros do órgão especial é que a inconstitucionalidade da lei ou ato normativo poderá ser declarada

(CF/88 - ART. 97)

NÃO PRECISA OBSERVAR A CLÁUSULA

Quando há reconhecimento da CONSTITUCIONALIDADE da norma impugnada

INTERPRETAÇÃO CONFORME A CONSTITUIÇÃO

JURISPRUDÊNCIA

NÃO PRECISA OBSERVAR A CLÁUSULA

Quando a decisão judicial estiver fundada em jurisprudência do Plenário do STF ou em súmula deste Tribunal

SÚMULA VINCULANTE Nº 10

A decisão de órgão fracionário de Tribunal que AFASTA a incidência de lei ou ato normativo do Poder Público, embora não declare expressamente a inconstitucionalidade VIOLA A CLÁUSULA

* Legitimados SEM capacidade postulatória
(PRECISA DE ADVOGADO)

* Legitimados ESPECIAIS
Devem demonstrar PERTINÊNCIA TEMÁTICA

4 AUTORIDADES

- PRESIDENTE da República
- GOVERNADOR | Estado / Distrito Federal *
- PROCURADOR-GERAL da República

4 ENTIDADES

- Conselho FEDERAL da OAB
- Confederação SINDICAL * *
- Entidade de classe de âmbito NACIONAL * *
- Partido político COM REPRESENTAÇÃO no Congresso *

4 MESAS

- Mesa da CÂMARA dos DEPUTADOS
- Mesa do SENADO FEDERAL
- Mesa da ASSEMBLEIA LEGISLATIVA *
- Mesa da CÂMARA LEGISLATIVA do DF *

## Arguição de Descumprimento de Preceito Fundamental

- De leis ou atos normativos: FEDERAIS / ESTADUAIS / MUNICIPAIS
- Ação SUBSIDIÁRIA

## Ação Direta de Inconstitucionalidade

- De leis ou atos normativos FEDERAIS ou ESTADUAIS

CF - ART. 102, §1º

CF - ART. 102, I "a"

CF - ART. 103, §2º

- Ação Direta de Inconstitucionalidade POR OMISSÃO
- Objetivo: REGULAMENTAÇÃO de norma da CF (EFICÁCIA LIMITADA)
- FALTA de norma regulamentadora

- Ação Declaratória de Constitucionalidade
- De leis ou atos normativos FEDERAIS
- CONTROVÉRSIA JUDICIAL RELEVANTE

## Pode ser objeto de ADI ✓

- Leis ou atos normativos
  - FEDERAIS
  - ESTADUAIS
- EMENDA Constitucional
- Lei
  - ORDINÁRIA
  - COMPLEMENTAR
  - DELEGADA
- DECRETOS
  - LEGISLATIVO
  - AUTÔNOMO
- Medida Provisória
- REGIMENTO Interno
- TRATADOS

## Não pode ser objeto de ADI ✗

- Leis e atos REVOGADOS
- PROPOSTA de Emenda Constitucional
- PROJETO de Lei
- Normas Constitucionais ORIGINÁRIAS
- Leis e atos PRÉ-constitucionais
- SÚMULAS
- SENTENÇA Normativa
- CONVENÇÃO Coletiva
- Atos Normativos SECUNDÁRIOS (Ex.: Decreto Regulamentar)

## A decisão VINCULA ✓

- ADMINISTRAÇÃO PÚBLICA
- Demais órgãos do JUDICIÁRIO

## A decisão NÃO VINCULA ✗

- Poder ou função LEGISLATIVA
- O próprio STF

## Efeitos:

- ERGA OMNES - Contra TODOS
- EX TUNC - Retroativos
- Autorizada a MODULAÇÃO dos efeitos

Princípio da SUBSIDIARIEDADE : inexistência de outro meio para sanar a lesividade

EXTRAORDINÁRIO

CARÁTER SUPLETIVO

**OBJETO**

- Lei ou ato normativo
  - FEDERAL
  - ESTADUAL
  - MUNICIPAL
- Incluídos os ANTERIORES à CF/88
- Ato normativo REVOGADO
- Ato do poder público (DECISÃO JUDICIAL)

| DECISÃO | |
|---|---|
| | • IRRECORRÍVEL |
| | • NÃO CABE RESCISÓRIA |
| | • DESCUMPRIMENTO (CABE RECLAMAÇÃO) |

**PARÂMETRO**

MAIS RESTRITO que as demais ações

Tutela de PRECEITOS FUNDAMENTAIS

**ESPÉCIES**

- AUTÔNOMA : evitar ou reparar lesão resultante de ATO do poder público
- INCIDENTAL: evitar ou reparar lesão resultante de CONTROVÉRSIA constitucional relevante

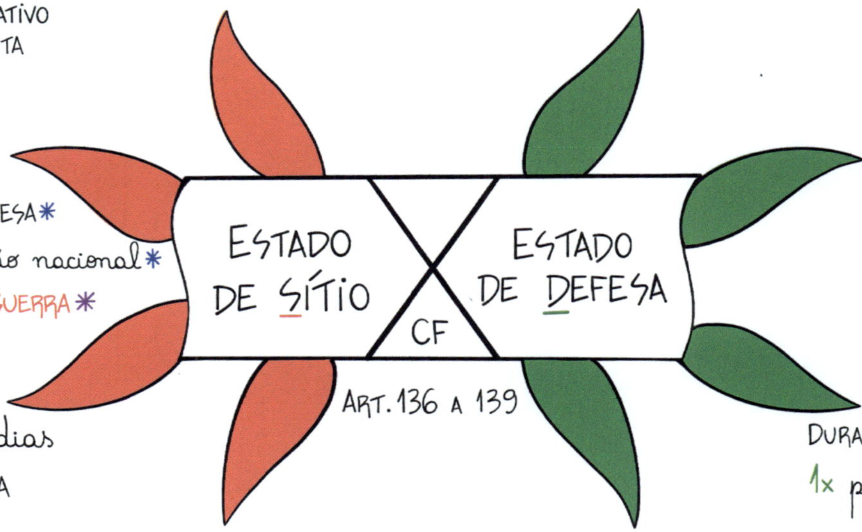


## Estado de Sítio

[1] Audiência PRÉVIA dos Conselhos da República ou da Defesa Nacional

[2] PRÉVIA AUTORIZAÇÃO do Congresso Nacional (Presidente da República SOLICITA a autorização)
→ 
- DECRETO LEGISLATIVO
- MAIORIA ABSOLUTA

HIPÓTESES

- INEFICÁCIA do ESTADO DE DEFESA*
- COMOÇÃO GRAVE de repercussão nacional*
- Declaração de estado de GUERRA*

DURAÇÃO:

* NUNCA superior a [30] dias

* ENQUANTO DURAR A GUERRA

MEDIDAS RESTRITIVAS

- Permanência em local determinado
- Suspensão da liberdade de REUNIÃO
- REQUISIÇÃO de bens

(...)

## Estado de Defesa

[1] Manifestação PRÉVIA dos Conselhos da República e da Defesa Nacional

[2] DECRETADO pelo Presidente da República

[3] APROVAÇÃO pelo Congresso Nacional

HIPÓTESES

- INSTABILIDADE INSTITUCIONAL [GRAVE E IMINENTE]
- CALAMIDADE de grandes proporções

DURAÇÃO: [30] dias - prorrogável 1x por IGUAL período

Alcance das MEDIDAS RESTRITIVAS

- Direito de REUNIÃO
- Sigilo de
  - CORRESPONDÊNCIA
  - COMUNICAÇÃO
    - TELEGRÁFICA
    - TELEFÔNICA

# DIREITO ADMINISTRATIVO

## EFICIÊNCIA

- RENDIMENTO funcional
- Produzir
  - BEM
  - Com QUALIDADE
  - MENOS gasto – ECONOMICIDADE

## LEGALIDADE

Está subordinada à AUTORIZAÇÃO ou DETERMINAÇÃO LEGAL

## PUBLICIDADE

- Dar CONHECIMENTO aos atos praticados
- TRANSPARÊNCIA na prestação das informações

## IMPESSOALIDADE

- FINALIDADE: visar FIM legal → INTERESSE PÚBLICO
- VEDAÇÃO à PROMOÇÃO pessoal → ~~NOME~~ ~~SÍMBOLO~~ ~~IMAGEM~~
- Tratamento SEM FAVORITISMO / PERSEGUIÇÃO → ISONOMIA

## MORALIDADE

- Atuação segundo padrões ÉTICOS e MORAIS
- Exige a HONESTIDADE, LEALDADE, BOA-FÉ > Nas condutas da administração pública

## ESPECIALIDADE

Dever de EFICIÊNCIA na execução da atividade administrativa

Resulta da necessidade da:

- DESCENTRALIZAÇÃO de serviços
- DESCONCENTRAÇÃO de atividades

## CONTINUIDADE

- A atividade do Estado deve ser CONTÍNUA
- É possível a interrupção
  - EMERGÊNCIA
  - PRÉVIO AVISO
    - Razões de ORDEM TÉCNICA
    - SEGURANÇA das instalações
    - INADIMPLÊNCIA do usuário

## MOTIVAÇÃO

Dever de indicar os pressupostos de FATO e de DIREITO que determinaram a prática do ato

## AUTOTUTELA

A administração poderá:

- ANULAR seus próprios atos quando ILEGAIS
- REVOGAR seus própios atos quando:
  - INOPORTUNOS
  - INCONVENIENTES

## SEGURANÇA JURÍDICA

Modificações supervenientes de normas jurídicas não devem retroagir para atingir situações pretéritas

# PRINCÍPIOS DA ADMINISTRAÇÃO PÚBLICA

## INTRANSCENDÊNCIA subjetiva das sanções

Inibe a aplicação de SEVERAS SANÇÕES a entidades federativas por ATO de GESTÃO ANTERIOR à assunção dos deveres públicos

## SUPREMACIA do INTERESSE PÚBLICO

Situação PRIVILEGIADA da Administração Pública

-PRERROGATIVAS-

Princípios centrais dos quais derivam todos os demais

## PROPORCIONALIDADE

EQUILÍBRIO entre o ato praticado e os FINS a serem alcançados

## INDISPONIBILIDADE do INTERESSE PÚBLICO

- LIMITES na atuação administrativa
- NÃO pode ABRIR MÃO do interesse público

## RAZOABILIDADE

Não agir fora dos padrões ÉTICOS e ADEQUADOS ao senso comum

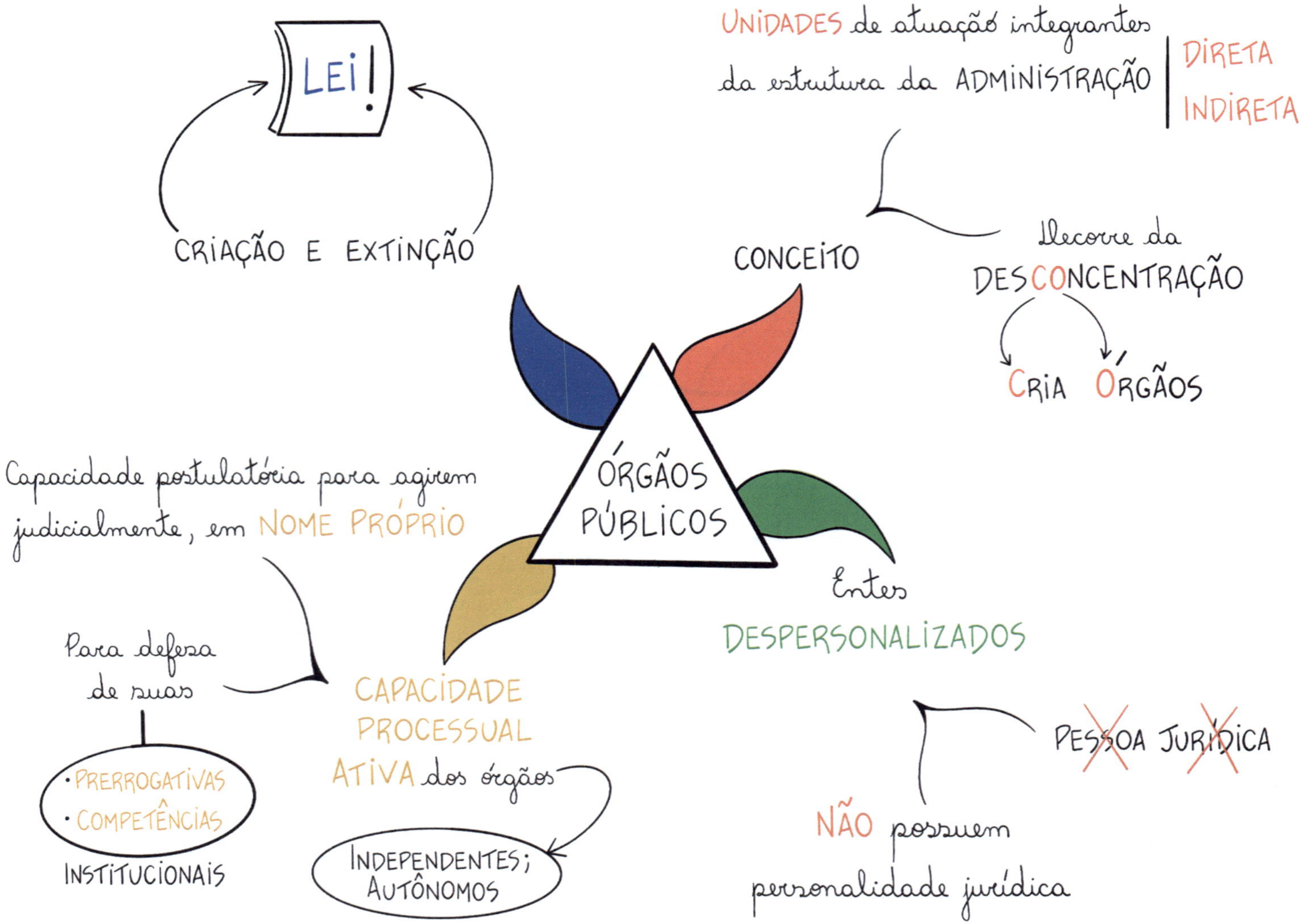
LEI!
CRIAÇÃO E EXTINÇÃO
ÓRGÃOS PÚBLICOS
CONCEITO
UNIDADES de atuação integrantes da estrutura da ADMINISTRAÇÃO
DIRETA
INDIRETA
Decorre da DESCONCENTRAÇÃO
CRIA ÓRGÃOS
Entes DESPERSONALIZADOS
PESSOA JURÍDICA
NÃO possuem personalidade jurídica
CAPACIDADE PROCESSUAL ATIVA dos órgãos
Capacidade postulatória para agirem judicialmente, em NOME PRÓPRIO
Para defesa de suas
• PRERROGATIVAS
• COMPETÊNCIAS
INSTITUCIONAIS
INDEPENDENTES; AUTÔNOMOS

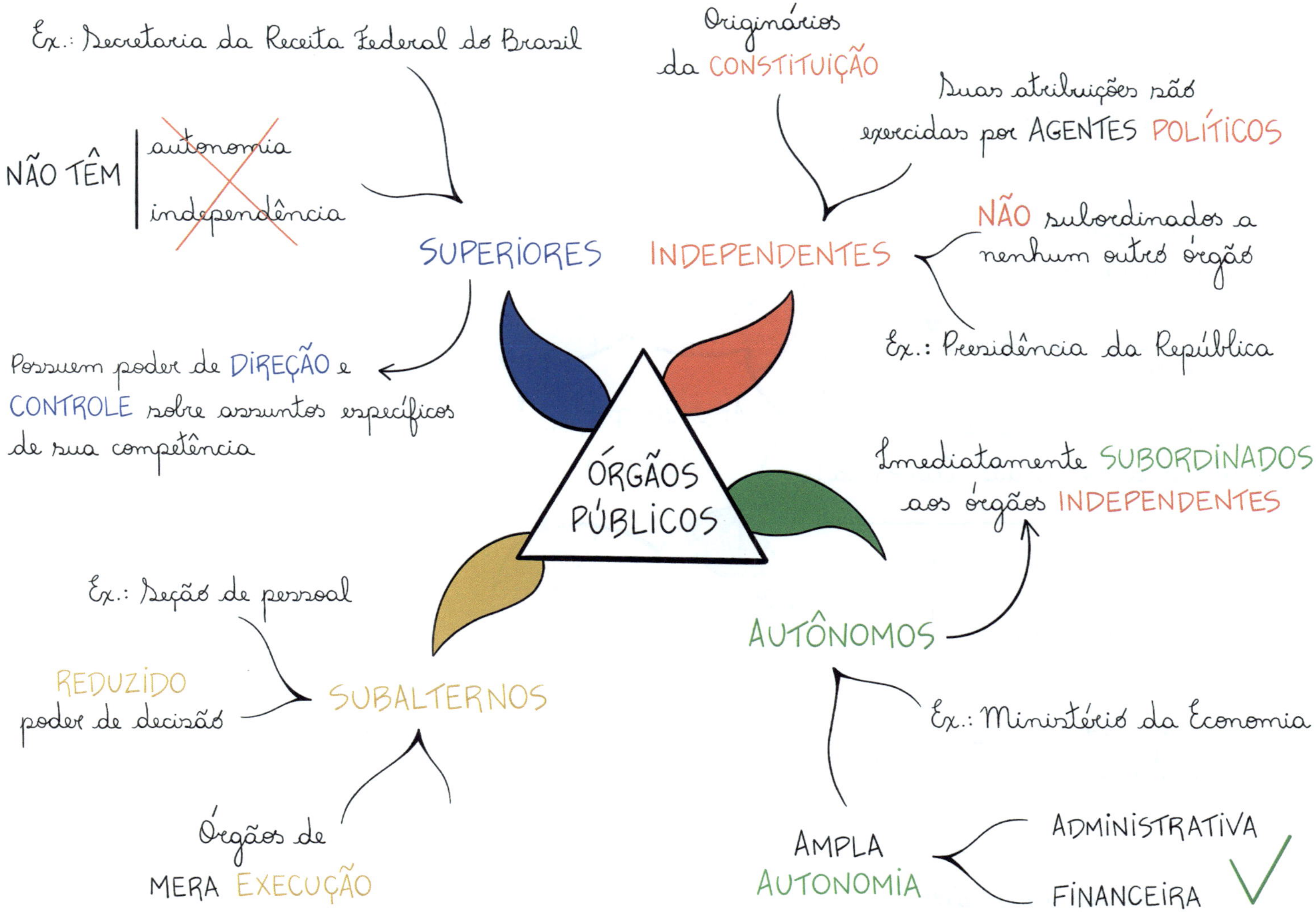
ÓRGÃOS PÚBLICOS
SUPERIORES
Ex.: Secretaria da Receita Federal do Brasil
NÃO TÊM | autonomia
independência
Possuem poder de DIREÇÃO e CONTROLE sobre assuntos específicos de sua competência
INDEPENDENTES
Originários da CONSTITUIÇÃO
Suas atribuições são exercidas por AGENTES POLÍTICOS
NÃO subordinados a nenhum outro órgão
Ex.: Presidência da República
AUTÔNOMOS
Imediatamente SUBORDINADOS aos órgãos INDEPENDENTES
Ex.: Ministério da Economia
AMPLA AUTONOMIA
ADMINISTRATIVA
FINANCEIRA
SUBALTERNOS
Ex.: Seção de pessoal
REDUZIDO poder de decisão
Órgãos de MERA EXECUÇÃO

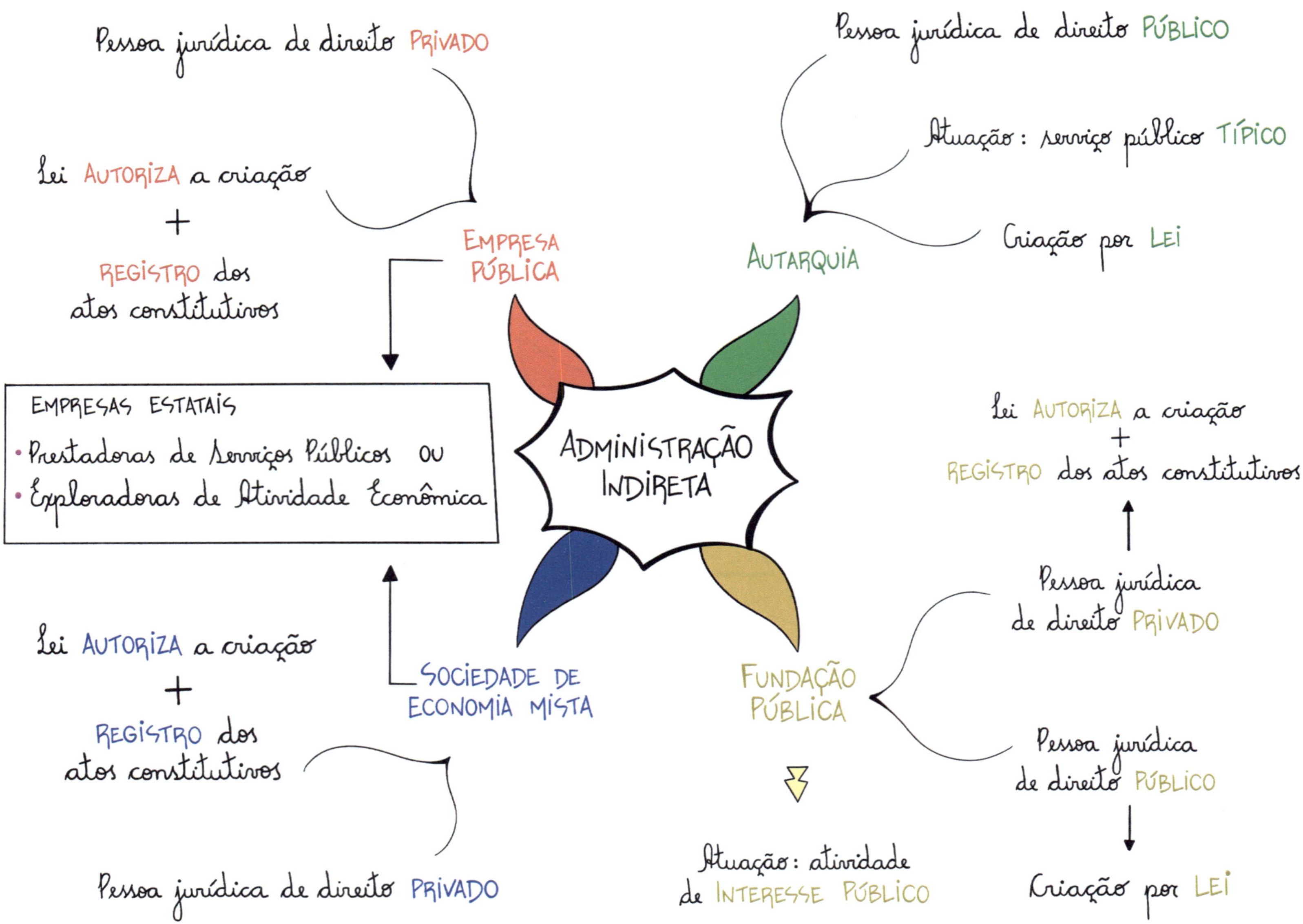
ADMINISTRAÇÃO INDIRETA
EMPRESA PÚBLICA
Pessoa jurídica de direito PRIVADO
Lei AUTORIZA a criação
+
REGISTRO dos atos constitutivos
EMPRESAS ESTATAIS
• Prestadoras de Serviços Públicos OU
• Exploradoras de Atividade Econômica
SOCIEDADE DE ECONOMIA MISTA
Lei AUTORIZA a criação
+
REGISTRO dos atos constitutivos
Pessoa jurídica de direito PRIVADO
AUTARQUIA
Pessoa jurídica de direito PÚBLICO
Atuação: serviço público TÍPICO
Criação por LEI
FUNDAÇÃO PÚBLICA
Pessoa jurídica de direito PRIVADO
Lei AUTORIZA a criação
+
REGISTRO dos atos constitutivos
Pessoa jurídica de direito PÚBLICO
Criação por LEI
Atuação: atividade de INTERESSE PÚBLICO

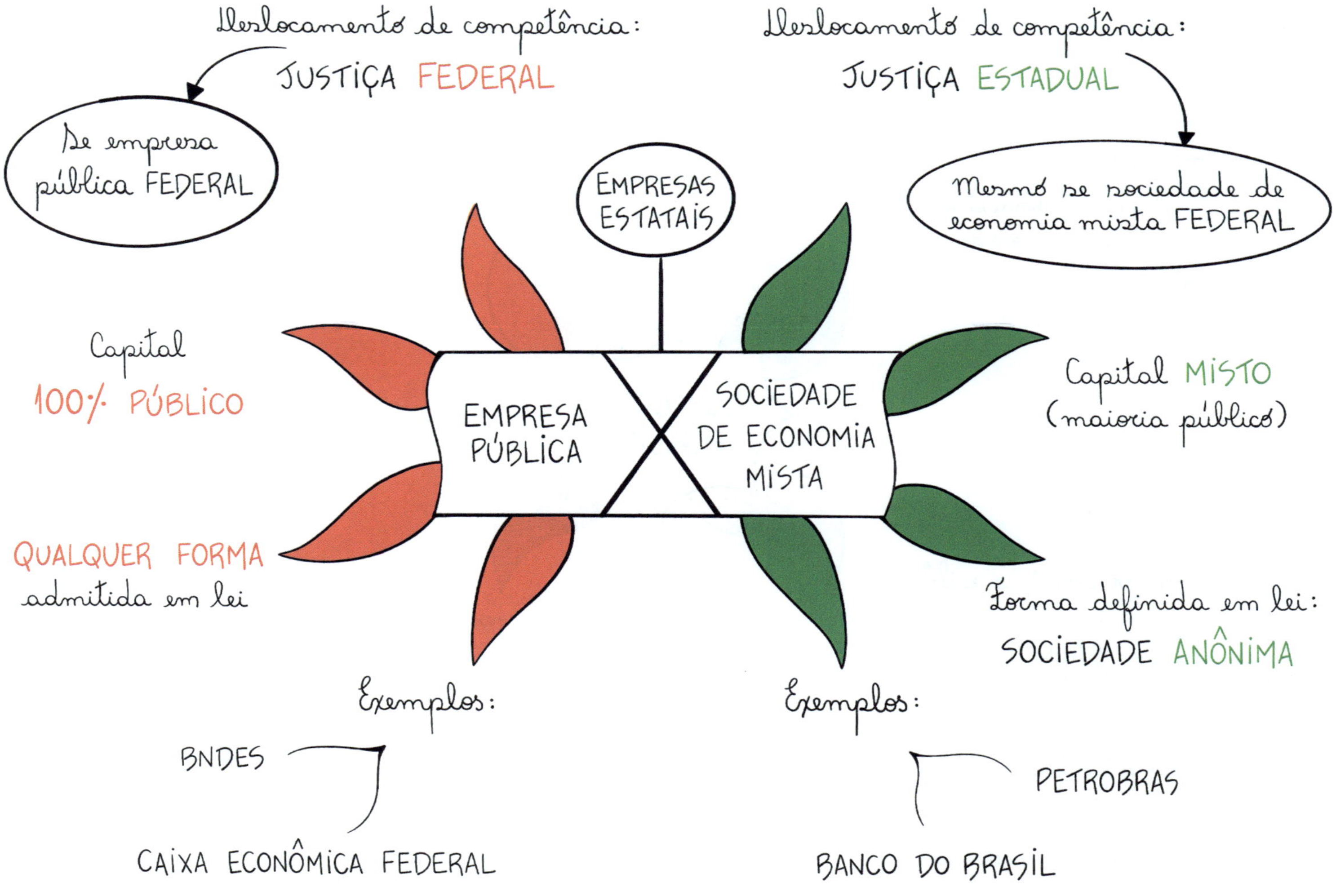
Deslocamento de competência:
JUSTIÇA FEDERAL
Se empresa pública FEDERAL
Deslocamento de competência:
JUSTIÇA ESTADUAL
Mesmo se sociedade de economia mista FEDERAL
EMPRESAS ESTATAIS
EMPRESA PÚBLICA
SOCIEDADE DE ECONOMIA MISTA
Capital 100% PÚBLICO
Capital MISTO (maioria público)
QUALQUER FORMA admitida em lei
Forma definida em lei: SOCIEDADE ANÔNIMA
Exemplos:
BNDES
CAIXA ECONÔMICA FEDERAL
Exemplos:
PETROBRAS
BANCO DO BRASIL

Junção de esforços entre pessoas jurídicas, para atingir objetivos de interesse comum

Pode ter personalidade jurídica de direito
- Público → Associação Pública
- ou
- Privado

O consórcio público poderá:

- Firmar acordos
- Receber auxílios
- Promover desapropriações
- Instituir servidões
- Ser contratado pela administração dos entes da Federação consorciados → SEM LICITAÇÃO

Não pode haver consórcio público:

- Celebrado entre um Estado e um Município de outro Estado ✗
- Celebrado apenas entre União e Municípios ✗
  - ↓ Tem que ter a participação do Estado onde está situado o Município

Será constituído por contrato cuja celebração dependerá de REQUISITOS FORMAIS:

↓

- Subscrição prévia do protocolo de intenções
- Ratificação do protocolo de intenções por lei

## Concurso Público

**Requisito básico para acesso a CARGOS / EMPREGOS PÚBLICOS**

- De PROVAS ou de PROVAS e TÍTULOS
- Prazo de vigência: ATÉ 2 anos
  - ▼ Admite-se UMA prorrogação por IGUAL período (Ato discricionário)

**TATUAGEM (STF)**

- Editais NÃO PODEM estabelecer restrição
- ▼
- SALVO se VIOLAR valores constitucionais

**(STF) DIREITO SUBJETIVO à NOMEAÇÃO**

- Candidato APROVADO DENTRO do número de vagas
- PRETERIÇÃO por não observância da ORDEM DE CLASSIFICAÇÃO (dentro do prazo de validade) — SÚMULA 15 - STF
- NOVAS VAGAS ou NOVO CONCURSO durante a validade do anterior
  +
  PRETERIÇÃO de candidatos — ARBITRÁRIA IMOTIVADA

**EXCEÇÕES - EXEMPLOS -**

- CARGO EM COMISSÃO
- CARGO ELETIVO
- TEMPORÁRIO
- QUINTO CONSTITUCIONAL

A lei reservará % dos cargos e empregos públicos para pessoas portadoras de NECESSIDADES ESPECIAIS

ART. VIII

ART. 37, V

| | CARGO EM COMISSÃO | FUNÇÃO DE CONFIANÇA |
|---|---|---|
| ACESSO | Livre nomeação e exoneração | Livre designação e dispensa |
| OCUPANTE | % para servidor efetivo<br>Restante: terceiros | Necessariamente servidor EFETIVO |
| ATRIBUIÇÕES | Direção, Chefia e Assessoramento | |

Contratação TEMPORÁRIA

- EXCEPCIONAL interesse público
- Previsão LEGAL
- Processo Seletivo SIMPLIFICADO
- Tempo DETERMINADO
- Necessidade TEMPORÁRIA de contratação devidamente MOTIVADA

ART. 37, IX

ART. 37, VI e VII

- Garantia de livre associação SINDICAL
- Direito de GREVE → Depende de lei específica

SERVIDORES PÚBLICOS CIVIS

# REMUNERAÇÃO (SERVIDOR PÚBLICO)

## CF - ART. 37, XIV

Os acréscimos pecuniários percebidos por servidor público NÃO SERÃO COMPUTADOS NEM ACUMULADOS para fins de concessão de acréscimos ulteriores

## CF - ART. 37, XIII

É VEDADA a vinculação ou equiparação de quaisquer espécies remuneratórias para o efeito de remuneração de pessoal

## REMUNERAÇÃO TOTAL

| |
|---|
| VENCIMENTO BÁSICO<br>+<br>VANTAGENS PECUNIÁRIAS PERMANENTES |

ou

SUBSÍDIO: parcela única

- Fixação ou alteração → LEI ESPECÍFICA
- Revisão geral ANUAL
- Iniciativa PRIVATIVA em cada caso

CF - ART. 37, X

## SALÁRIO MÍNIMO

A remuneração do servidor não pode ser inferior ao salário mínimo

SÚMULA VINCULANTE 16: O vencimento básico pode ser inferior ao mínimo legal, desde que a remuneração total não o seja

## CF - ART. 37, XV

A remuneração do servidor público é IRREDUTÍVEL

GARANTE A IRREDUTIBILIDADE NOMINAL

! E NÃO REAL

↓

Não garante das perdas decorrentes de aumentos inflacionários

**EMPRESAS PÚBLICAS E SOCIEDADES DE ECONOMIA MISTA**

Se submetem ao teto, desde que RECEBAM DINHEIRO PÚBLICO para custeio de seus gastos ou pagamento de pessoal

CF - ART. 37, §9º

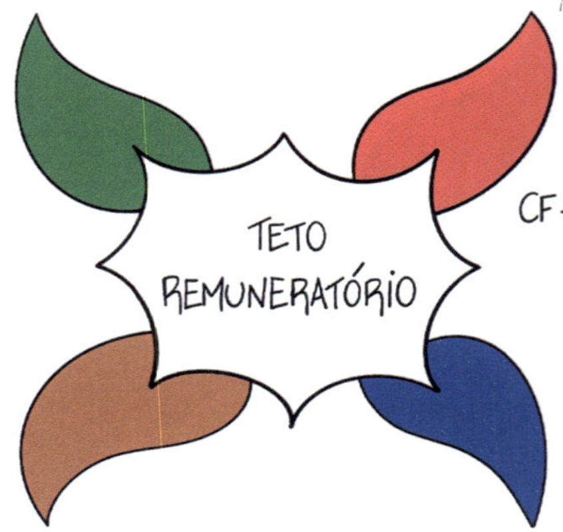


Não se submetem à análise do teto remuneratório as VERBAS INDENIZATÓRIAS

CF - ART. 37, §11

- TETO GERAL: subsídio dos MINISTROS DO STF
- SUBTETO (ESTADUAL/DF):
  - EXECUTIVO: subsídio do GOVERNADOR
  - LEGISLATIVO: subsídio dos DEPUTADOS (ESTADUAIS/DISTRITAIS)
  - JUDICIÁRIO: ~~subsídio dos DESEMBARGADORES do TJ (90,25% do subsídio do MINISTRO DO STF)~~ *
- SUBTETO MUNICIPAL: subsídio do PREFEITO

CF - ART. 37, XI

STF

ADIs 3854 e 4014

* IGUALOU o teto remuneratório no Poder Judiciário

Não há mais diferenciação remuneratória entre magistrados federais e estaduais

Atos de IMPROBIDADE

- SUSPENSÃO dos direitos políticos
- PERDA da função pública
- INDISPONIBILIDADE dos bens
- RESSARCIMENTO ao erário

- Forma e gradação previstas em lei
- Sem prejuízo da ação penal cabível

CF-ART. 37, §4º

LICITAÇÃO

Obras, serviços, compras e alienações serão contratados mediante processo de LICITAÇÃO

- Ressalva: | DISPENSA · INEXIGIBILIDADE

CF - ART. 37, XXI

REGRA: VEDAÇÃO da acumulação

EXCEÇÃO: pode acumular + Compatibilidade de horários

| |
|---|
| 2 cargos de PROFESSOR |
| 2 cargos privativos de profissional da SAÚDE |
| 1 cargo de PROFESSOR + 1 cargo TÉCNICO ou CIENTÍFICO |

INACUMULAÇÃO de cargos públicos

ART. 37, XVI

ART. 37, XVII

A proibição estende-se a | EMPREGOS · FUNÇÕES

A proibição abrange as entidades da ADMINISTRAÇÃO INDIRETA suas subsidiárias e sociedades controladas pelo poder público

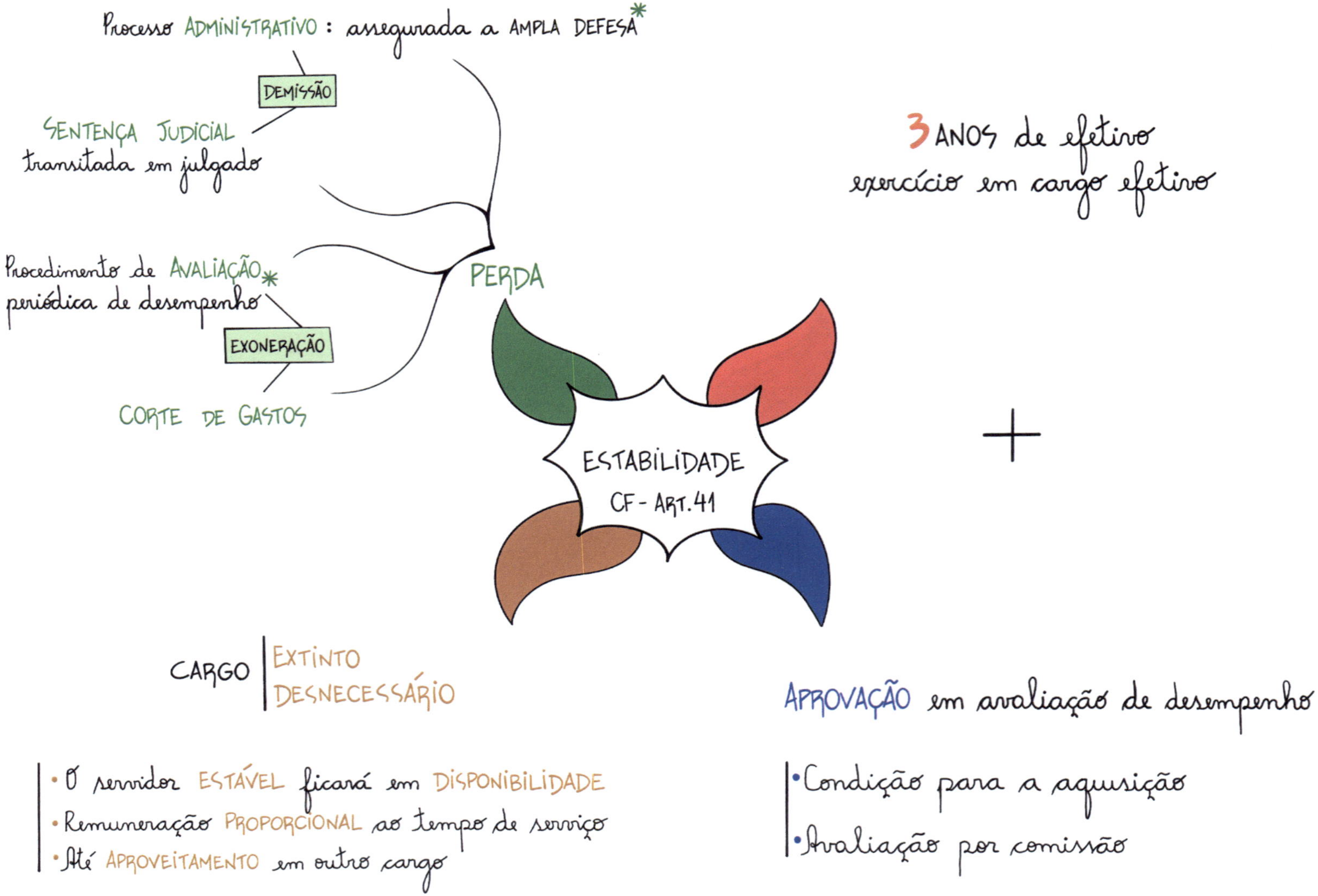
Processo ADMINISTRATIVO : assegurada a AMPLA DEFESA*
DEMISSÃO
SENTENÇA JUDICIAL
transitada em julgado
Procedimento de AVALIAÇÃO*
periódica de desempenho
EXONERAÇÃO
CORTE DE GASTOS
PERDA
ESTABILIDADE
CF - ART. 41
3 ANOS de efetivo
exercício em cargo efetivo
+
CARGO
EXTINTO
DESNECESSÁRIO
• O servidor ESTÁVEL ficará em DISPONIBILIDADE
• Remuneração PROPORCIONAL ao tempo de serviço
• Até APROVEITAMENTO em outro cargo
APROVAÇÃO em avaliação de desempenho
• Condição para a aquisição
• Avaliação por comissão

# IMPROBIDADE ADMINISTRATIVA (SUJEITOS)

Lei 8429/92

## Art. 1º

### SUJEITO PASSIVO – ENTIDADES PRIVADAS

- Entidade PRIVADA que RECEBA RECURSOS PÚBLICOS (SUBVENÇÃO – BENEFÍCIO – INCENTIVO FISCAL/CREDITÍCIO)
- Entidade PRIVADA que o ERÁRIO CONCORRA (OU TENHA CONCORRIDO) para criação ou custeio

⇓

Ressarcimento de prejuízos limitado à repercussão do ilícito sobre a contribuição dos cofres públicos

### SUJEITO PASSIVO

Administração Pública
- DIRETA
- INDIRETA
- FUNDACIONAL

De qualquer dos Poderes da
- UNIÃO
- ESTADOS
- MUNICÍPIOS
- DISTRITO FEDERAL
- TERRITÓRIOS

→
- LEGISLATIVO
- EXECUTIVO
- JUDICIÁRIO

## Art. 2º

### SUJEITO ATIVO – PRÓPRIO

AGENTE PÚBLICO (Sentido AMPLO) → EX.: AGENTE POLÍTICO, SERVIDOR PÚBLICO

Quem exerce: CARGO • EMPREGO • FUNÇÃO • MANDATO

Por meio de: NOMEAÇÃO • DESIGNAÇÃO • CONTRATAÇÃO • ELEIÇÃO
Ou qualquer outra forma de investidura ou vínculo

Ainda que de forma TRANSITÓRIA/NÃO REMUNERADA

EQUIPARADO: PARTICULAR – PF ou PJ – que celebra com a administração PARCERIA no que se refere a recursos de ORIGEM PÚBLICA

### SUJEITO ATIVO – IMPRÓPRIO

PARTICULAR
- ~~BENEFICIADO~~
- INDUZIR
- CONCORRER

⇓

DOLOSAMENTE

Não pratica o ato de improbidade "sozinho"

# ATOS DE IMPROBIDADE ADMINISTRATIVA

## Que importam em ENRIQUECIMENTO ILÍCITO

ART. 9º

AUFERIR VANTAGEM PATRIMONIAL INDEVIDA

- RECEBER / PERCEBER VANTAGEM
- USAR / UTILIZAR (FIM PARTICULAR)
- ADQUIRIR bem de valor desproporcional; deve demonstrar a licitude !
- ACEITAR emprego, comissão ...
- INCORPORAR ao seu patrimônio

## Que causam PREJUÍZO AO ERÁRIO

ART. 10

PERDA
DESVIO
APROPRIAÇÃO
MALBARATAMENTO
→ EFETIVA E COMPROVADA !

- FACILITAR / CONCORRER / PERMITIR a incorporação indevida, uso de bens ...
- DOAR bens, REALIZAR operação financeira, CONCEDER benefício, LIBERAR verba pública, CELEBRAR contratos e parcerias → SEM OBSERVAR FORMALIDADES
- FRUSTRAR a licitude de LICITAÇÃO + PERDA PATRIMONIAL EFETIVA !
- AGIR ilicitamente na arrecadação de tributo
- Concessão ou aplicação INDEVIDA de benefício TRIBUTÁRIO e FINANCEIRO !

## Que atentam CONTRA PRINCÍPIOS

ART. 11

HONESTIDADE
LEGALIDADE
IMPARCIALIDADE

- REVELAR SEGREDO → benefício / risco !
- NEGAR publicidade, salvo segurança !
- FRUSTRAR a imparcialidade → CONCURSO / LICITAÇÃO !
- DEIXAR de prestar contas com vistas a OCULTAR IRREGULARIDADES !
- NOMEAR cônjuge ou parente para cargo em comissão ou de confiança → NEPOTISMO !
- PRATICAR PUBLICIDADE PESSOAL

---

➽ Constitui ato de improbidade administrativa qualquer AÇÃO ou OMISSÃO **DOLOSA** → Fim da modalidade culposa

➽ Não configura improbidade a ação ou omissão decorrente de DIVERGÊNCIA INTERPRETATIVA DA LEI

| ENRIQUECIMENTO ILÍCITO | PREJUÍZO AO ERÁRIO | VIOLAÇÃO A PRINCÍPIOS |
|---|---|---|
| RESSARCIMENTO INTEGRAL – se houver DANO EFETIVO | | |
| PERDA DA FUNÇÃO PÚBLICA | | ART. 12 |
| PERDA DOS BENS acrescidos ilicitamente | PERDA DOS BENS acrescidos ilicitamente (se ocorrer esta circunstância) | |
| Suspensão dos direitos políticos ATÉ 14 ANOS | Suspensão dos direitos políticos ATÉ 12 ANOS | |
| MULTA civil igual ao ACRÉSCIMO PATRIMONIAL | MULTA civil igual ao DANO AO ERÁRIO | MULTA civil de ATÉ 24 VEZES a remuneração do agente |
| PROIBIÇÃO DE CONTRATAR COM PODER PÚBLICO OU RECEBER BENEFÍCIOS POR ATÉ 14 ANOS | PROIBIÇÃO DE CONTRATAR COM PODER PÚBLICO OU RECEBER BENEFÍCIOS POR ATÉ 12 ANOS | PROIBIÇÃO DE CONTRATAR COM PODER PÚBLICO OU RECEBER BENEFÍCIOS POR ATÉ 4 ANOS |

ART. 12

ATOS DE MENOR OFENSA

- MULTA
- PERDA DE BENS
- RESSARCIMENTO AO ERÁRIO

Exigência de TRÂNSITO EM JULGADO

MULTA pode ser DUPLICADA

SITUAÇÃO ECONÔMICA

PERDA DA FUNÇÃO PÚBLICA

Regra: apenas o vínculo que o agente detinha na época da infração

Exceção: extensão aos demais vínculos

GRAVIDADE DA INFRAÇÃO

RESSARCIMENTO AO ERÁRIO

Pode PARCELAR EM ATÉ 48 MESES

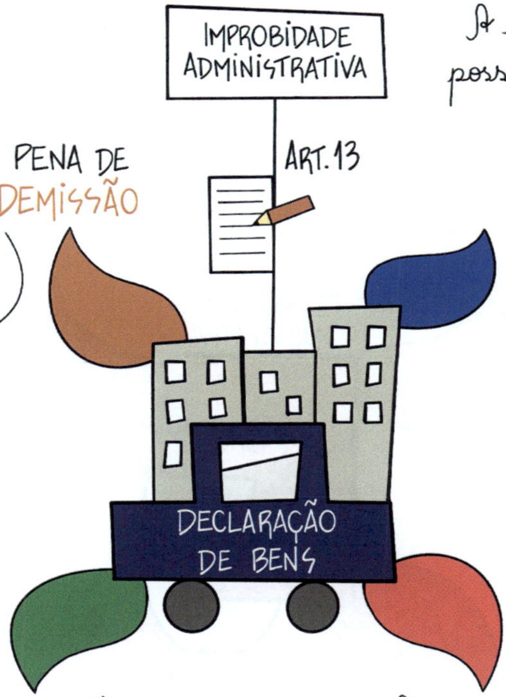


**PENA DE DEMISSÃO**

- RECUSAR a prestar declaração dentro do prazo determinado
- Prestar declaração FALSA

→ Sem prejuízo das demais sanções cabíveis

A apresentação é CONDIÇÃO para a posse e o exercício do agente público

→ Será arquivada no serviço de pessoal competente

**ATUALIZAÇÃO**

- ANUAL

E

- Na data em que o agente público deixar o exercício do
  - MANDATO
  - CARGO
  - EMPREGO
  - FUNÇÃO

**Compreenderá**

NO PAÍS OU NO EXTERIOR

- MÓVEIS/IMÓVEIS
- SEMOVENTES
- DINHEIRO
- AÇÕES
- TÍTULOS

Bens do

- CÔNJUGE / COMPANHEIRO
- FILHO
- DEPENDENTE ECONÔMICO

EXCLUÍDOS bens de USO DOMÉSTICO

- APROVAÇÃO das contas NÃO INOCENTA
- REJEIÇÃO das contas NÃO CULPA

A aplicação das sanções INDEPENDE da aprovação ou rejeição das contas do servidor

Pelo Órgão de Controle Interno ou pelo respectivo Tribunal de Contas

* Lei de Improbidade Administrativa

As penalidades da LIA* são aplicadas INDEPENDENTEMENTE das sanções
- ADMINISTRATIVA (PAD)
- PENAL
- CIVIL

A aplicação das sanções INDEPENDE da EFETIVA ocorrência do DANO

! SALVO
- Pena de ressarcimento
- Prejuízo ao erário

As sanções podem ser aplicadas de forma
- ISOLADA ou
- CUMULATIVA

De acordo com a GRAVIDADE DO FATO

Poderá requisitar a instauração de:

- INQUÉRITO POLICIAL
- PROCEDIMENTO ADMINISTRATIVO

MINISTÉRIO PÚBLICO

ART. 22

- De OFÍCIO
- REQUERIMENTO da autoridade administrativa
- REPRESENTAÇÃO de qualquer pessoa

APURAÇÃO DE ILÍCITO

Representação por ato de improbidade contra agente público ou terceiro, quando o autor da denúncia o SABE INOCENTE

ART. 19

É CRIME

Pena - detenção de 6 a 10 meses e MULTA

+

Indenização por danos que houver provocado

- MATERIAIS
- MORAIS
- IMAGEM

ALÉM DA SANÇÃO PENAL

ART. 21

A aplicação das sanções INDEPENDE:

- da ocorrência de dano ao erário, SALVO pena de RESSARCIMENTO
- da APROVAÇÃO ou REJEIÇÃO das contas do servidor

ART. 20

Só se efetivam com o TRÂNSITO EM JULGADO da sentença condenatória

- PERDA da função pública
- SUSPENSÃO dos direitos políticos

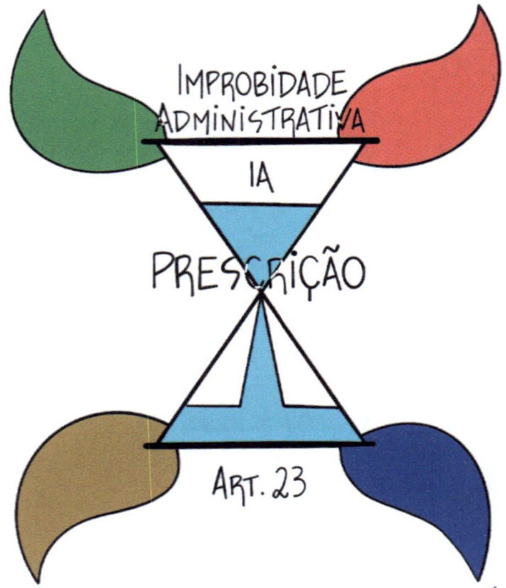


## PRESCRIÇÃO INTERCORRENTE

Interrompida a prescrição, o prazo recomeça a correr do dia da interrupção, pela METADE do prazo → 4 ANOS

## PRAZO de 8 ANOS contados a partir da:

- Ocorrência do fato
- Cessação → INFRAÇÕES PERMANENTES

## Hipóteses de INTERRUPÇÃO DO PRAZO

- AJUIZAMENTO DA AÇÃO
- PUBLICAÇÃO DA SENTENÇA CONDENATÓRIA
- PUBLICAÇÃO DE DECISÃO DO STF, STJ, TJ ou TRF que confirma decisão condenatória ou que reforma decisão de improcedência

## INQUÉRITO CIVIL

- CONCLUSÃO: 365 DIAS
- PRORROGAÇÃO: UMA ÚNICA VEZ POR IGUAL PERÍODO
- APÓS PRAZO: AÇÃO PROPOSTA EM 30 DIAS

→ SUSPENDE o curso do prazo prescricional por, no MÁXIMO 180 DIAS CORRIDOS

## Poder HIERÁRQUICO

- Estruturação interna da atividade pública
- VERTICALIZAÇÃO administrativa
- ORGANIZAR, DISTRIBUIR e ESCALONAR funções
- AVOCAR ou DELEGAR competência
- SUBORDINAÇÃO

## Poder de POLÍCIA

RESTRINGIR o exercício das LIBERDADES individuais para adequar ao INTERESSE PÚBLICO

## Poder NORMATIVO ou REGULAMENTAR

- Editar NORMAS complementares à lei
- Competência exclusiva do CHEFE do PODER EXECUTIVO

## Poder DISCIPLINAR

- Apurar INFRAÇÃO
- Aplicar SANÇÃO

Aplicável a todos que tenham VÍNCULO com o Estado

## Poder DISCRICIONÁRIO

- A lei confere MARGEM de LIBERDADE ao administrador
- Identificar a solução MAIS | ADEQUADA / CONVENIENTE / OPORTUNA

## Poder VINCULADO

- LEI preestabelece a ÚNICA conduta
- NÃO HÁ margem de liberdade

## AVOCAÇÃO

- O agente público chama para si a competência de outro agente
- Deve haver SUBORDINAÇÃO
- Caráter
  - TEMPORÁRIO
  - RESTRITO
- PROIBIDA a avocação de: *

≠

- EXTENSÃO da competência
- Caráter TEMPORÁRIO
- O ato deve ser PUBLICADO

PROIBIDA a delegação de: *

- Decisão de RECURSO hierárquico
- Competência EXCLUSIVA
- Edição de atos NORMATIVOS

Para outro agente

- De MESMA hierarquia (ou)
- De hierarquia INFERIOR

ELEMENTOS DO ATO ADMINISTRATIVO
É aquilo que o ato dispõe; efeito no mundo jurídico
O QUE é o ato?
Elemento DISCRICIONÁRIO (regra)
FIM IMEDIATO
OBJETO
QUEM pratica o ato?
Atribuição normativa para a prática do ato
Elemento VINCULADO
COMPETÊNCIA
Vício de competência: EXCESSO DE PODER
Elemento DISCRICIONÁRIO (regra)
MOTIVO
POR QUE o ato é praticado?
Razões de FATO e de DIREITO
≠ MOTIVAÇÃO: exposição dos motivos
Vício de finalidade: DESVIO DE PODER
FINALIDADE
• GENÉRICA: atendimento ao INTERESSE PÚBLICO
• ESPECÍFICA: definida em lei para cada ato
FIM MEDIATO
PARA QUE o ato é praticado?
Elemento VINCULADO
FORMA
Elemento VINCULADO (regra)
ESCRITO (regra)
EXTERIORIZAÇÃO do ato, determinada por lei
COMO o ato é praticado?

## AUTOEXECUTORIEDADE

Prática do ato INdepende de AUTORIZAÇÃO JUDICIAL

- EXIGIBILIDADE: autoriza o uso de meios INDIRETOS de coação
  Ex.: multa

- EXECUTORIEDADE: aplicação de meios DIRETOS de execução
  Ex.: apreensão

## PRESUNÇÃO DE VERACIDADE

- Atos têm FÉ PÚBLICA
- Fatos presumem-se VERDADEIROS

## PRESUNÇÃO DE LEGITIMIDADE

- Presume-se que o ato foi praticado CONFORME a LEI

→ Presunção RELATIVA

Admite prova em contrário

## IMPERATIVIDADE

- IMPOSIÇÃO de obrigações
- Prática do ato INdepende da VONTADE do PARTICULAR

## TIPICIDADE

- Ato deve estar previsto em LEI
- TIPO LEGAL previamente definido

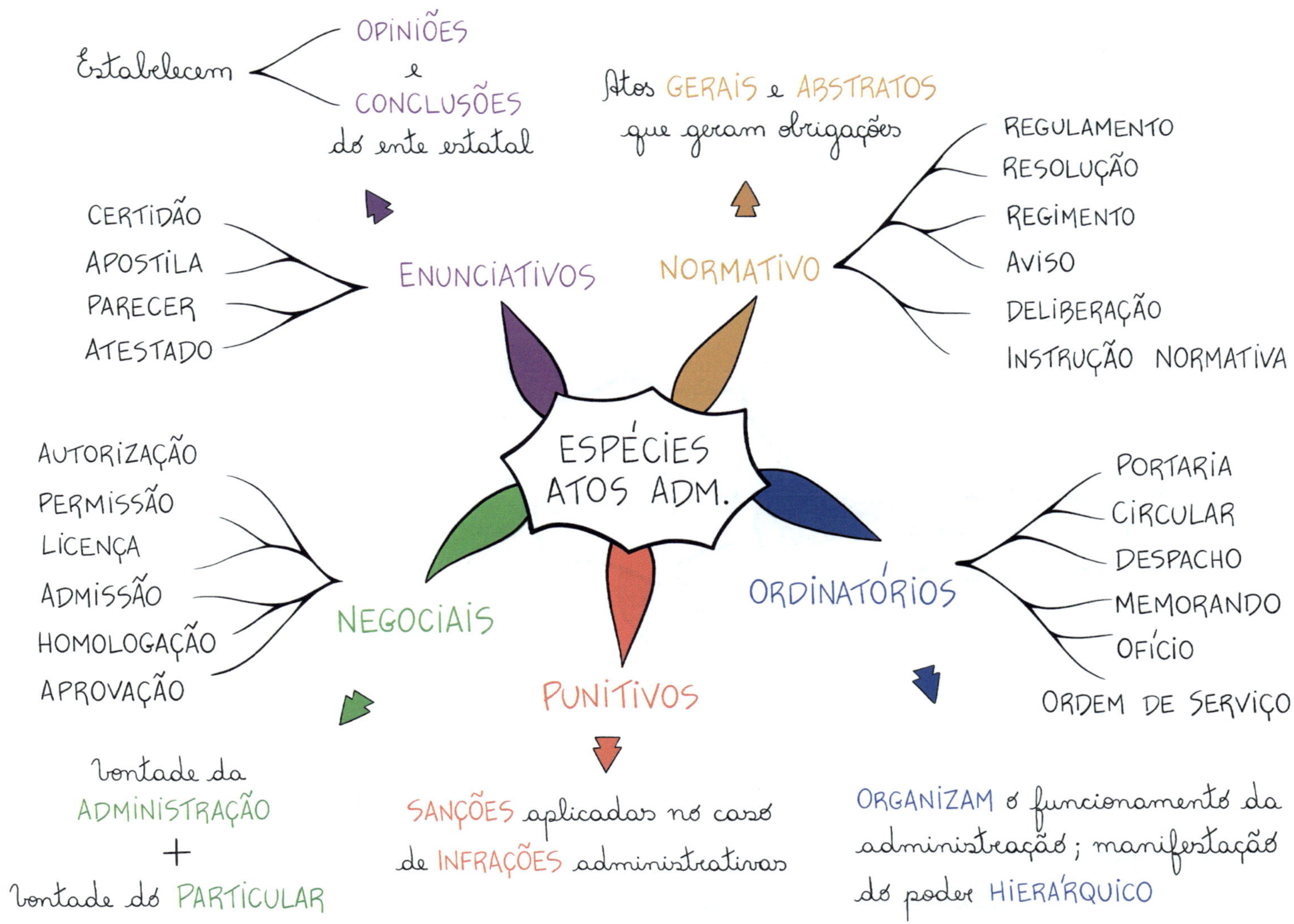
ESPÉCIES ATOS ADM.
ENUNCIATIVOS
Estabelecem OPINIÕES e CONCLUSÕES do ente estatal
CERTIDÃO
APOSTILA
PARECER
ATESTADO
NORMATIVO
Atos GERAIS e ABSTRATOS que geram obrigações
REGULAMENTO
RESOLUÇÃO
REGIMENTO
AVISO
DELIBERAÇÃO
INSTRUÇÃO NORMATIVA
NEGOCIAIS
AUTORIZAÇÃO
PERMISSÃO
LICENÇA
ADMISSÃO
HOMOLOGAÇÃO
APROVAÇÃO
vontade da ADMINISTRAÇÃO + vontade do PARTICULAR
PUNITIVOS
SANÇÕES aplicadas no caso de INFRAÇÕES administrativas
ORDINATÓRIOS
PORTARIA
CIRCULAR
DESPACHO
MEMORANDO
OFÍCIO
ORDEM DE SERVIÇO
ORGANIZAM o funcionamento da administração; manifestação do poder HIERÁRQUICO

## CADUCIDADE

Extinção por LEI SUPERVENIENTE

Ato inicialmente VÁLIDO

LEI POSTERIOR impede a manutenção

## REVOGAÇÃO

Extinção de ato VÁLIDO por motivo de:

| OPORTUNIDADE
| CONVENIÊNCIA

- Ato DISCRICIONÁRIO
- Realizado pela ADMINISTRAÇÃO PÚBLICA
- Efeito EX NUNC (não retroage)

## CONTRAPOSIÇÃO

Extinção em razão da prática de um NOVO ATO com efeitos OPOSTOS ao ato anterior

## CASSAÇÃO

Extinção por DESCUMPRIMENTO de REQUISITOS exigidos no ato do deferimento do benefício

## ANULAÇÃO

- Extinção de ato ILEGAL
- Realizada pela | ADMINISTRAÇÃO PÚBLICA
  | JUDICIÁRIO
- Efeito EX TUNC (retroage)
  (salvo para terceiros de boa-fé)

NÃO SE ADMITE A REVOGAÇÃO
Atos COMPLEXOS
A edição do ato complexo depende da soma de vontades
A vontade de um não retira o ato do mundo jurídico
Atos IRREVOGÁVEIS
Declarados por meio de lei específica
Atos CONSUMADOS
Já produziram todos os efeitos
Atos que geram DIREITO ADQUIRIDO
Irretroatividade do ato
Atos VINCULADOS
Não analisam oportunidade e conveniência
Atos de CONTROLE
Não constitutivos de direitos ou obrigações
Atos ENUNCIATIVOS
Não produzem efeitos diretos a particulares

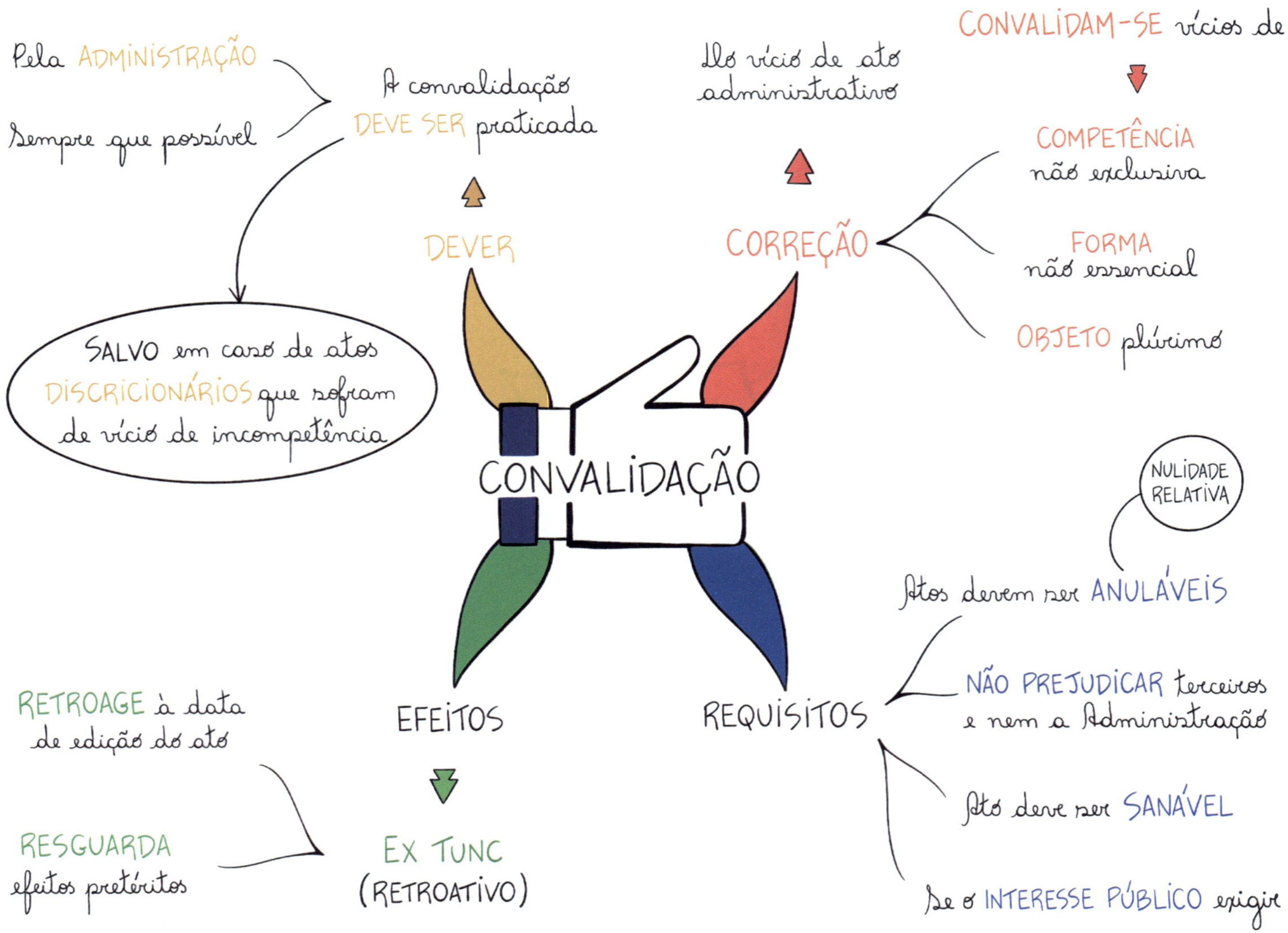
CONVALIDAÇÃO
DEVER
A convalidação DEVE SER praticada
Pela ADMINISTRAÇÃO
Sempre que possível
SALVO em caso de atos DISCRICIONÁRIOS que sofram de vício de incompetência
CORREÇÃO
do vício de ato administrativo
CONVALIDAM-SE vícios de:
COMPETÊNCIA não exclusiva
FORMA não essencial
OBJETO plúrimo
REQUISITOS
NULIDADE RELATIVA
Atos devem ser ANULÁVEIS
NÃO PREJUDICAR terceiros e nem a Administração
Ato deve ser SANÁVEL
Se o INTERESSE PÚBLICO exigir
EFEITOS
EX TUNC (RETROATIVO)
RETROAGE à data de edição do ato
RESGUARDA efeitos pretéritos

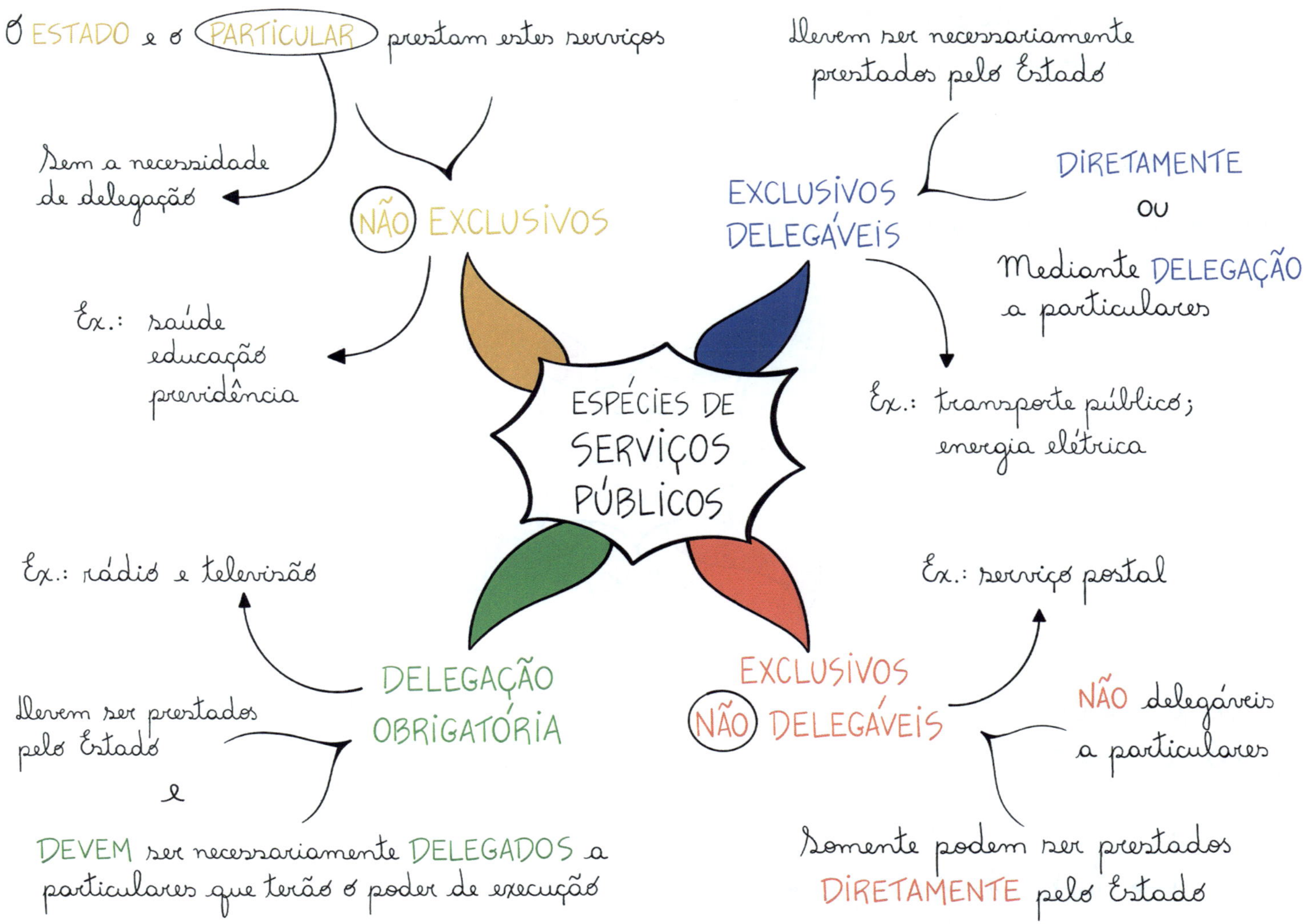
ESPÉCIES DE SERVIÇOS PÚBLICOS
NÃO EXCLUSIVOS
O ESTADO e o PARTICULAR prestam estes serviços
Sem a necessidade de delegação
Ex.: saúde
educação
previdência
EXCLUSIVOS DELEGÁVEIS
Devem ser necessariamente prestados pelo Estado
DIRETAMENTE
ou
Mediante DELEGAÇÃO a particulares
Ex.: transporte público;
energia elétrica
DELEGAÇÃO OBRIGATÓRIA
Ex.: rádio e televisão
Devem ser prestados pelo Estado
e
DEVEM ser necessariamente DELEGADOS a particulares que terão o poder de execução
EXCLUSIVOS NÃO DELEGÁVEIS
Ex.: serviço postal
NÃO delegáveis a particulares
Somente podem ser prestados DIRETAMENTE pelo Estado

# PARCERIA PÚBLICO-PRIVADA

Lei 11.079/04

É VEDADA a celebração de contrato que tenha como objeto ÚNICO:

- Execução de obras públicas
- Fornecimento de bens à Administração

- Concessão ADMINISTRATIVA

A concessionária é remunerada INTEGRALMENTE pelo Poder Público

- Concessão PATROCINADA

A concessionária é remunerada pelo Poder Público + TARIFA do usuário

PRAZO

- MÍNIMO 5 ANOS
- MÁXIMO 35 ANOS

→ Incluindo prorrogação

VALOR do contrato

Deve ser igual ou superior a 10 MILHÕES de reais

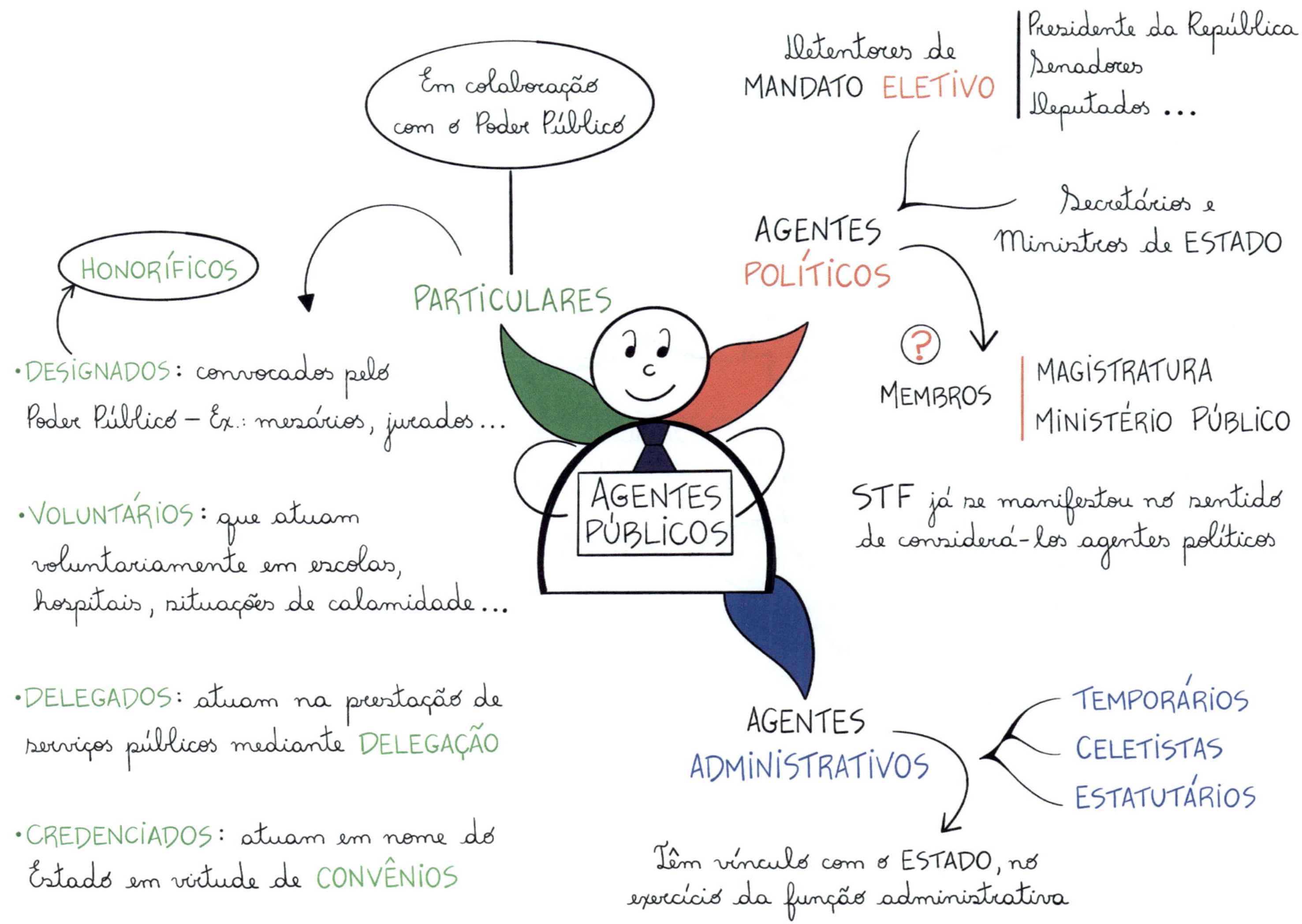
Em colaboração com o Poder Público
PARTICULARES
HONORÍFICOS
• DESIGNADOS: convocados pelo Poder Público – Ex.: mesários, jurados...
• VOLUNTÁRIOS: que atuam voluntariamente em escolas, hospitais, situações de calamidade...
• DELEGADOS: atuam na prestação de serviços públicos mediante DELEGAÇÃO
• CREDENCIADOS: atuam em nome do Estado em virtude de CONVÊNIOS
AGENTES PÚBLICOS
Detentores de MANDATO ELETIVO
Presidente da República
Senadores
Deputados ...
Secretários e Ministros de ESTADO
AGENTES POLÍTICOS
?
MEMBROS
MAGISTRATURA
MINISTÉRIO PÚBLICO
STF já se manifestou no sentido de considerá-los agentes políticos
AGENTES ADMINISTRATIVOS
TEMPORÁRIOS
CELETISTAS
ESTATUTÁRIOS
Têm vínculo com o ESTADO, no exercício da função administrativa

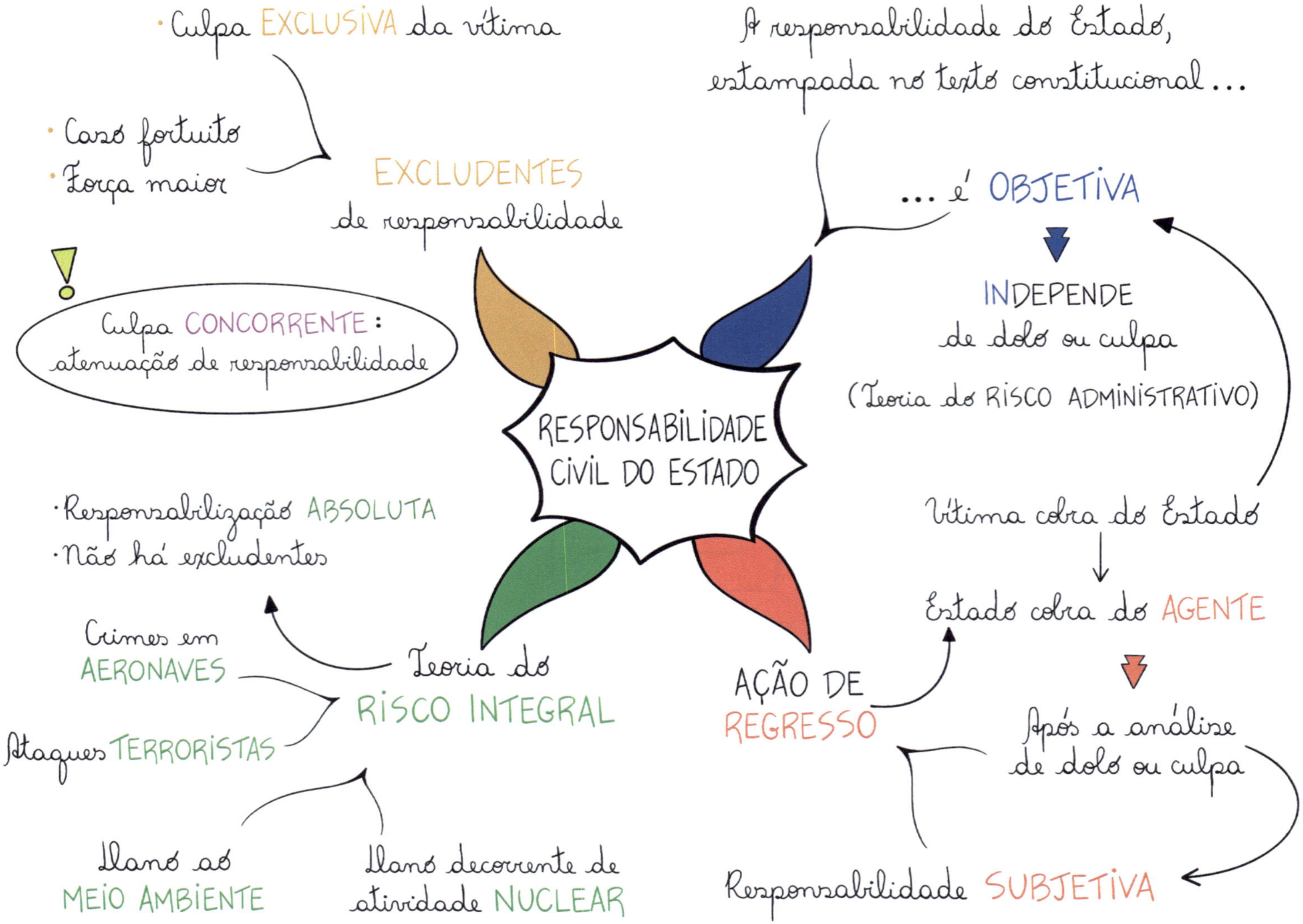

RESPONSABILIDADE CIVIL DO ESTADO
· Culpa EXCLUSIVA da vítima
· Caso fortuito
· Força maior
EXCLUDENTES de responsabilidade
Culpa CONCORRENTE: atenuação de responsabilidade
A responsabilidade do Estado, estampada no texto constitucional...
... é OBJETIVA
INDEPENDE de dolo ou culpa
(Teoria do RISCO ADMINISTRATIVO)
Vítima cobra do Estado
Estado cobra do AGENTE
AÇÃO DE REGRESSO
Após a análise de dolo ou culpa
Responsabilidade SUBJETIVA
· Responsabilização ABSOLUTA
· Não há excludentes
Teoria do RISCO INTEGRAL
Crimes em AERONAVES
Ataques TERRORISTAS
Dano ao MEIO AMBIENTE
Dano decorrente de atividade NUCLEAR

# INTERVENÇÃO DO ESTADO NA PROPRIEDADE

## SERVIDÃO ADMINISTRATIVA

Utilização de um bem privado pelo ente estatal para:

- Prestação de serviço público
- Execução de atividade de interesse público

Ex.: instalação de postes de energia elétrica

Natureza de DIREITO REAL

CARÁTER PERMANENTE

## REQUISIÇÃO ADMINISTRATIVA

Intervenção RESTRITIVA na propriedade privada

Para solucionar situações de IMINENTE PERIGO

ENCHENTE

Enquanto durar a situação de RISCO

Indenização: ULTERIOR, SE houver dano

## TOMBAMENTO

Visa a PROTEÇÃO do MEIO AMBIENTE, no que tange à conservação do patrimônio:

- HISTÓRICO
- ARTÍSTICO
- CULTURAL

## LIMITAÇÃO ADMINISTRATIVA

Restrição de caráter GERAL

Ex.: Imóveis à beira-mar não podem ter mais de 4 andares

Decorre do PODER de POLÍCIA

## OCUPAÇÃO TEMPORÁRIA

Utilização de um bem privado pelo ente estatal

POR PRAZO DETERMINADO

Ex.: Alocação do maquinário usado em obras públicas

## DESAPROPRIAÇÃO

RETIRADA de bem privado do seu proprietário, para que esse faça parte do patrimônio público

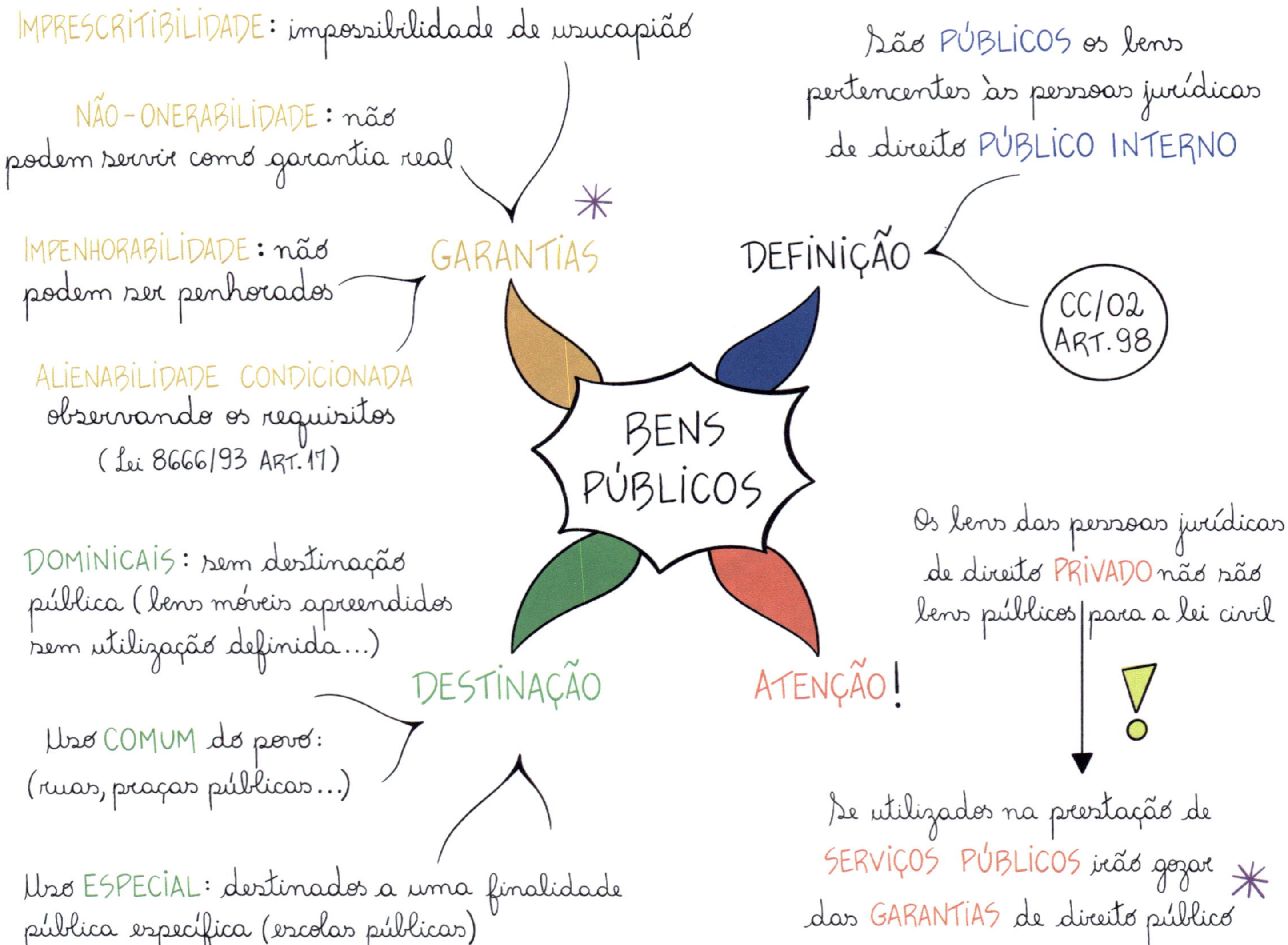
BENS PÚBLICOS
GARANTIAS
IMPRESCRITIBILIDADE: impossibilidade de usucapião
NÃO-ONERABILIDADE: não podem servir como garantia real
IMPENHORABILIDADE: não podem ser penhorados
ALIENABILIDADE CONDICIONADA observando os requisitos (Lei 8666/93 ART. 17)
DEFINIÇÃO
São PÚBLICOS os bens pertencentes às pessoas jurídicas de direito PÚBLICO INTERNO
CC/02 ART. 98
DESTINAÇÃO
DOMINICAIS: sem destinação pública (bens móveis apreendidos sem utilização definida...)
Uso COMUM do povo: (ruas, praças públicas...)
Uso ESPECIAL: destinados a uma finalidade pública específica (escolas públicas)
ATENÇÃO!
Os bens das pessoas jurídicas de direito PRIVADO não são bens públicos para a lei civil
Se utilizados na prestação de SERVIÇOS PÚBLICOS irão gozar das GARANTIAS de direito público

# PROVIMENTO DE CARGO PÚBLICO

Lei 8112

## REINTEGRAÇÃO * — ART. 28

- Retorno do servidor DEMITIDO
- ANULAÇÃO / INVALIDAÇÃO do ato de DEMISSÃO

## REVERSÃO — ART. 25 e 27

Retorno do servidor APOSENTADO por invalidez ou voluntariamente

Idade limite : 70 ANOS

## RECONDUÇÃO — ART. 29

Retorno ao CARGO ANTERIOR

- INABILITAÇÃO em ESTÁGIO PROBATÓRIO relativo a outro cargo
- REINTEGRAÇÃO do anterior ocupante *

## NOMEAÇÃO — ART. 9º e 10

Única forma de provimento ORIGINÁRIO

## PROMOÇÃO

- Provimento DERIVADO VERTICAL
- Evolução na carreira

## APROVEITAMENTO — ART. 30 a 32

Retorno do servidor em DISPONIBILIDADE

## READAPTAÇÃO — ART. 24

Investidura em cargo compatível com a LIMITAÇÃO sofrida em sua CAPACIDADE < FÍSICA / MENTAL

# RESPONSABILIDADE DO SERVIDOR

Lei 8112

## Súmula 591 - STJ

É permitida a "PROVA EMPRESTADA", no processo administrativo disciplinar

- AUTORIZADA pelo juízo competente
- Respeitar CONTRADITÓRIO e AMPLA DEFESA

## Art. 125

Sanções | CIVIS
PENAIS
ADMINISTRATIVAS

Poderão cumular-se

REGRA: INDEPENDENTES entre si

## Súmula 18 - STF

Pela FALTA RESIDUAL, não compreendida na absolvição pelo juízo criminal, É ADMISSÍVEL A PUNIÇÃO ADMINISTRATIVA do servidor público

É possível a punição administrativa no caso de absolvição criminal por FALTA DE PROVAS

## Art. 126

EXCEÇÃO

A responsabilidade ADMINISTRATIVA será AFASTADA no caso de ABSOLVIÇÃO CRIMINAL

- (F)ATO (I)NEXISTENTE
- (N)ÃO (A)UTORIA

## Fases do PAD:

1. INSTAURAÇÃO
2. INQUÉRITO
   - INSTRUÇÃO
   - DEFESA
   - RELATÓRIO
3. JULGAMENTO

ART. 151 e 152

Conclusão: 60 + 60 dias
+ 20 dias para a autoridade decidir

Defesa técnica (advogado) é FACULTATIVA

Falta de defesa técnica por advogado no PAD não ofende a Constituição — S.V nº 5

## PAD – Processo Administrativo Disciplinar

- SINDICÂNCIA: para penalidades leves
- PAD SUMÁRIO:
  - Abandono de cargo
  - Inassiduidade habitual
  - Acúmulo ilegal
- PAD: para qualquer penalidade
  OBRIGATÓRIO se mais grave

## PENALIDADES ART. 127

- ADVERTÊNCIA
  - POR ESCRITO
  - VIOLAÇÃO DE DEVERES
- SUSPENSÃO !
- DEMISSÃO !
- CASSAÇÃO
  - APOSENTADORIA
  - DISPONIBILIDADE
- DESTITUIÇÃO
  - FUNÇÃO DE CONFIANÇA
  - CARGO EM COMISSÃO

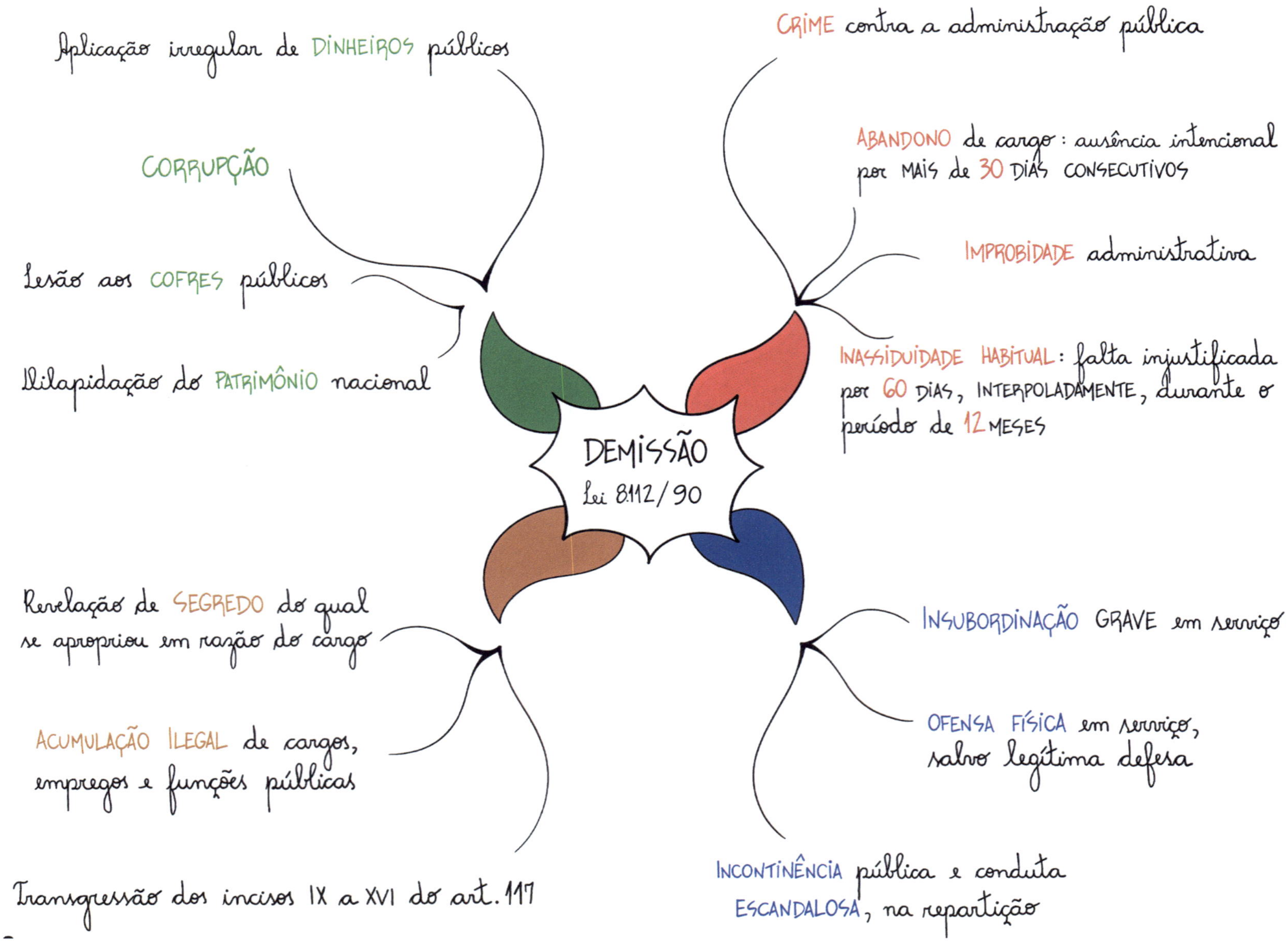
DEMISSÃO
Lei 8.112/90
Aplicação irregular de DINHEIROS públicos
CORRUPÇÃO
Lesão aos COFRES públicos
Dilapidação do PATRIMÔNIO nacional
CRIME contra a administração pública
ABANDONO de cargo: ausência intencional por MAIS de 30 DIAS CONSECUTIVOS
IMPROBIDADE administrativa
INASSIDUIDADE HABITUAL: falta injustificada por 60 DIAS, INTERPOLADAMENTE, durante o período de 12 MESES
Revelação de SEGREDO do qual se apropriou em razão do cargo
ACUMULAÇÃO ILEGAL de cargos, empregos e funções públicas
Transgressão dos incisos IX a XVI do art. 117
INSUBORDINAÇÃO GRAVE em serviço
OFENSA FÍSICA em serviço, salvo legítima defesa
INCONTINÊNCIA pública e conduta ESCANDALOSA, na repartição

# SUSPENSÃO
Lei 8.112/90

## PRAZOS

PRESCRIÇÃO para aplicação da sanção: 2 ANOS, contados do momento em que a administração toma CONHECIMENTO do fato (ART. 142)

A sanção não pode ultrapassar 90 dias

Pode ser substituída por uma MULTA de 50% da remuneração do servidor

## Infrações puníveis com SUSPENSÃO

Cometer a outro servidor ATRIBUIÇÕES ESTRANHAS ao cargo que ocupa, EXCETO em situações TRANSITÓRIAS E DE EMERGÊNCIA

Exercer ATIVIDADE INCOMPATÍVEL
- com o exercício do CARGO / FUNÇÃO
- E
- com o HORÁRIO de trabalho

REINCIDÊNCIA em infração punível com ADVERTÊNCIA (ART. 130)

## COMPETÊNCIA para aplicação

(ART. 141)

Suspensão por ATÉ 30 dias: será o CHEFE DA REPARTIÇÃO

Se a suspensão for por MAIS DE 30 dias: será autoridade, IMEDIATAMENTE INFERIOR àquela que é competente para aplicar a sanção de DEMISSÃO

## (ART. 131)

A penalidade de SUSPENSÃO terá seu registro CANCELADO após o decurso de 5 anos de efetivo exercício

SE não houver, nesse período, nova infração disciplinar

# SINDICÂNCIA
Lei 8.112/90

É um PROCESSO ADMINISTRATIVO SIMPLIFICADO

Adequado para aplicação das penalidades de:

- ADVERTÊNCIA
- SUSPENSÃO POR ATÉ 30 DIAS *

ASSEGURADA AMPLA DEFESA

ART. 143

Será OBRIGATÓRIA a instauração de PAD
PROCESSO ADMINISTRATIVO DISCIPLINAR:

- SUSPENSÃO POR MAIS DE 30 DIAS
- DEMISSÃO
- DESTITUIÇÃO de CARGO EM COMISSÃO
- CASSAÇÃO DA
  - APOSENTADORIA
  - DISPONIBILIDADE

ART. 146

ART. 145

Da sindicância poderá resultar:

- ARQUIVAMENTO do processo (~~INFRAÇÃO~~ / ~~AUTORIA~~)
- Aplicação de PENALIDADE *
- Instauração do PAD – se apurar INFRAÇÃO MAIS GRAVE

Deverá ser finalizada no PRAZO MÁXIMO DE 30 DIAS PRORROGÁVEL POR MAIS 30 DIAS

# MODALIDADES DE LICITAÇÃO

Lei 14.133/21
Art. 28

## DIÁLOGO COMPETITIVO

CARÁTER EXCEPCIONAL

- Quando os procedimentos normais NÃO RESOLVEM
- Conversa para IDENTIFICAR SOLUÇÕES
- INOVAÇÃO ou ADAPTAÇÃO das soluções disponíveis
- Critérios de julgamento PRÓPRIOS

## CONCORRÊNCIA

- Para bens e serviços ESPECIAIS não definidos objetivamente
- Para licitação de OBRAS
- Para serviços de ENGENHARIA comuns ou especiais

Critérios de julgamento: admite todos, EXCETO o de MAIOR LANCE

## LEILÃO

- Para ALIENAÇÕES de bens
  - MÓVEIS
  - IMÓVEIS
- Critério de julgamento: MAIOR LANCE

## CONCURSO

- Contratação de trabalhos
  - TÉCNICOS
  - CIENTÍFICOS
  - ARTÍSTICOS

  CARÁTER SUBJETIVO
- Critérios de julgamento: MELHOR TÉCNICA ou CONTEÚDO ARTÍSTICO

## PREGÃO

- Para bens e serviços COMUNS
- Critérios de julgamento:
  - MENOR PREÇO
  - MAIOR DESCONTO

# INEXIGIBILIDADE DE LICITAÇÃO

Lei 14.133/21
Art. 74

## SINGULARIDADE do IMÓVEL

Aquisição ou locação de IMÓVEL cujas características e localização o tornam ÚNICO

## EXCLUSIVIDADE do FORNECEDOR

- É vedada a indicação de preferência de marca
- É necessário COMPROVAR a exclusividade

## CREDENCIAMENTO

- Procedimento auxiliar
- Não existe competição entre os credenciados

## Contratação de ARTISTA CONSAGRADO

- Profissional de qualquer setor artístico
- Consagrado pela
  - OPINIÃO PÚBLICA
  - CRÍTICA ESPECIALIZADA
- Contratação:
  - diretamente com o artista
  - com o empresário exclusivo do

## Contratação de serviço TÉCNICO PROFISSIONAL

- Natureza PREDOMINANTEMENTE INTELECTUAL
- NOTÓRIA ESPECIALIZAÇÃO
- Vedações
  - Serviços de PUBLICIDADE e DIVULGAÇÃO
  - Subcontratação

# DIREITO PENAL
## PARTE GERAL

# PRINCÍPIOS DE DIREITO PENAL

## ADEQUAÇÃO SOCIAL

Quando o comportamento humano, embora tipificado em lei, não afronta o sentimento social de justiça - aceito pela sociedade

## INTRANSCENDÊNCIA DA PENA

Nenhuma pena passará da PESSOA do condenado

## CULPABILIDADE

Individualização da responsabilidade

## INDIVIDUALIZAÇÃO DA PENA

- Punição JUSTA e PROPORCIONAL à infração e às circunstâncias individuais do infrator
- Pena INDIVIDUALIZADA nos planos: LEGISLATIVO / ADMINISTRATIVO / JUDICIÁRIO

## LEGALIDADE

- Não há crime sem LEI anterior que o defina.
- Não há pena sem prévia cominação LEGAL

## RESERVA LEGAL

Somente lei ORDINÁRIA / COMPLEMENTAR pode definir crime

⊗ Não pode Medida Provisória

## LESIVIDADE

LESÃO ou PERIGO de lesão ao bem jurídico tutelado

## INTERVENÇÃO MÍNIMA

- A previsão de sanções penais deve ser EXCEPCIONAL
- ULTIMA RATIO
- Criminalização de condutas apenas quando for MEIO NECESSÁRIO para proteger o bem jurídico

# PRINCÍPIO DA INSIGNIFICÂNCIA

Ofensa INCAPAZ de atingir de forma relevante o bem jurídico protegido

- Crime de BAGATELA
- Exclui a TIPICIDADE MATERIAL

## Não aplicável

- Crimes contra a ADMINISTRAÇÃO PÚBLICA — Súmula 599 - STJ
- VIOLÊNCIA DOMÉSTICA e familiar contra a mulher
- Crime de MOEDA FALSA
- CONTRABANDO

✓ Excepcional aplicação (STJ): Importação de PEQUENA quantidade de MEDICAMENTO para USO PRÓPRIO

## REQUISITOS (STF)

- (M)ÍNIMA OFENSIVIDADE
- (A)USÊNCIA DE PERICULOSIDADE
- (R)EDUZIDA REPROVABILIDADE
- (I)NEXPRESSIVIDADE DA LESÃO

## (STF) e (STJ)

✓ Aplica-se ao DESCAMINHO desde que o valor seja de ATÉ 20 MIL reais

Princípio da ALTERNATIVIDADE

VÁRIOS verbos nucleares em UM delito
↓
Tipo MISTO ALTERNATIVO

São crimes de AÇÃO MÚLTIPLA
ou de CONTEÚDO VARIADO

Princípio da CONSUNÇÃO

Crime FIM ABSORVE crime MEIO

Princípio da SUBSIDIARIEDADE

Norma que prevê uma OFENSA MAIOR EXCLUI a aplicação da norma que prevê OFENSA MENOR ao mesmo bem jurídico

Princípio da ESPECIALIDADE

Norma ESPECIAL prevalece sobre a norma GERAL

## Teoria da UBIQUIDADE

Considera-se praticado o crime no LUGAR em que ocorreu a AÇÃO ou OMISSÃO bem como onde se produziu ou deveria produzir-se o RESULTADO

CP - ART. 6º

## Teoria da ATIVIDADE

Considera-se praticado o crime no MOMENTO da AÇÃO ou OMISSÃO, mesmo que o momento do resultado seja outro

CP - ART. 4º

Finalidade prática de saber o lugar do crime

Fixação da COMPETÊNCIA dos órgãos de persecução penal

Finalidade prática de saber o tempo do crime

Reconhecimento da INIMPUTABILIDADE do menor de 18 anos

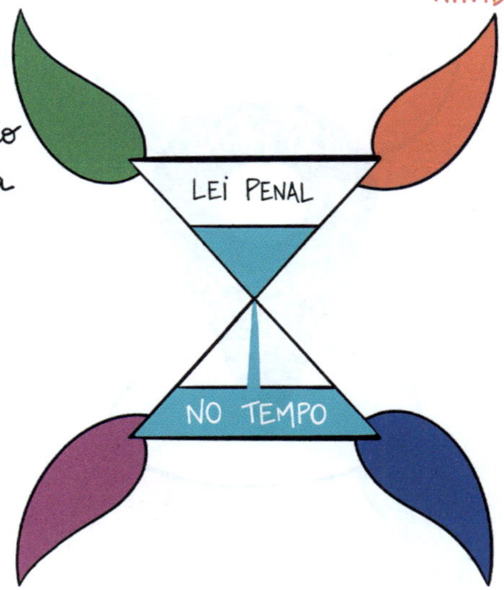


Teoria da ATIVIDADE

REGRA

Aplica-se a lei penal vigente ao tempo da realização da infração

Princípio da IRRETROATIVIDADE

A lei penal NÃO RETROAGE salvo para BENEFICIAR o réu

EXCEÇÃO

EXTRA-ATIVIDADE da lei para BENEFICIAR o réu

- ULTRA-ATIVIDADE – Lei aplicada após sua revogação ou cessação de efeitos
- RETROATIVIDADE – Lei aplicada a fatos praticados antes de sua vigência

Súmula 711 - STF

Lei penal MAIS GRAVE aplica-se ao crime CONTINUADO ou PERMANENTE

Se a sua vigência é ANTERIOR a cessação da continuidade ou da permanência

Lei EXCEPCIONAL e TEMPORÁRIA

Aplica-se a fato praticado durante sua vigência:

- ainda que cessadas as circunstâncias
- ainda que decorrido o período de duração

CP - ART. 3º

Pena cumprida no estrangeiro:

ATENUA a pena imposta no Brasil, pelo mesmo crime quando DIVERSAS; ou nela é COMPUTADA, quando IDÊNTICAS

| |
|---|
| (C)OMPUTA se (I)DÊNTICAS |
| se (D)IVERSAS, (A)TENUA |

ART. 8º

CP - ART. 5º

REGRA
TERRITORIALIDADE

Aplica-se a lei brasileira ao crime cometido no território nacional

Obs.: aeronave pública brasileira a serviço do governo – território brasileiro por extensão

EXCEÇÃO
EXTRATERRITORIALIDADE

Aplicação da lei brasileira a fato criminoso ocorrido fora de seu território

* Pode ser CONDICIONADA ou INCONDICIONADA

EXCEÇÃO
INTRATERRITORIALIDADE

Aplicação da lei estrangeira a fato praticado em território brasileiro

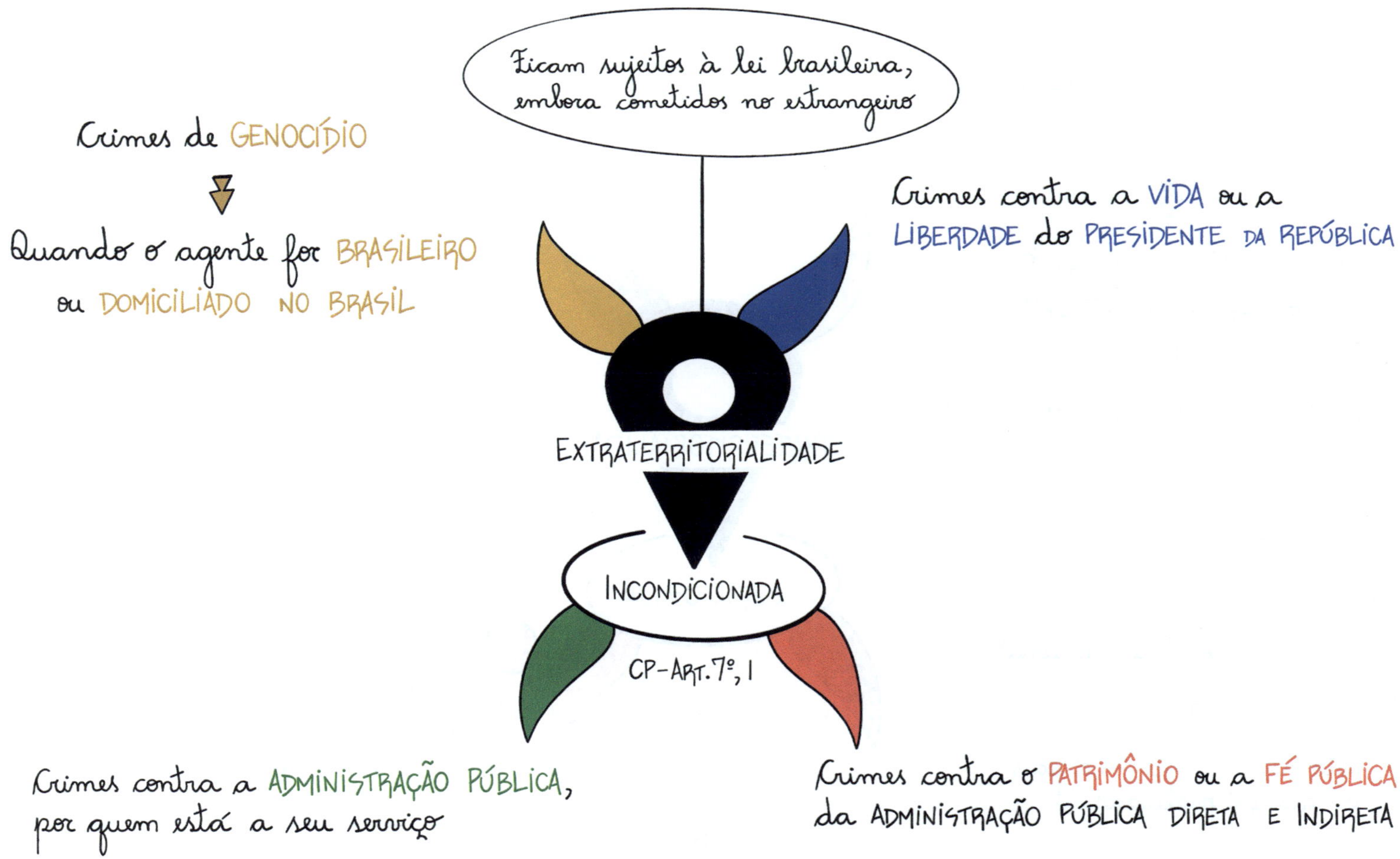


O agente será punido segundo a lei brasileira, ainda que absolvido ou condenado no estrangeiro

# EXTRATERRITORIALIDADE

## CONDICIONADA

CP - ART. 7º, II; §2º e §3º

Crimes cometidos no estrangeiro sujeitos à lei brasileira:

- Que o Brasil se obrigou a reprimir por TRATADO ou CONVENÇÃO
- Praticados por BRASILEIROS
- Praticados em aeronaves e embarcações BRASILEIRAS (MERCANTES ou PRIVADAS) no estrangeiro e aí não julgados

↓

OBSERVAR CONDIÇÕES

ENTRAR no território nacional

\+

Fato PUNÍVEL TAMBÉM no país em que foi praticado

\+

Crime que a lei brasileira AUTORIZA a EXTRADIÇÃO

\+

- NÃO EXTINÇÃO DA PUNIBILIDADE segundo a lei mais favorável

\+

- NÃO ter sido PERDOADO no estrangeiro

\+

- NÃO ter sido ABSOLVIDO ou NÃO ter CUMPRIDO PENA no estrangeiro

## HIPERCONDICIONADA

ALÉM DAS OUTRAS CONDIÇÕES

No crime cometido fora do Brasil POR ESTRANGEIRO CONTRA BRASILEIRO

↓

NÃO ter sido pedida ou ter sido negada a EXTRADIÇÃO

\+

Requisição do MINISTRO DA JUSTIÇA

# CRIME

## FATO TÍPICO + FATO ILÍCITO + FATO CULPÁVEL

### FATO TÍPICO

Elementos do fato típico

- Conduta
- Nexo causal
- Resultado
- Tipicidade

Excludentes:

- Princípio da insignificância
- Coação física irresistível
- Erro de tipo inevitável

### FATO ILÍCITO

Fato contrário ao Direito

ANTIJURIDICIDADE

Excludentes:

- Legítima defesa
- Estado de necessidade
- Estrito cumprimento do dever legal
- Exercício regular do direito
- Consentimento do ofendido

### FATO CULPÁVEL

Juízo de REPROVAÇÃO

Elementos:

- Imputabilidade
- Potencial consciência da ilicitude
- Exigibilidade de conduta diversa

Excludentes:

- Anomalia psíquica
- Menoridade
- Embriaguez acidental
- Erro de proibição inevitável
- Coação moral irresistível
- Obediência hierárquica

## TIPICIDADE FORMAL

Ajuste do fato à norma penal

## TIPICIDADE MATERIAL

Relevância da lesão ou perigo de lesão ao bem jurídico tutelado

Excludente:
Princípio da insignificância

## CONDUTA

- Dolosa
- Culposa

VOLUNTÁRIA

- Comissiva
- Omissiva

Excludentes:

- Caso fortuito ou força maior
- Involuntariedade
- Coação FÍSICA Irresistível
- Erro de TIPO: essencial / inevitável

## RESULTADO NATURALÍSTICO

- Modificação no mundo exterior
- Não ocorre em todos os crimes

## RESULTADO NORMATIVO/JURÍDICO

- Lesão ou perigo de lesão ao bem jurídico
- Todo crime possui

Excludente: crime impossível

## NEXO CAUSAL

VÍNCULO entre conduta e resultado

- Teoria da equivalência dos antecedentes causais
- Eliminação hipotética
- Causalidade psíquica: dolo / culpa

CONSCIENTE

- PREVISÃO do resultado
- NÃO QUER / NÃO ACEITA > o resultado
- ACREDITA que pode EVITAR o resultado

DIRETO

- PREVISÃO do resultado
- QUER o resultado

INCONSCIENTE

- NÃO PREVÊ o resultado PREVISÍVEL
- NÃO QUER / NÃO ACEITA > o resultado

EVENTUAL

- PREVISÃO do resultado
- ACEITA a possibilidade do resultado
- ASSUME o risco

## Impróprio

Omissão de quem possui a OBRIGAÇÃO de AGIR para impedir o resultado

GARANTIDOR (PODER + DEVER de agir)

- Obrigação legal
- Responsabilidade
- Produziu o perigo

Responde por crime COMISSIVO (por omissão)

Dever JURÍDICO e ESPECÍFICO de agir

Descrita em cláusula GERAL
(CP-ART. 13, §2º)

Exemplo: pai não socorre o filho, que morre
Responde pelo resultado: HOMICÍDIO (CP-ART. 121)

## Próprio

DESCUMPRIMENTO de norma imperativa que determina a atuação do agente

Responde por CRIME OMISSIVO

Basta a desobediência

Dever GENÉRICO de agir

Descrita no tipo penal MANDAMENTAL

Exemplo: OMISSÃO de SOCORRO
(CP-ART. 135)

## PREEXISTENTE

Causa efetiva ocorre ANTES da conduta

- 😐 toma veneno (causa)
- 😠 atira em 😐 (conduta)
- 😐 morre envenenado

## RESPONSABILIDADE

A conduta será sempre punida na forma TENTADA

😠 responderá por TENTATIVA de homicídio

## SUPERVENIENTE

Causa efetiva ocorre APÓS a conduta

- 😠 envenena 😐 (conduta)
- 😠 atira em 😐 (causa)
- 😐 morre por causa do tiro

## CONCOMITANTE

Causa efetiva ocorre JUNTO da conduta

- 😠 atira em 😐 (conduta) enquanto 😐 toma veneno (causa)
- 😐 morre envenenado

## SUPERVENIENTE

Causa efetiva ocorre APÓS a conduta e que PRODUZ o resultado por si só

- atira em (conduta)
- morre por conta de um incêndio no hospital (causa)
- → responde por TENTATIVA

## PREEXISTENTE

Causa efetiva ocorre ANTES da conduta

- é hemofílico (causa)
- atira em (conduta)
- morre em razão da hemorragia
- → responde pelo RESULTADO

## SUPERVENIENTE

Causa efetiva ocorre APÓS a conduta que NÃO PRODUZ o resultado por si só

- atira em (conduta)
- morre no hospital por erro médico (causa)
- → responde pelo RESULTADO

## CONCOMITANTE

Causa efetiva ocorre JUNTO da conduta

- atira em (conduta) que se assusta (causa)
- morre de ataque cardíaco
- → responde pelo RESULTADO

## ERRO DE TIPO ESSENCIAL

CP - ART. 20

**ERRO**

- Sobre o elemento constitutivo do TIPO
- FALSA percepção da realidade
- O agente NÃO SABE o que faz

**EXEMPLO**

João pega o celular de outra pessoa pensando que é seu

EVITÁVEL ou | INJUSTIFICÁVEL / INESCUSÁVEL / VENCÍVEL

- Exclui apenas o DOLO
- Punição por crime CULPOSO, se previsto em lei

INEVITÁVEL ou | JUSTIFICÁVEL / ESCUSÁVEL / INVENCÍVEL

Exclui ~~·DOLO ·CULPA~~ → ~~FATO TÍPICO~~ → ~~CRIME~~

# ERRO DE TIPO ACIDENTAL

## ERRO SOBRE O NEXO CAUSAL

O resultado se produz de forma diferente da planejada pelo agente

## ERRO SOBRE A PESSOA

- O agente se CONFUNDE
- NÃO há erro operacional
- Pessoa visada NÃO corre perigo

≠

## ERRO NA EXECUÇÃO

- FALHA OPERACIONAL | ACIDENTE / Erro no uso dos MEIOS
- Pessoa visada CORRE PERIGO

* Não se consideram as condições ou qualidades da vítima e sim as da pessoa visada (vítima ideal)

## RESULTADO DIVERSO do pretendido

- O agente atinge bem diverso | • ACIDENTE • ERRO NA EXECUÇÃO
- Relação COISA x PESSOA

## ERRO SOBRE O OBJETO

O agente atinge outro objeto que não é o desejado

INIDÔNEA

Não é possível alcançar o resultado

ABSOLUTA
- INEFICÁCIA do MEIO
- IMPROPRIEDADE do OBJETO

CRIME IMPOSSÍVEL — CP - ART. 17

VERMELHA ou CRUENTA

O objeto material é atingido

IDÔNEA

É possível alcançar o resultado

BRANCA ou INCRUENTA

O objeto material não é atingido

IMPERFEITA ou INACABADA

O agente não esgota os atos executórios

PERFEITA ou ACABADA

A execução se esgota, mas o crime não é consumado

# NÃO ADMITEM A TENTATIVA

**Crimes CONDICIONADOS ao implemento do resultado**

(somente punível se o resultado ocorrer)

**Crimes PRETERDOLOSOS**

Não há dolo no resultado mais grave

**Crimes HABITUAIS (Regra)**

- Caracterizados pela REITERAÇÃO
- Exceção: CP - ART. 282

**Crimes CULPOSOS**

- Não há dolo
- Cabe a tentativa na culpa IMPRÓPRIA

**Crimes UNISSUBSISTENTES**

- Consumam-se com apenas UM ato
- Impossível fracionar o iter criminis
- Exemplo: crimes OMISSIVOS PRÓPRIOS
- Admite-se a tentativa na OMISSÃO IMPRÓPRIA

**Crimes de ATENTADO**

Tentativa é possível, mas a punição é a mesma do delito consumado

**CONTRAVENÇÕES PENAIS (Lei 3.688/41, ART. 4º)**

A tentativa é possível mas NÃO É PUNÍVEL

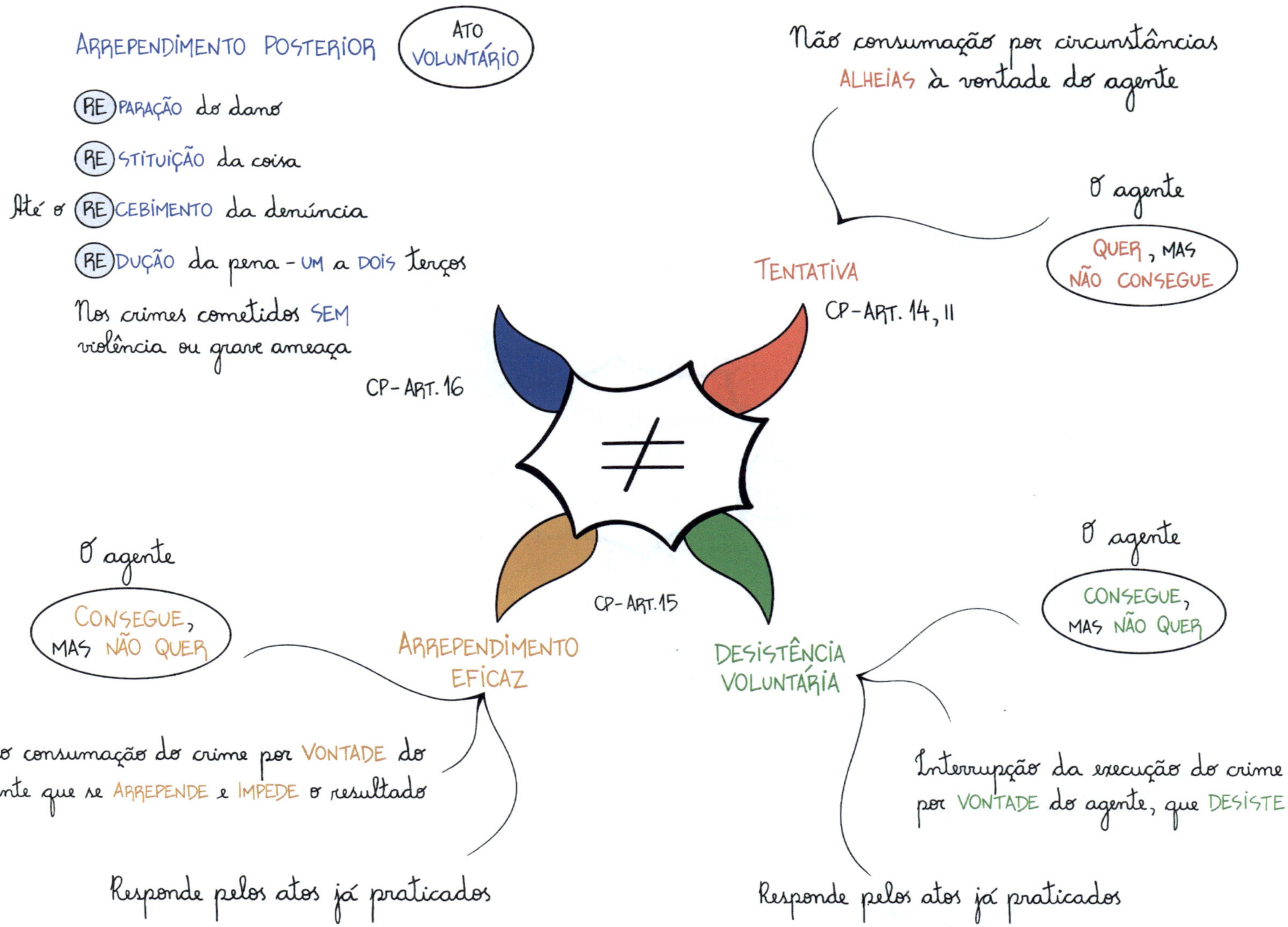
ARREPENDIMENTO POSTERIOR
ATO VOLUNTÁRIO
RE PARAÇÃO do dano
RE STITUIÇÃO da coisa
Até o RE CEBIMENTO da denúncia
RE DUÇÃO da pena - UM a DOIS terços
Nos crimes cometidos SEM violência ou grave ameaça
CP - ART. 16
Não consumação por circunstâncias ALHEIAS à vontade do agente
O agente
QUER, MAS NÃO CONSEGUE
TENTATIVA
CP - ART. 14, II
≠
O agente
CONSEGUE, MAS NÃO QUER
ARREPENDIMENTO EFICAZ
CP - ART. 15
DESISTÊNCIA VOLUNTÁRIA
O agente
CONSEGUE, MAS NÃO QUER
Não consumação do crime por VONTADE do agente que se ARREPENDE e IMPEDE o resultado
Responde pelos atos já praticados
Interrupção da execução do crime por VONTADE do agente, que DESISTE
Responde pelos atos já praticados

# EXCLUDENTES DE ILICITUDE
CP - ART. 23

## LEGÍTIMA DEFESA

- Proteger direito PRÓPRIO ou ALHEIO
- Uso MODERADO dos meios necessários
- Agressão INJUSTA - ATUAL - IMINENTE
- OFENDÍCULO ACIONADO

## ESTADO DE NECESSIDADE

Salvar de PERIGO ATUAL direito PRÓPRIO ou ALHEIO:

- Perigo não provocado pelo agente
- Comportamento INEVITÁVEL
- PONDERAÇÃO de bens
- CONHECIMENTO da situação
- Inexistir dever legal de enfrentar

## CONSENTIMENTO DO OFENDIDO

- Bem PRÓPRIO e DISPONÍVEL
- Ofendido CAPAZ e CIENTE
- Consentimento: VÁLIDO, EXPRESSO, PRÉVIO, SIMULTÂNEO

Ex.: tatuagem

## ESTRITO CUMPRIMENTO DE DEVER LEGAL

Aplicável aos AGENTES PÚBLICOS no desempenho de suas atividades

Ex.: violência moderada durante prisão em flagrante

## EXERCÍCIO REGULAR DO DIREITO

- Ex.: prática de esportes com lesão corporal
- PROPORCIONAL
- OFENDÍCULO NÃO ACIONADO

- Descriminantes: causas excludentes da ILICITUDE
- Putativas: que está no IMAGINÁRIO
- Consequências: | ERRO DE TIPO PERMISSIVO (FATO)
  | ERRO DE PROIBIÇÃO INDIRETO (EXISTÊNCIA LIMITE)

### ERRO DE PROIBIÇÃO INDIRETO

- Erro em relação ao LIMITE da excludente
- "É CRIME?"
- Ex.: a pessoa está em situação de legítima defesa mas passa do limite para afastar a agressão

### ERRO DE PROIBIÇÃO INDIRETO

- Erro em relação a EXISTÊNCIA da excludente
- "É CRIME?"
- Ex.: a pessoa acha que existe a legítima defesa da honra e mata a mulher que o traiu

### ERRO DE TIPO PERMISSIVO

- Erro em relação ao FATO
- O que se imagina não é o que acontece de fato
- Ex.: a pessoa acha que está agindo em legítima defesa quando na verdade não há injusta agressão

# EXCLUDENTES DE CULPABILIDADE

## OBEDIÊNCIA HIERÁRQUICA

CP - ART. 22

- Ordem
  - de Superior HIERÁRQUICO
  - NÃO MANIFESTAMENTE ILEGAL
  - ESTRITA observância
- Inexigibilidade de conduta diversa

## INIMPUTABILIDADE

CP - ART. 26 a 28

- MENOR de 18 ANOS
- EMBRIAGUEZ ACIDENTAL
- ANOMALIA PSÍQUICA → Desde que comprometa a CAPACIDADE INTELECTIVA ou a AUTODETERMINAÇÃO

## COAÇÃO MORAL IRRESISTÍVEL

- O agente é AMEAÇADO
- Inexigibilidade de conduta diversa

## ERRO DE PROIBIÇÃO INEVITÁVEL

CP - ART. 21

O agente NÃO tem consciência sobre a ILICITUDE do fato e NÃO é possível lhe exigir que tenha esta consciência

Sobre a ILICITUDE

O agente percebe a realidade

ERRO
- SABE o que faz
- NÃO SABE que é proibido

EXEMPLO

João fabrica açúcar em casa, não sabendo que sua conduta é crime previsto no Decreto lei 16/66 - ART. 1º

CP - ART. 21

EVITÁVEL ou
- INJUSTIFICÁVEL
- INESCUSÁVEL
- VENCÍVEL

⇓

- SEM consciência
- Possível exigir esta consciência
- NÃO isenta de pena
- Pena poderá ser REDUZIDA de UM SEXTO a UM TERÇO

INEVITÁVEL ou
- JUSTIFICÁVEL
- ESCUSÁVEL
- INVENCÍVEL

⇓

- SEM consciência
- Impossível exigir esta consciência
- Exclui a CULPABILIDADE
- ISENTA de pena

# EMBRIAGUEZ

## VOLUNTÁRIA

- VOLUNTÁRIA em sentido estrito
- CULPOSA

IMPUTÁVEL

Não excluem a imputabilidade penal

(CP-ART. 28, II)

## PREORDENADA

O agente se embriaga PARA COMETER O CRIME

IMPUTÁVEL + AGRAVANTE

(CP-ART. 61, I "l")

## INVOLUNTÁRIA / ACIDENTAL

- CASO FORTUITO (natureza)
- FORÇA MAIOR (homem)

(CP-ART. 28, §1º e §2º)

- Se COMPLETA + INCAPACIDADE TOTAL → ISENTA DE PENA
- Se INCOMPLETA + INCAPACIDADE PARCIAL → REDUZ A PENA de UM a DOIS terços

## PATOLÓGICA – DOENÇA

(CP-ART. 26)

- INCAPACIDADE TOTAL → ISENTA DE PENA
- INCAPACIDADE PARCIAL → REDUZ A PENA de UM a DOIS terços

Cometido o crime sob a influência de VIOLENTA EMOÇÃO, provocada por ATO INJUSTO da VÍTIMA

↓

ATENUANTE
(CP-ART. 65, III, "c")

ou

Causa de DIMINUIÇÃO de pena
(CP-ART. 121, §1º e ART. 129, §4º)

- Não excluem a imputabilidade penal
- O agente é IMPUTÁVEL
- CP-ART. 28, I

PAIXÃO

Sentimento CRÔNICO e DURADOURO

Ex.: Inveja, ciúme, ambição...

EMOÇÃO

Estado SÚBITO e PASSAGEIRO

Ex.: Raiva, medo, prazer...

- COAUTOR: executa diretamente a ação delituosa
- PARTÍCIPE:
  - Não ingressa no tipo penal
  - Contribui para a realização do delito

- Participação de MENOR importância: pena pode ser diminuída de UM SEXTO a UM TERÇO

- Se quis participar de crime MENOS GRAVE:
  - Aplica a pena do crime MENOS GRAVE
  - Resultado MAIS GRAVE PREVISÍVEL – pena será aumentada até a METADE

CP – ART. 29

Requisitos:

- PLURALIDADE de AGENTES e CONDUTAS
- RELEVÂNCIA CAUSAL das condutas
- LIAME SUBJETIVO entre os agentes (VÍNCULO PSICOLÓGICO)
- IDENTIDADE de infração penal (MESMO EVENTO)

✳ Não se comunicam as condições de CARÁTER PESSOAL, salvo quando elementares do crime
CP – ART. 30

AUTORIA MEDIATA:

- Não realiza a conduta diretamente
- Conduta PRINCIPAL
- Detém o DOMÍNIO do fato
- Usa outra pessoa – AUTOR IMEDIATO

TEORIA MONISTA

- Responsabilidade de TODOS que concorrem "na medida de sua culpabilidade"
- Existência de apenas UM CRIME
- Adotada pelo Código Penal Brasileiro

- ELEMENTAR do crime:
  - dado ESSENCIAL da conduta típica
  - se for tirada, causa ATIPICIDADE
    - RELATIVA
    - ABSOLUTA

Circunstâncias Subjetivas ou de caráter PESSOAL

▼

⊗ NÃO se comunicam

Ex.: ser menor de 21 anos

- CIRCUNSTÂNCIAS do crime: dados não essenciais que influenciam na PENA
  - OBJETIVAS:
    - instrumentos
    - modo de execução
  - SUBJETIVAS (PESSOAIS):
    - motivos
    - qualidades pessoais

      Ex.: < 21 anos

! Ver art. 580 - CPP

Circunstâncias Objetivas

▼

✓ Se comunicam

Ex.: usar arma de fogo

Elementares do crime

▼

✓ SEMPRE se comunica

Ex.: Ser funcionário público é elementar do crime de peculato

# EXTINÇÃO DA PUNIBILIDADE

Extinção pelo **DECURSO DO TEMPO**

- PRESCRIÇÃO: perda do direito de o Estado PUNIR ou EXECUTAR a punição imposta
- DECADÊNCIA: perda do direito de ação (queixa ou representação)
- PEREMPÇÃO: querelante inerte ou negligente

**ANISTIA**
- Extinção por LEI
- Pode ser concedida ANTES da condenação

**GRAÇA**
- Benefício INDIVIDUAL
- Depende de PROVOCAÇÃO

**INDULTO**
- Benefício COLETIVO
- NÃO depende de provocação

POR DECRETO

PRESSUPÕE CONDENAÇÃO

**AÇÃO PENAL PRIVADA**

RENÚNCIA ao direito de agir na ação penal privada

PERDÃO (ACEITO) do ofendido: desiste de continuar com o processo já em curso

RETRATAÇÃO do agente: retirar totalmente o que disse
(Nos casos em que a lei a admite)

MORTE do agente

"ABOLITIO CRIMINIS": a lei deixa de considerar como crime

PERDÃO JUDICIAL: o juiz deixa de aplicar a pena nas hipóteses taxativamente previstas em lei

Os prazos podem ser REDUZIDOS à METADE:

- Agente MENOR de (21) anos – ao tempo do CRIME
- Agente MAIOR de (70) anos – na data da SENTENÇA

- PERDA, pelo decurso do TEMPO, do direito do Estado PUNIR
- Regra: PRESCRITIBILIDADE

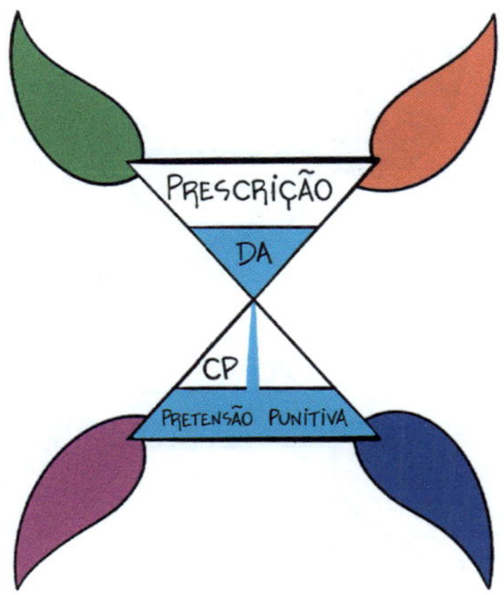


Exceção: IMPRESCRITIBILIDADE

Crimes IMPRESCRITÍVEIS:

- RACISMO
- Injúria RACIAL
- Delitos praticados por GRUPOS ARMADOS contra a Ordem Constitucional e o Estado Democrático

- Pode ocorrer nas ações penais | PÚBLICAS / PRIVADAS

- A reincidência NÃO INFLUI no prazo
  Súmula 220 – STJ

TERMO INICIAL (CP-ART. 111)

Crimes:

- CONSUMADO: data da consumação
- TENTADO: data do ÚLTIMO ATO executório
- PERMANENTE: data em que CESSOU a permanência
- De DIFÍCIL DESCOBERTA: data em que o fato se tornou CONHECIDO
- Contra a DIGNIDADE SEXUAL ou que envolva VIOLÊNCIA contra CRIANÇAS e ADOLESCENTES: data em que completar 18 ANOS

PRAZO prescricional

Pena MÁXIMA ABSTRATA + CP-ART. 109

| PENA MÁX. | PRESCRIÇÃO |
|---|---|
| < 1 ano | 3 anos |
| 1 até 2 anos | 4 anos |
| >2 até 4 anos | 8 anos |
| >4 até 8 anos | 12 anos |
| >8 até 12 anos | 16 anos |
| > 12 anos | 20 anos |

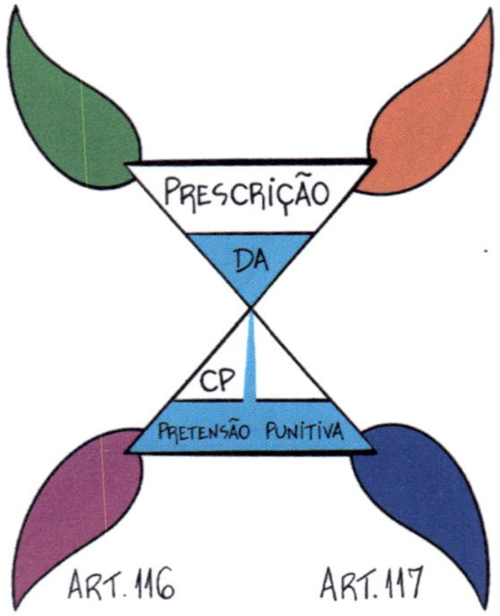


CAUSAS IMPEDITIVAS

- Cumprimento de pena no EXTERIOR
- Presença de RECURSOS e EMBARGOS DE DECLARAÇÃO, aos Tribunais Superiores, quando INADMISSÍVEIS
- Enquanto não cumprido ou não rescindido o ACORDO DE NÃO PERSECUÇÃO PENAL
- Questões PREJUDICIAIS – (Ex.:) Réu processado por bigamia, questiona a validade do 1º casamento

CAUSAS INTERRUPTIVAS

- RECEBIMENTO
  - DENÚNCIA
  - QUEIXA
- PRONÚNCIA
- Decisão confirmatória da PRONÚNCIA
- Publicação de DECISÃO CONDENATÓRIA RECORRÍVEL

INTERRUPÇÃO da prescrição

- Início ou continuação do cumprimento da pena
- REINCIDÊNCIA

Influi no prazo: AUMENTA 1/3

PPE

PRESCRIÇÃO DA PRETENSÃO EXECUTÓRIA

- Exige o TRÂNSITO EM JULGADO (Condenação DEFINITIVA)

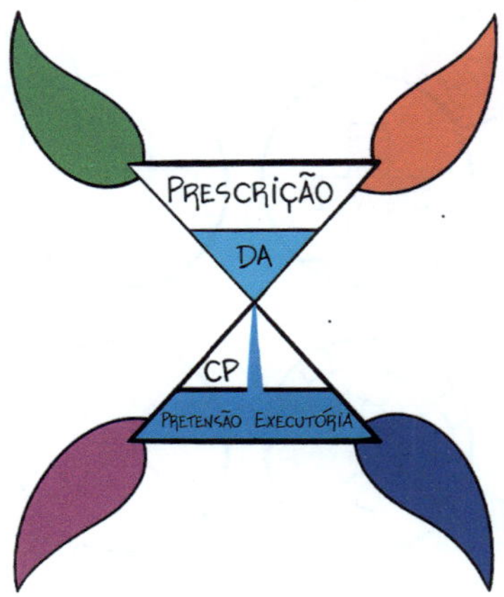


SUSPENSÃO da prescrição

- Não corre durante o tempo em que o condenado está PRESO por outro motivo

Termo Inicial

- Trânsito em julgado para a ACUSAÇÃO
- Da REVOGAÇÃO do SURSIS / LIVRAMENTO CONDICIONAL
- Da INTERRUPÇÃO da execução (FUGA)

## MORTE

- Em regra é PROIBIDA
- Salvo em GUERRA externa (Hipóteses definidas no CPM)

CP-ART. XLVII

## PRIVATIVA DE LIBERDADE

- Reclusão
- Detenção
- Prisão Simples

CP-ART. 33 a 42

## PECUNIÁRIA - MULTA

- Sanção PATRIMONIAL
- Pagamento é feito ao FUNDO PENITENCIARIO

CP-ART. 49 a 52

## RESTRITIVAS DE DIREITO

- Limitações de fim de semana
- Prestação de serviços à comunidade
- Interdição de direitos (TEMPORÁRIA)
- Prestação pecuniária (à VÍTIMA)
- Perda de bens e valores

CP-ART. 43 a 48

## PENAS PRIVATIVAS DE LIBERDADE
CP - ART. 33

Deverão ser executadas:

- Em forma PROGRESSIVA
- Segundo o MÉRITO do condenado
- Regime inicial deve observar as circunstâncias judiciais (CP-ART. 59)

### REGIME FECHADO

- Execução da pena em estabelecimento de SEGURANÇA MÁXIMA ou MÉDIA
- Regime inicial do condenado a pena SUPERIOR a 8 anos

  OU

  REINCIDENTE

### REGIME SEMI-ABERTO

- Execução da pena em COLÔNIA AGRÍCOLA, INDUSTRIAL ou similar
- Regime inicial do condenado NÃO REINCIDENTE a pena SUPERIOR a 4 anos

Súmula 269 STJ
- REINCIDENTE
- PEN ≤ 4 anos
- Circunstâncias judiciais FAVORÁVEIS

### REGIME ABERTO

- Execução da pena em CASA DE ALBERGADO ou local adequado
- Regime inicial do condenado NÃO REINCIDENTE a pena IGUAL ou INFERIOR a 4 anos.

É inadmissível a fixação de pena substitutiva como condição especial ao regime aberto. Súmula 493 do STJ

# PENAS RESTRITIVAS DE DIREITOS

## PRESTAÇÃO DE SERVIÇO

CP-ART. 46

- Comunidade
- Entidades públicas

às condenações > a 6 meses a PPL

## INTERDIÇÃO TEMPORÁRIA DE DIREITOS

CP-ART. 47

- Suspensão de autorização ou de habilitação para DIRIGIR VEÍCULO
- Proibição de:
  - Frequentar certos LUGARES
  - Inscrição em CONCURSO
  - Exercer atividade PÚBLICA ou autorizada pelo poder público

## PERDA DE BENS E VALORES

Em favor do FUNDO PENITENCIÁRIO NACIONAL

CP-ART. 45, §3º

## LIMITAÇÃO DE FIM DE SEMANA

CP-ART. 48

- Sábado e domingo
- 5h diárias
- Casa de albergado
- Atividades educativas

## PRESTAÇÃO PECUNIÁRIA

CP-ART. 45, §1º

→ DINHEIRO

- Não inferior a 1 salário mínimo
- Não superior a 360 salários mínimos

# PENAS RESTRITIVAS DE DIREITO CP-ART. 44

Condenação ATÉ 1 ano (PPL)

Substituição por | MULTA / 1 PRD

Condenação SUPERIOR a 1 ano (PPL)

Substituição por | 1 PRD + MULTA / 2 PRD

Se REINCIDENTE, pode substituir se:

- Medida SOCIALMENTE RECOMENDÁVEL
- Reincidência não ser do mesmo crime

PRD converte-se em PPL

↓

DESCUMPRIMENTO INJUSTIFICADO da restrição imposta

O tempo deverá ser deduzido respeitando saldo MÍNIMO de 30 dias

Sobrevindo PPL por outro crime:

↓

Pode substituir por PRD se for possível cumprir a PRD anterior

Substituem as PPL quando:

- CULPABILIDADE
- ANTECEDENTES
- CONDUTA SOCIAL
- PERSONALIDADE
- MOTIVOS
- CIRCUNSTÂNCIAS indicarem que essa substituição seja eficiente

Substituem as PPL quando:

PPL NÃO SUPERIOR a 4 anos

\+

Crime SEM VIOLÊNCIA ou GRAVE AMEAÇA

Substituem as PPL quando:

Réu NÃO REINCIDENTE em crime DOLOSO

Substituem as PPL quando:

O crime for CULPOSO,
INdependentemente da pena

1º FASE: fixação da PENA BASE — CP-ART. 59

Incidência das CIRCUNSTÂNCIAS JUDICIAIS

- Culpabilidade
- Antecedentes
- Conduta social
- Personalidade

AGENTE

- Motivos
- Circunstâncias

CRIME

- Consequências

VÍTIMA

SÚMULA 444 - STJ

Inquéritos policiais e ações penais EM CURSO NÃO PODEM ser reconhecidos como circunstâncias judiciais desfavoráveis

2º FASE: fixação da PENA INTERMEDIÁRIA

Incidência de
- AGRAVANTES (CP-ART. 61)
- ATENUANTES (CP-ART. 65)

3º FASE: fixação da PENA DEFINITIVA

Aplicação das causas de:
- AUMENTO de pena - MAJORANTES
- DIMINUIÇÃO de pena - MINORANTES

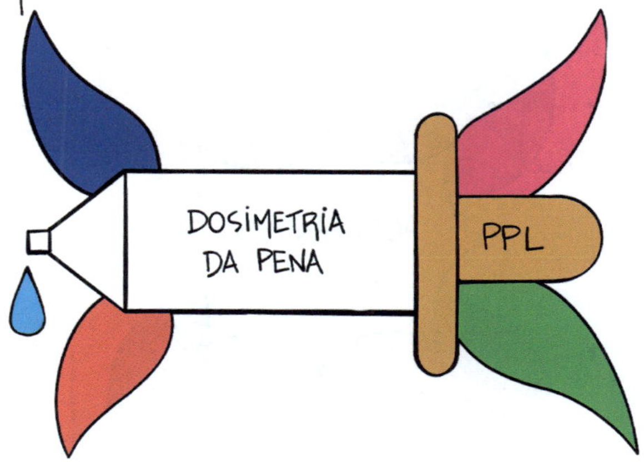


Fixada a PENA DEFINITIVA, o juiz deverá:

- Fixar o REGIME INICIAL de cumprimento da pena
- Verificar a possibilidade de:
  - Substituição por pena ALTERNATIVA
  - Suspensão condicional da pena - SURSIS

# AGRAVANTES
CP- ART. 61

- Com ABUSO DE AUTORIDADE
  ou
- Prevalecendo-se de relações
  - DOMÉSTICAS
  - HOSPITALIDADE
  - COABITAÇÃO

  ou
- Violência contra MULHER
- Contra
  - CRIANÇA
  - ENFERMO
  - GRÁVIDA
  - MAIOR de 60 anos
- Ofendido sob IMEDIATA PROTEÇÃO da autoridade

- Crime contra:
  - ASCENDENTE
  - DESCENDENTE
  - IRMÃO
  - CÔNJUGE
- Em ocasião de:
  - INCÊNDIO
  - NAUFRÁGIO
  - INUNDAÇÃO
  - CALAMIDADE pública
  - DESGRAÇA particular do ofendido
- Abuso de poder ou violação de dever inerente a
  - CARGO
  - OFÍCIO
  - MINISTÉRIO
  - PROFISSÃO

- REINCIDÊNCIA
- Motivo FÚTIL ou TORPE
- Para facilitar ou assegurar:
  - EXECUÇÃO
  - OCULTAÇÃO
  - IMPUNIDADE
  - VANTAGEM

  de outro crime
- Estado de EMBRIAGUEZ PREORDENADA

- Recursos que dificultam ou tornam impossível a defesa do ofendido:
  - TRAIÇÃO
  - EMBOSCADA
  - DISSIMULAÇÃO
- Meio INSIDIOSO ou CRUEL ou que possa resultar PERIGO COMUM:
  - VENENO
  - FOGO
  - EXPLOSIVO
  - TORTURA

# REINCIDÊNCIA

Os efeitos deletérios da reincidência perduram pelo PRAZO MÁXIMO de **5** anos, contados da data do cumprimento ou extinção da pena

CP - ART. 64, I

⬇

Computa o período de prova da:
- suspensão da pena
- livramento condicional

SALVO REVOGAÇÃO

Natureza jurídica: AGRAVANTE genérica

Pressupostos:

- TRÂNSITO EM JULGADO de sentença penal condenatória por infração penal ANTERIOR → 1º MOMENTO
- Cometimento de NOVA infração penal → 2º MOMENTO

Reincidência GENÉRICA: crimes ≠

Reincidência ESPECÍFICA: crimes =

CP - ART. 63 e LCP - ART. 7º

| | 1º MOMENTO | 2º MOMENTO | CONSEQUÊNCIA |
|---|---|---|---|
| BRASIL / ESTRANGEIRO | CRIME | CRIME | REINCIDÊNCIA ✓ |
| BRASIL / ESTRANGEIRO | CRIME | CONTRAVENÇÃO | REINCIDÊNCIA ✓ |
| BRASIL | CONTRAVENÇÃO | CONTRAVENÇÃO | REINCIDÊNCIA ✓ |
| BRASIL | CONTRAVENÇÃO | CRIME | REINCIDÊNCIA ✗ |
| ESTRANGEIRO | CONTRAVENÇÃO | CRIME ou CONTRAVENÇÃO | REINCIDÊNCIA ✗ |

# ATENUANTES
## CP-ART. 65

Cometido o crime:

- Sob COAÇÃO resistível
- Cumprimento de ORDEM de autoridade superior
- Sob a influência de VIOLENTA EMOÇÃO, provocado por ato INJUSTO da vítima

- Agente:
  - MENOR de 21 anos na data do FATO
  - MAIOR de 70 anos na data da SENTENÇA
- DESCONHECIMENTO da lei

Se procurou evitar ou diminuir as consequências ou reparado o dano:

- ANTES do julgamento
- ESPONTÂNEA vontade
- EFICIÊNCIA
- LOGO APÓS o crime

- Motivo de relevante VALOR | SOCIAL / MORAL
- CONFISSÃO espontânea, perante a autoridade
  - ↳ Ver súmula 545 - STJ
- Influência de MULTIDÃO em TUMULTO → se não o provocou

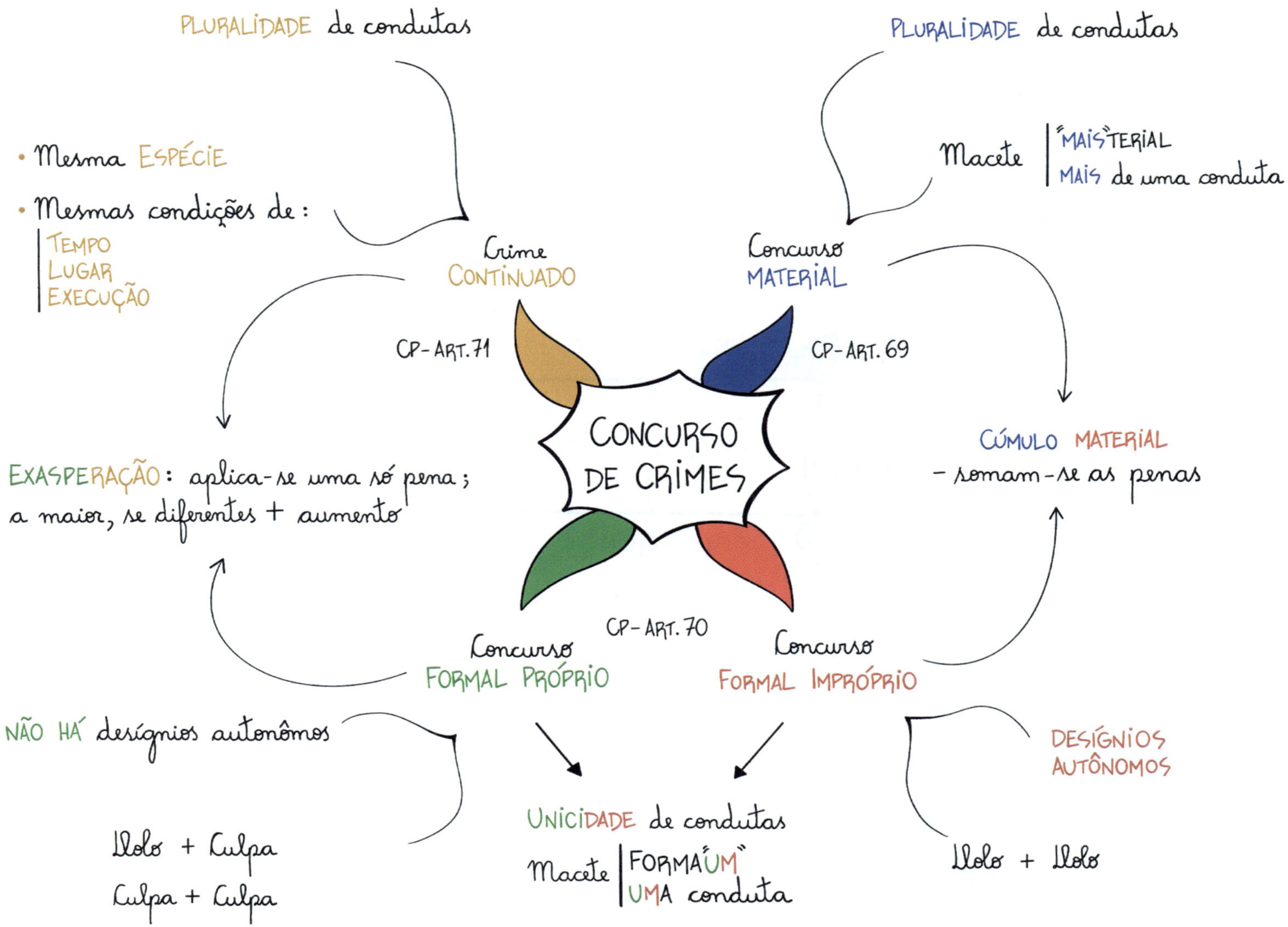
CONCURSO DE CRIMES
Crime CONTINUADO
CP- ART. 71
PLURALIDADE de condutas
• Mesma ESPÉCIE
• Mesmas condições de:
TEMPO
LUGAR
EXECUÇÃO
EXASPERAÇÃO: aplica-se uma só pena; a maior, se diferentes + aumento
Concurso MATERIAL
CP- ART. 69
PLURALIDADE de condutas
Macete
"MAIS"TERIAL
MAIS de uma conduta
CÚMULO MATERIAL
- somam-se as penas
Concurso FORMAL PRÓPRIO
CP- ART. 70
Concurso FORMAL IMPRÓPRIO
NÃO HÁ designios autonômos
Dolo + Culpa
Culpa + Culpa
UNICIDADE de condutas
Macete
FORMA"UM"
UMA conduta
DESÍGNIOS AUTÔNOMOS
Dolo + Dolo

## GENÉRICO

**REQUISITOS** *

- PLURALIDADE de condutas: mais de uma ação ou omissão que implique em vários crimes
- PLURALIDADE de crimes da mesma espécie
  ↓
  MESMO TIPO PENAL + IGUAL BEM JURÍDICO
- ELO de continuidade – mesmas condições de:
  - TEMPO
  - LUGAR
  - EXECUÇÃO
  - OUTRAS circunstâncias

* A aplicação da pena se dará conforme o sistema da **EXASPERAÇÃO**

↓

AUMENTO: $\frac{1}{6}$ ATÉ $\frac{2}{3}$

## ESPECÍFICO

**REQUISITOS**

* MESMOS DO GENÉRICO

+

- Crimes DOLOSOS
- Vítimas DIFERENTES
- VIOLÊNCIA ou GRAVE AMEAÇA à pessoa

* A aplicação da pena se dará conforme o sistema da **EXASPERAÇÃO**

↓

AUMENTO: $\frac{1}{6}$ ATÉ 3x

# SUSPENSÃO CONDICIONAL DA PENA

(CP- ART. 77 a 82)

## REVOGAÇÃO FACULTATIVA

- Descumprir qualquer outra condição
- Condenação definitiva em:
  - CRIME CULPOSO ou CONTRAVENÇÃO
  - PENA PRIVATIVA de LIBERDADE ou RESTRITIVA de DIREITOS

## CONDIÇÕES (SURSIS SIMPLES)

No 1º ano do prazo o condenado deverá:

- PRESTAR SERVIÇOS À COMUNIDADE

ou

- Submeter-se a LIMITAÇÃO de FIM de SEMANA

A condenação anterior a PENA DE MULTA não impede a concessão do benefício

CP-ART. 77, §1º / Súmula 499-STF

OU

## REVOGAÇÃO OBRIGATÓRIA

- Condenação definitiva em crime DOLOSO
- NÃO pagar MULTA ou NÃO reparar dano (sem motivo justificado)
- Descumprir
  - PRESTAÇÃO DE SERVIÇO À COMUNIDADE
  - LIMITAÇÃO de FIM de SEMANA

## CONDIÇÕES (SURSIS ESPECIAL)

REPARAÇÃO do DANO e circunstâncias judiciais FAVORÁVEIS

- PROIBIÇÃO de FREQUENTAR determinados LUGARES
- PROIBIÇÃO de AUSENTAR-SE da comarca onde reside, SEM AUTORIZAÇÃO do juiz
- Comparecer em juízo para informar e justificar suas atividades:
  - PESSOAL
  - OBRIGATÓRIO
  - MENSAL

# SUSPENSÃO CONDICIONAL DA PENA

(CP-ART. 77 a 82)

## REQUISITOS OBJETIVOS

- Cabível quando a pena for PRIVATIVA de LIBERDADE
- Pena aplicada for ATÉ ② ANOS
- Não cabível substituição por pena RESTRITIVA de DIREITO

→ Pena ATÉ ④ ANOS se sursis ETÁRIO | HUMANITÁRIO

Benefício do agente que foi CONDENADO a uma pena privativa de liberdade

- Também conhecida como SURSIS
- Consequência: extinção da PUNIBILIDADE
- Sursis ETÁRIO ou HUMANITÁRIO
  - ETÁRIO → MAIOR DE 70 ANOS
  - HUMANITÁRIO → Razões de SAÚDE

## REQUISITOS SUBJETIVOS

- NÃO REINCIDÊNCIA em crime DOLOSO
- Circunstâncias judiciais
  - CULPABILIDADE
  - ANTECEDENTES
  - CONDUTA SOCIAL
  - PERSONALIDADE do agente
  - MOTIVOS
  - CIRCUNSTÂNCIAS

## PERÍODO DE PROVA

- SIMPLES → ② a ④ anos
- ETÁRIO ou HUMANITÁRIO → ④ a ⑥ anos
- CONTRAVENÇÃO PENAL → ① a ③ anos

# SUSPENSÃO CONDICIONAL DO PROCESSO

Lei 9099/95 - ART. 89

## QUEM

QUEM pode propor? MINISTÉRIO PÚBLICO

## QUANDO

QUANDO? Ao OFERECER a denúncia

PERÍODO DE PROVA: 2 a 4 anos

## CONSEQUÊNCIA

Extinção da PUNIBILIDADE

## REQUISITOS

- Pena MÍNIMA IGUAL ou INFERIOR a 1 ANO
- Não processado ou não condenado por outro CRIME
- Observar os requisitos que autorizam a suspensão condicional da PENA

## REVOGAÇÃO

- SERÁ revogada
  - se processado por outro CRIME
  - não reparar o dano, sem motivo justificado
- PODERÁ ser revogada
  - se processado por CONTRAVENÇÃO
  - se descumprir outra condição

## CONDIÇÕES

- REPARAÇÃO do dano, salvo impossibilidade
- PROIBIÇÃO
  - de FREQUENTAR determinados LUGARES
  - de AUSENTAR-SE da comarca onde reside, SEM AUTORIZAÇÃO do juiz
- Comparecimento a juízo para informar e justificar suas atividades:
  - PESSOAL
  - OBRIGATÓRIO
  - MENSAL

# LIVRAMENTO CONDICIONAL (REQUISITOS)

CP - ART. 83

Poderá ser concedido a condenado a pena:

- PRIVATIVA DE LIBERDADE
- IGUAL ou SUPERIOR a (2) ANOS

---

- Cumprir mais de **UM TERÇO** da pena
  - Não reincidente em CRIME DOLOSO
  - Bons antecedentes

(OU)

- Cumprir mais da **METADE** da pena se REINCIDENTE em CRIME DOLOSO

(OU)

- Cumprir mais de **DOIS TERÇOS** da pena se condenado por CRIME
  - HEDIONDO
  - TERRORIMO
  - TRÁFICO < DROGAS / PESSOAS
  - TORTURA

\+

Não reincidente ESPECÍFICO

---

Comprovar:

- BOM COMPORTAMENTO durante a execução penal
- Não cometer FALTA GRAVE nos últimos (12) MESES
- BOM DESEMPENHO no TRABALHO
- Aptidão para prover a própria SUBSISTÊNCIA

---

REPARAR o DANO causado pela infração, salvo impossibilidade

---

Se o crime for DOLOSO

\+

VIOLÊNCIA ou GRAVE AMEAÇA

↓

Constatação de condições pessoais que façam presumir que o sujeito não voltará a delinquir

## LIVRAMENTO CONDICIONAL (REVOGAÇÃO)

CP-ART. 86 a 88

### EFEITOS da revogação:

- Não poderá ser novamente concedido
- Não se desconta na pena o tempo solto

↓

Salvo quando resulta de condenação por outro CRIME ANTERIOR ao benefício

### REVOGAÇÃO OBRIGATÓRIA

Condenado a PPL em sentença IRRECORRÍVEL

↓

Por CRIME cometido DURANTE a VIGÊNCIA do benefício

### REVOGAÇÃO FACULTATIVA

DEIXAR de cumprir obrigações da sentença

OU

Condenação DEFINITIVA | CRIME / CONTRAVENÇÃO > NÃO PPL

### REVOGAÇÃO OBRIGATÓRIA

Condenado a PPL em sentença IRRECORRÍVEL

↓

Por CRIME ANTERIOR ao benefício

# DIRETITO PENAL

PARTE ESPECIAL

# HOMICÍDIO
CP - ART. 121

## HOMICÍDIO SIMPLES

MATAR ALGUÉM (CRIME COMUM)

Pena - reclusão, de 6 a 20 anos

**AUMENTO DE PENA**

- Vítima MAIOR de 60 anos (DE 1/3)
- Crime praticado por MILÍCIA PRIVADA ou GRUPO DE EXTERMÍNIO (DE 1/3 ATÉ A METADE)

## HOMICÍDIO QUALIFICADO

Pena - reclusão de 12 a 30 anos

- MOTIVO TORPE (subjetiva)
- MOTIVO FÚTIL (subjetiva)
- MEIO CRUEL (objetiva)
- MODO SURPRESA (objetiva)
- VÍNCULO FINALÍSTICO (subjetiva)
- Contra agentes de SEGURANÇA PÚBLICA (objetiva ou subjetiva)
- ARMA de FOGO de uso RESTRITO / PROIBIDO (objetiva)
- Vítima MENOR de 14 anos (objetiva)

## HOMICÍDIO PRIVILEGIADO

CASO DE DIMINUIÇÃO DE PENA

- Motivo de RELEVANTE VALOR SOCIAL ou MORAL (subjetiva)
- Sob o DOMÍNIO DE VIOLENTA EMOÇÃO, logo em seguida a INJUSTA PROVOCAÇÃO da vítima (subjetiva)

O juiz pode reduzir a pena de UM SEXTO a UM TERÇO

## É possível a coexistência das QUALIFICADORAS e PRIVILEGIADORAS?

SIM ✓ — HOMICÍDIO QUALIFICADO – PRIVILEGIADO

Desde que a QUALIFICADORA tenha NATUREZA OBJETIVA

- Para assegurar a EXECUÇÃO de crime futuro
  Conexão TELEOLÓGICA
  (Ex.: MATAR a babá para SEQUESTRAR bebê)

- Para assegurar OCULTAÇÃO / IMPUNIDADE / VANTAGEM de crime passado
  Conexão CONSEQUENCIAL
  (Ex.: MATAR testemunha)

- Mediante paga ou promessa de RECOMPENSA ou outro MOTIVO TORPE
  (Ex.: Matar para receber herança)
  → Homicídio MERCENÁRIO

- MOTIVO FÚTIL: desproporção entre o crime e sua causa

Modo SURPRESA — AUMENTA a pena no FEMINICÍDIO

- TRAIÇÃO
- EMBOSCADA
- DISSIMULAÇÃO
- Outro recurso que DIFICULTE ou torne IMPOSSÍVEL a DEFESA do ofendido

Emprego de: — AUMENTA a pena no FEMINICÍDIO

- VENENO
- FOGO
- EXPLOSIVO
- ASFIXIA
- TORTURA
- Outro MEIO INSIDIOSO ou CRUEL, ou que possa resultar PERIGO comum

Contra MENOR de (14) anos

Aumenta de:

- 1/3 até a metade | DEFICIÊNCIA / DOENÇA (vulnerável)
- 2/3 se o autor é:
  - ASCENDENTE
  - PADRASTO ou MADRASTA
  - TIO
  - IRMÃO
  - CÔNJUGE ou COMPANHEIRO
  - TUTOR ou CURADOR
  - PRECEPTOR ou EMPREGADOR
  - Outra AUTORIDADE sobre a vítima
- 2/3 se o crime for praticado em INSTITUIÇÃO de EDUCAÇÃO BÁSICA

~~FEMINICÍDIO~~

~~Contra a MULHER por razões da condição de sexo feminino~~

Agora é crime autônomo previsto no ART. 121-A do CP

HOMICÍDIO FUNCIONAL

Contra autoridade ou agente de SEGURANÇA PÚBLICA

- No exercício da função ou em decorrência dela
- Contra seu
  - cônjuge ou companheiro
  - parente consanguíneo até o 3º grau

→ Em razão dessa condição

Emprego de ARMA de FOGO de USO RESTRITO ou PROIBIDO

AUMENTA a pena no FEMINICÍDIO

# HOMICÍDIO CULPOSO

CP-ART. 121, §3º

## PERDÃO JUDICIAL

O juiz poderá DEIXAR DE APLICAR A PENA, se as consequências da infração atingirem o próprio agente de forma tão grave que a sanção penal se torne desnecessária

CP-ART. 121, §5º

→ CAUSA EXTINTIVA DE PUNIBILIDADE

---

Ocorre quando o agente, com manifesta IMPRUDÊNCIA, NEGLIGÊNCIA ou IMPERÍCIA deixa de empregar a atenção ou diligência, provocando:

- Resultado lesivo (MORTE)
- Previsto ou previsível

→ CULPA CONSCIENTE / CULPA INCONSCIENTE

Porém jamais aceito ou querido

**Pena – detenção de 1 a 3 anos**

---

IMPRUDÊNCIA: é a precipitação; o agente AGE sem os cuidados necessários → POSITIVA

NEGLIGÊNCIA: ausência de precaução; OMISSÃO do agente → NEGATIVA

IMPERÍCIA: falta de aptidão para o exercício de arte ou profissão

---

## MAJORANTES

CP-ART. 121, §4º

AUMENTO DE 1/3

- Não procurar diminuir as consequências do comportamento
- FUGA para evitar prisão
- OMISSÃO de socorro
- INOBSERVÂNCIA de regra técnica de profissão, arte ou ofício → TEM APTIDÃO

CP - ART. 121-A

CRIME HEDIONDO

MORTE de MULHER em razão da condição do SEXO FEMININO

Reclusão de 20 a 40 anos

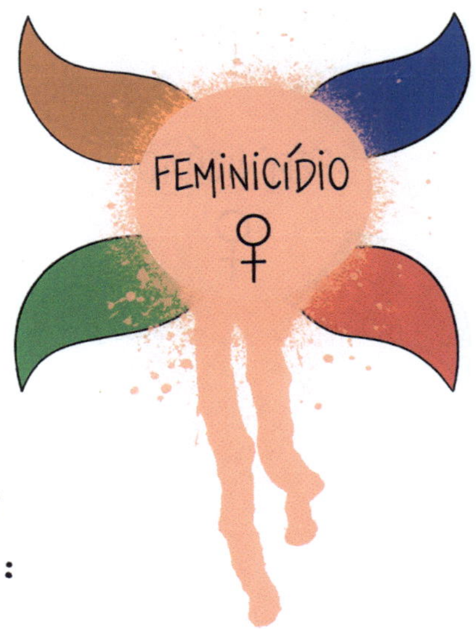


COAUTORIA

COMUNICAM-SE ao coautor ou partícipe as circunstâncias pessoais elementares

Há razões de condição de sexo feminino quando o crime envolve:

- Violência DOMÉSTICA ou FAMILIAR
- Menosprezo ou discriminação à condição de MULHER

## Aumento de pena

**1/3 até a METADE**

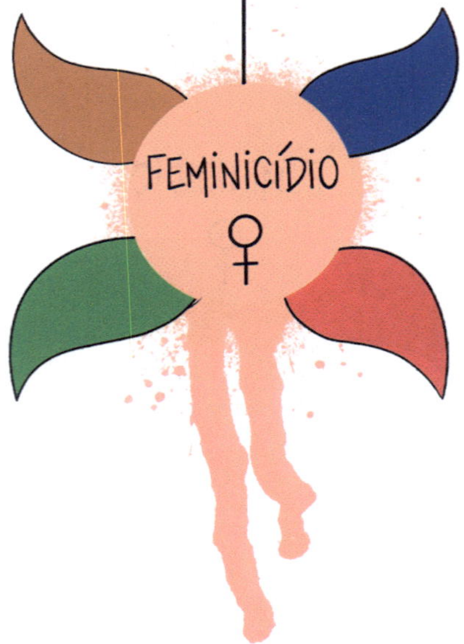


- Emprego de meio INSIDIOSO ou CRUEL, que cause PERIGO COMUM (VENENO - FOGO - EXPLOSIVO - ASFIXIA - TORTURA)
- Emprego de recurso que DIFICULTE ou torne IMPOSSÍVEL a DEFESA da vítima (TRAIÇÃO - EMBOSCADA - DISSIMULAÇÃO)
- Emprego de ARMA de FOGO de uso RESTRITO ou PROIBIDO

- Durante a GESTAÇÃO
- Nos 3 meses DEPOIS do PARTO
- MÃE ou RESPONSÁVEL | CRIANÇA / ADOLESCENTE / DEFICIENTE

- DESCUMPRIMENTO de medida protetiva de urgência
- Na PRESENÇA de | ASCENDENTE / DESCENDENTE | da vítima
  - ↓ FÍSICA ou VIRTUAL

Contra:

- Menor de 14 anos
- Maior de 60 anos
- Pessoa com DEFICIÊNCIA ou portadora de DOENÇA DEGENERATIVA

# PARTICIPAÇÃO EM SUICÍDIO/ AUTOMUTILAÇÃO

Forma SIMPLES
CP-ART. 122

- INDUZIR
- INSTIGAR
- AUXÍLIO MATERIAL

Reclusão de 6 meses a 2 anos

- Cabe tentativa
- Deixou de ser crime condicional
- Crime COMUM
- Sujeito passivo: pessoa DETERMINADA

Forma QUALIFICADA

Se resultar em:

- LESÃO CORPORAL | GRAVE / GRAVÍSSIMA

Reclusão de 1 a 3 anos

CRIME MATERIAL

- MORTE Reclusão de 2 a 6 anos

Se resultar em:

MORTE
+
Vítima | MENOR de 14 anos ou
SEM DISCERNIMENTO ou
Impossibilitada de RESISTIR

Responde por HOMICÍDIO

Se resultar em:

LESÃO CORPORAL GRAVÍSSIMA
+
Vítima | MENOR de 14 anos ou
SEM DISCERNIMENTO ou
Impossibilitada de RESISTIR

Responde por LESÃO CORPORAL GRAVÍSSIMA

Se o agente é LÍDER ou COORDENADOR de GRUPO ou de REDE VIRTUAL

Pena aumentada em metade

Crime praticado por MOTIVO:

- EGOÍSTICO ou
- TORPE ou
- FÚTIL

Pena duplicada

Conduta realizada por meio:

- da rede de COMPUTADORES ou
- de REDE SOCIAL ou
- transmitida em TEMPO REAL

Pena aumentada até o dobro

Vítima MENOR

| |
|---|
| MAIOR DE 14 ANOS<br>MENOR DE 18 ANOS |

OU

Com capacidade de resistência DIMINUÍDA

Pena duplicada

# INFANTICÍDIO
CP-ART. 123

MATAR

- Sob a influência do ESTADO PUERPERAL
- O PRÓPRIO FILHO
- DURANTE o parto ou logo APÓS

Detenção de 2 a 6 anos

ERRO quanto à PESSOA

Se consideram as qualidades da VÍTIMA VIRTUAL e não da VÍTIMA REAL

Ex.: Se a mãe matar por engano filho alheio (vítima REAL), pensando ser seu próprio filho (vítima VIRTUAL), responderá pelo crime de INFANTICÍDIO

- Crime PRÓPRIO
  Somente a MÃE será sujeito ATIVO
- Só é punido a título de DOLO
- Cabe TENTATIVA

A circunstância do TEMPO

- Matar ANTES do parto: ABORTO
- Matar DURANTE ou LOGO APÓS (Analisar o caso concreto) | INFANTICÍDIO ou HOMICÍDIO
- Matar DEPOIS do parto: HOMICÍDIO

## ABORTO MAJORADO PELO RESULTADO (CP-ART. 127)

As penas cominadas nos artigos 125 e 126 são:

- AUMENTADAS de 1/3 se causa LESÃO CORPORAL GRAVE
- DUPLICADAS em caso de MORTE

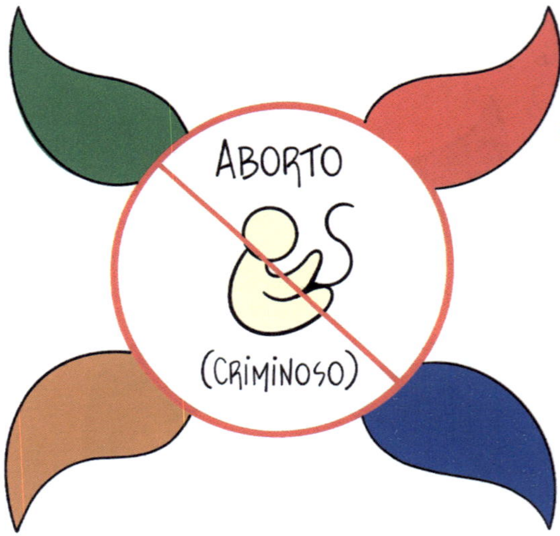


### CP-ART. 124

ABORTO
- PROVOCADO PELA GESTANTE (AUTOABORTO)

OU

- CONSENTIDO PELA GESTANTE*

Pena- detenção de 1 a 3 anos

Sujeito ativo: A GESTANTE

*Consentimento da gestante: exige-se a figura do PROVOCADOR, o qual responderá pelo crime do art. 126*

### CP-ART. 125

ABORTO
- PROVOCADO POR TERCEIRO E
- SEM CONSENTIMENTO DA GESTANTE

(ABORTAMENTO SOFRIDO)

- Quem desfere violento pontapé no ventre de mulher que sabe estar grávida

Pena- reclusão de 3 a 10 anos

### CP-ART. 126

ABORTO
- PROVOCADO POR TERCEIRO* E
- COM O CONSENTIMENTO DA GESTANTE

Pena- reclusão, de 1 a 4 anos

Desconsideração da vontade positiva da gestante, quando:
- MENOR de 14 anos
- ALIENADA ou DEBIL MENTAL
- Consentimento obtido mediante
  - FRAUDE
  - GRAVE AMEAÇA
  - VIOLÊNCIA

Pena- reclusão de 3 a 10 anos

## LEVE (Tipo básico)

Ofender a | INTEGRIDADE FÍSICA / SAÚDE

Detenção de 3 meses a 1 ano

## GRAVE

Se resulta:

- PERIGO de vida
- ACELERAÇÃO do parto
- INCAPACIDADE para as ocupações habituais, por MAIS de 30 dias
- DEBILIDADE PERMANENTE de
  - MEMBRO
  - SENTIDO
  - FUNÇÃO

Reclusão de 1 a 5 anos

## GRAVÍSSIMA

Se resulta:

- DEFORMIDADE PERMANENTE
- ENFERMIDADE INCURÁVEL
- ABORTO
- INCAPACIDADE PERMANENTE para o trabalho
- PERDA ou INUTILIZAÇÃO de
  - MEMBRO
  - SENTIDO
  - FUNÇÃO

Reclusão de 2 a 8 anos

## Resultado MORTE

\+

Circunstâncias evidenciam que o agente não quis o resultado, nem assumiu o risco de produzi-lo

CRIME PRETERDOLOSO
- Conduta DOLOSA
- Resultado | CULPOSO / MAIS GRAVE

Reclusão de 4 a 12 anos

AUMENTO de pena em crime DOLOSO:

**1/3**
- Vítima MENOR de (14) e MAIOR de (60) anos
- Praticado por | MILÍCIA PRIVADA / GRUPO de EXTERMÍNIO

**UM a 2/3** Contra autoridade ou agente de SEGURANÇA PÚBLICA

REDUZ a pena: **1/6 a 1/3** (FORMA PRIVILEGIADA)

- Sob o domínio de VIOLENTA EMOÇÃO logo em seguida a INJUSTA PROVOCAÇÃO da vítima *
- Motivo de RELEVANTE VALOR | • SOCIAL • MORAL

LESÃO CULPOSA

- Detenção de (2) meses a (1) ano
- Pode aplicar o PERDÃO JUDICIAL
- AUMENTA a pena em **1/3**:
  - Inobservância de regra técnica
  - Não socorrer, não tentar diminuir as consequências ou fugir

SUBSTITUIÇÃO da pena

Não sendo graves as lesões, o juiz pode SUBSTITUIR a pena de detenção pela de MULTA

- Se ocorrer as hipóteses acima *
- Se as lesões forem RECÍPROCAS

Lesão praticada contra a MULHER por razões da condição do SEXO FEMININO

Reclusão de 2 a 5 anos

VIOLÊNCIA DOMÉSTICA

Lesão praticada contra:

- ASCENDENTE
- DESCENDENTE
- IRMÃO
- CÔNJUGE ou COMPANHEIRO
- Com quem conviva ou tenha convivido
- Prevalecendo-se das relações:
  - DOMÉSTICAS
  - de COABITAÇÃO
  - de HOSPITALIDADE

Reclusão de 2 a 5 anos

Causas de AUMENTO de pena 1/3

- Lesão
  - GRAVE
  - GRAVÍSSIMA
  - seguida de MORTE
- Vítima com DEFICIÊNCIA

CALUNIAR alguém, imputando-lhe FALSAMENTE fato definido como CRIME

Pena - detenção, de 6 meses a 2 anos, e multa

Na mesma pena incorre quem, SABENDO falsa a imputação, a PROPALA ou DIVULGA

É PUNÍVEL a calúnia CONTRA OS MORTOS

Admite-se a PROVA da VERDADE da imputação ✳ EXCEÇÃO DA VERDADE

Bem jurídico protegido: HONRA OBJETIVA - reputação perante terceiros

Admite-se a prova da verdade, SALVO ✳

- Se o crime imputado for de ação PRIVADA, e o ofendido NÃO FOI CONDENADO por sentença IRRECORRÍVEL
- Se o crime é imputado a PRESIDENTE DA REPÚBLICA ou chefe de governo estrangeiro
- Se do crime imputado, embora de ação pública, o ofendido foi ABSOLVIDO por sentença IRRECORRÍVEL

RETRATAÇÃO

O querelado que, ANTES da sentença, se RETRATA da calúnia, fica ISENTO de pena

Calúnia em MEIOS DE COMUNICAÇÃO: retratação dar-se-á pelos MESMOS MEIOS (se o ofendido desejar)

## EXCLUSÃO DO CRIME

Não constitui difamação punível:

- OPINIÃO desfavorável da CRÍTICA, salvo intenção de difamar (LITERÁRIA / ARTÍSTICA / CIENTÍFICA)
- OFENSA EM JUÍZO, na discussão da causa, pela parte ou seu procurador *
- CONCEITO desfavorável emitido por FUNCIONÁRIO PÚBLICO, em apreciação ou informação que preste no cumprimento do dever do ofício *

* Quem der publicidade responde!

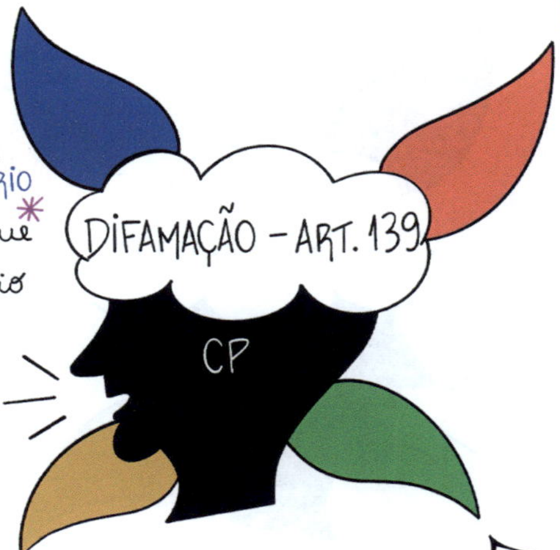


DIFAMAR alguém, imputando-lhe FATO ofensivo à sua reputação

Pena – detenção, de 3 meses a 1 ano, e multa

Bem jurídico protegido: HONRA OBJETIVA – reputação perante terceiros

A PROVA DA VERDADE somente se admite se o ofendido é FUNCIONÁRIO PÚBLICO e a ofensa é relativa ao exercício de suas funções

## RETRATAÇÃO

O querelado que, ANTES da sentença, se RETRATA da difamação, fica ISENTO de pena

Difamação em MEIOS DE COMUNICAÇÃO: retratação dar-se-á pelos MESMOS MEIOS (se o ofendido desejar)

## EXCLUSÃO DO CRIME

Não constitui injúria punível:

- OPINIÃO desfavorável da CRÍTICA, salvo intenção de injuriar → LITERÁRIA / ARTÍSTICA / CIENTÍFICA
- OFENSA EM JUÍZO, na discussão da causa, pela parte ou seu procurador *
- CONCEITO desfavorável emitido por FUNCIONÁRIO PÚBLICO, em apreciação ou informação que preste no cumprimento do dever do ofício *

* Quem der publicidade responde!

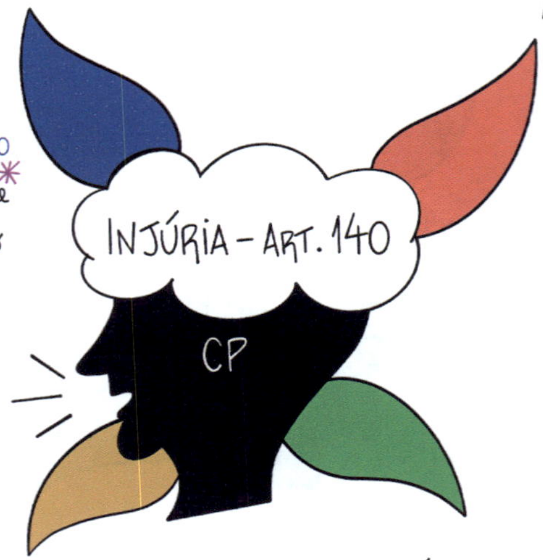


INJURIAR alguém, ofendendo-lhe a DIGNIDADE ou o DECORO

Pena - detenção de 1 a 6 meses, ou MULTA

Bem jurídico protegido!: HONRA SUBJETIVA (AUTOESTIMA)

## QUALIFICADORAS

! INJÚRIA RACIAL AGORA É RACISMO

INJÚRIA
- RELIGIÃO
- IDOSO
- DEFICIÊNCIA

Reclusão de 1 a 3 anos, e MULTA

INJÚRIA REAL — VIOLÊNCIA / VIAS DE FATO

Pena - detenção, de 3 meses a 1 ano, e MULTA
+
Pena correspondente à VIOLÊNCIA

O juiz pode DEIXAR DE APLICAR a pena:

- quando o ofendido, de forma reprovável, PROVOCAR diretamente a injúria
- RETORSÃO IMEDIATA, que consista em outra injúria

## Pedido de EXPLICAÇÃO em juízo

- Ofensas VAGAS ou de DUPLO SENTIDO
- Responderá pela ofensa se:
  - RECUSAR a dar explicações
  - Explicação INSATISFATÓRIA (a critério do juiz)

## AUMENTO da pena 1/3

- Presença de VÁRIAS PESSOAS ou por meio que facilite a divulgação
- Contra
  - FUNCIONÁRIO PÚBLICO
  - PRESIDENTES do
    - SENADO
    - CÂMARA
    - STF
- Contra o PRESIDENTE DA REPÚBLICA ou CHEFE DE GOVERNO ESTRANGEIRO
- Contra
  - CRIANÇA
  - ADOLESCENTE
  - MAIOR DE 60 ANOS
  - COM DEFICIÊNCIA

## AUMENTO da pena

**APLICA-SE EM TRIPLO**

Se o crime é cometido ou divulgado nas REDES SOCIAIS

## AUMENTO da pena

**APLICA-SE EM DOBRO**

- Mediante PAGA ou PROMESSA de RECOMPENSA
- Crime cometido contra a MULHER por razões da condição do sexo FEMININO

Ação penal PÚBLICA CONDICIONADA à REQUISIÇÃO do MINISTRO da JUSTIÇA

Contra o PRESIDENTE da REPÚBLICA

REGRA

Ação penal PRIVADA

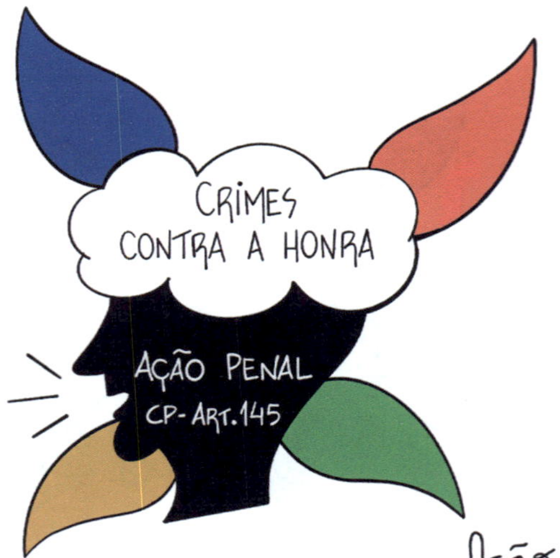


Ação pública INCONDICIONADA

Injúria REAL
+
LESÃO CORPORAL

Ação penal PÚBLICA CONDICIONADA à REPRESENTAÇÃO

- Contra FUNCIONÁRIO PÚBLICO
- Injúria usando elementos referentes a:
  - RELIGIÃO
  - Condição de pessoa
    - IDOSA
    - DEFICIENTE

# BULLYING
## CP-ART. 146-A

### INTIMIDAR SISTEMATICAMENTE

- Uma ou mais pessoas
- Individualmente ou em grupo
- Mediante VIOLÊNCIA
  - FÍSICA
  - PSICOLÓGICA
- Modo INTENCIONAL e REPETITIVO
- SEM MOTIVAÇÃO evidente
- Por meio de atos de:
  - INTIMIDAÇÃO
  - HUMILHAÇÃO
  - DISCRIMINAÇÃO
  - Ações:
    - VERBAIS
    - MORAIS
    - SEXUAIS
    - SOCIAIS
    - PSICOLÓGICAS
    - FÍSICAS
    - MATERIAIS
    - VIRTUAIS

Pena: Multa, se a conduta não constituir crime mais grave

### INTIMIDAÇÃO SISTEMÁTICA VIRTUAL (CYBERBULLYING)

Se a conduta é realizada por meio da:

- REDE de COMPUTADORES
- REDE SOCIAL
- APLICATIVO
- JOGOS ONLINE
- Outro meio ou ambiente DIGITAL ou transmitida em tempo real

Pena: Reclusão de 2 a 4 anos
+
Multa

Se a conduta não constituir crime mais grave

## Ação Penal

REGRA: pública CONDICIONADA à REPRESENTAÇÃO

EXCEÇÃO: *

Aplica-se a pena EM DOBRO

Se o crime é cometido contra a MULHER por razões da condição do SEXO FEMININO

Ação Penal: pública INCONDICIONADA *

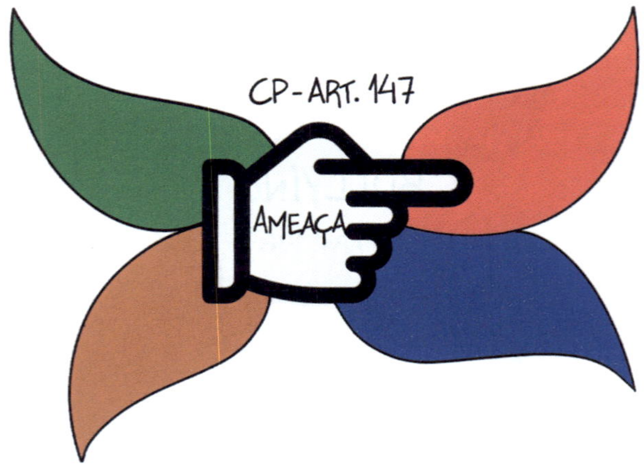


## Crime de AMEAÇA

AMEAÇAR alguém de causar-lhe MAL INJUSTO e GRAVE

Com
- PALAVRAS
- ESCRITOS
- GESTOS
- Outro meio SIMBÓLICO

Pena

Detenção, de 1 a 6 meses, ou multa

CRIME HABITUAL *

PERSEGUIR alguém REITERADAMENTE *

- AMEAÇA
  - FÍSICA
  - PSICOLÓGICA
- RESTRIÇÃO da LOCOMOÇÃO
- INVASÃO ou PERTURBAÇÃO
  - LIBERDADE
  - PRIVACIDADE

Reclusão de 6 meses a 2 anos e multa

AUMENTO DE METADE se for contra:

- CRIANÇA, ADOLESCENTE ou IDOSO
- MULHER, em razão dessa condição
- CONCURSO de pessoas
- Emprego de ARMA

Somente se procede mediante REPRESENTAÇÃO

# VIOLÊNCIA PSICOLÓGICA (CONTRA A MULHER)

CP - ART. 147-B

Pena: Reclusão de 6 meses a 2 anos
+
Multa

Se a conduta não constitui crime mais grave

CRIME SUBSIDIÁRIO

Causar DANO EMOCIONAL à MULHER

Finalidades:

- Prejudicar ou perturbar seu pleno desenvolvimento
- Degradar ou controlar suas
  - AÇÕES
  - COMPORTAMENTOS
  - CRENÇAS
  - DECISÕES

CRIME MATERIAL

E a tentativa é possível

Sujeito ativo: qualquer pessoa — CRIME COMUM

Sujeito passivo: MULHER — CRIME PRÓPRIO

Formas:

- AMEAÇA
- CONSTRANGIMENTO
- HUMILHAÇÃO
- MANIPULAÇÃO
- ISOLAMENTO
- CHANTAGEM
- RIDICULARIZAÇÃO
- LIMITAÇÃO do direito de IR e VIR
- Outro meio que cause prejuízo à sua:
  - SAÚDE PSICOLÓGICA
  - AUTODETERMINAÇÃO

CP – ART. 155

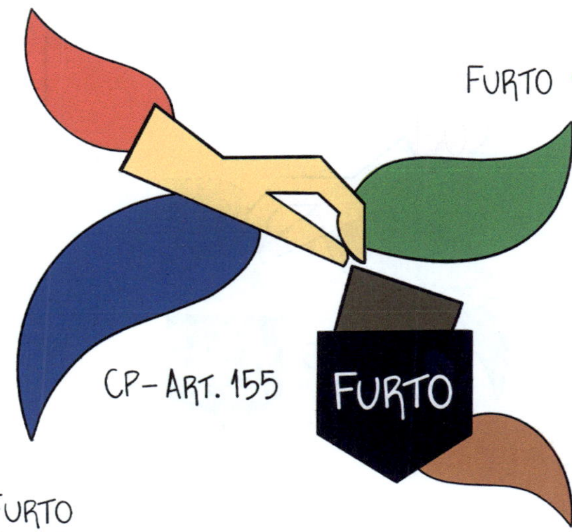


## FURTO SIMPLES

SUBTRAIR para si ou para outrem, coisa alheia móvel

Pena – reclusão de 1 a 4 anos, e MULTA

"Furto de uso": conduta atípica

### CLÁUSULA DE EQUIPARAÇÃO

Equipara-se à coisa móvel:

- ENERGIA ELÉTRICA ou
- COISAS DE VALOR ECONÔMICO

## FURTO PRIVILEGIADO

SE

- AGENTE PRIMÁRIO
- COISA DE PEQUENO VALOR
- QUALIFICADORA OBJETIVA (Súmula 511 do STJ)

O juiz poderá:

- SUBSTITUIR a pena de reclusão pela de DETENÇÃO
- DIMINUIR a pena de 1 a 2/3 ou
- APLICAR somente a pena de MULTA

## MAJORANTE

AUMENTA a pena de 1/3

Se o crime é praticado durante o REPOUSO NOTURNO

Furto de VEÍCULO AUTOMOTOR transportado para outro ESTADO ou para o EXTERIOR

Reclusão de 3 a 8 anos

- Destruição ou rompimento de obstáculo
- Abuso de confiança
- Fraude
- Escalada
- Destreza
- Chave falsa
- Concurso de pessoas

Reclusão de 2 a 8 anos e multa

- Emprego de EXPLOSIVO ou de artefato análogo que cause perigo comum
- Furto de substâncias EXPLOSIVAS ou de acessórios

Reclusão de 4 a 10 anos e multa

Furto de SEMOVENTE domesticável de produção – FURTO DE ANIMAL

Reclusão de 2 a 5 anos

A pena será AUMENTADA de $\frac{1}{3}$ ao dobro

Crime praticado contra | IDOSO / VULNERÁVEL

Considerada a relevância do resultado gravoso

FURTO mediante FRAUDE cometido por meio de dispositivo | ELETRÔNICO / INFORMÁTICO

- Conectado ou não à rede de computadores
- Com ou sem a violação de mecanismo de segurança ou o uso de programa malicioso
- Outro meio fraudulento analógico

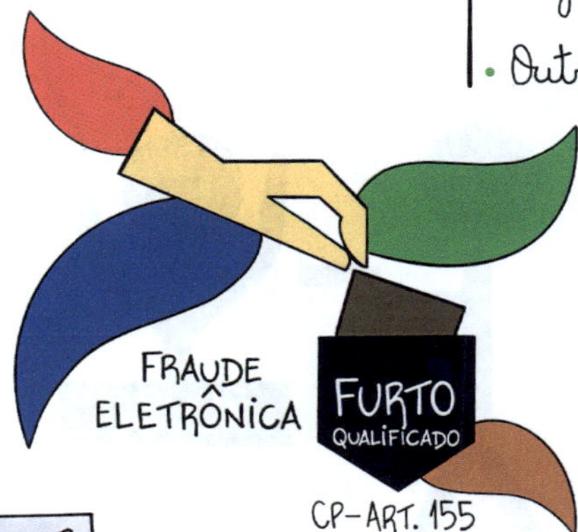


A pena será AUMENTADA de $\frac{1}{3}$ a $\frac{2}{3}$

Crime praticado mediante a utilização de SERVIDOR mantido FORA do território nacional

Considerada a relevância do resultado gravoso

PENA

Reclusão de 4 a 8 anos e multa

O princípio da INSIGNIFICÂNCIA não tem aplicação aos casos de roubo

**SÚMULA 582 – STJ**

Consuma-se com a INVERSÃO DA POSSE. Não precisa que o agente tenha a posse mansa e pacífica do bem subtraído

CP-ART. 157

**Pena** – reclusão de 4 a 10 anos, e MULTA

Nenhum benefício da lei 9099/95 é permitido em razão da pena cominada

## ROUBO PRÓPRIO

**ANTES**

- GRAVE AMEAÇA ou
- VIOLÊNCIA ou
- IMPOSSIBILIDADE DE RESISTÊNCIA

\+

**DEPOIS**

Subtrair coisa móvel alheia, para si ou para outrem

Objetivo da violência: PERMITIR que a subtração da coisa se realize

## ROUBO IMPRÓPRIO

**ANTES**

Subtrair coisa móvel alheia, para si ou para outrem

\+

**DEPOIS**

- GRAVE AMEAÇA
- VIOLÊNCIA ou

Objetivo da violência: ASSEGURAR a detenção da coisa ou a impunidade do crime

# ROUBO

CP – ART. 157

## QUALIFICADORAS

Se resulta MORTE (LATROCÍNIO)

- RECLUSÃO de 20 a 30 ANOS
- \+ MULTA

Se resulta LESÃO CORPORAL GRAVE:

- RECLUSÃO de 7 a 18 ANOS
- \+ MULTA

## MAJORANTES

1/3 ATÉ METADE

- CONCURSO de pessoas
- Vítima em serviço de TRANSPORTE de VALORES (e o agente SABE)
- Subtração de VEÍCULO AUTOMOTOR transportado para
  - OUTRO ESTADO
  - EXTERIOR
- Vítima em PODER do agente – restrição de liberdade
- Subtração de EXPLOSIVOS/acessórios
- Emprego de ARMA BRANCA → PACOTE ANTICRIME

## MAJORANTE

DE 2/3

- Emprego de ARMA DE FOGO (POTENCIAL LESIVO)
- Destruição ou rompimento de OBSTÁCULO com emprego de EXPLOSIVO ou artefato análogo

## MAJORANTE

APLICA-SE A PENA EM DOBRO

PACOTE ANTICRIME

ARMA DE FOGO de uso:

- RESTRITO ou
- PROIBIDO

Constranger alguém a
- FAZER
- TOLERAR que se faça (OU)
- DEIXAR de fazer alguma coisa

Mediante VIOLÊNCIA ou GRAVE AMEAÇA

Finalidade: obter VANTAGEM ECONÔMICA INDEVIDA para si ou para outrem

Pena - reclusão de 4 a 10 anos, e MULTA

SEQUESTRO RELÂMPAGO

Crime cometido mediante a RESTRIÇÃO DE LIBERDADE da vítima (condição necessária para a obtenção de vantagem econômica)

Pena - reclusão de 6 a 12 anos, e MULTA

QUALIFICADORA

Se resulta LESÃO GRAVE

Pena - reclusão de 16 a 24 anos

Se resulta a MORTE

Pena - reclusão de 24 a 30 anos

QUALIFICADORA

Se resulta MORTE

Pena - reclusão de 20 a 30 anos, e MULTA

Se resulta LESÃO CORPORAL GRAVE

Pena - reclusão de 7 a 18 anos, e MULTA

MAJORANTES

AUMENTA-SE A PENA DE $\frac{1}{3}$ ATÉ $\frac{1}{2}$

CONCURSO DE AGENTES

Crime cometido por 2 ou MAIS pessoas

Crime cometido mediante EMPREGO DE ARMA

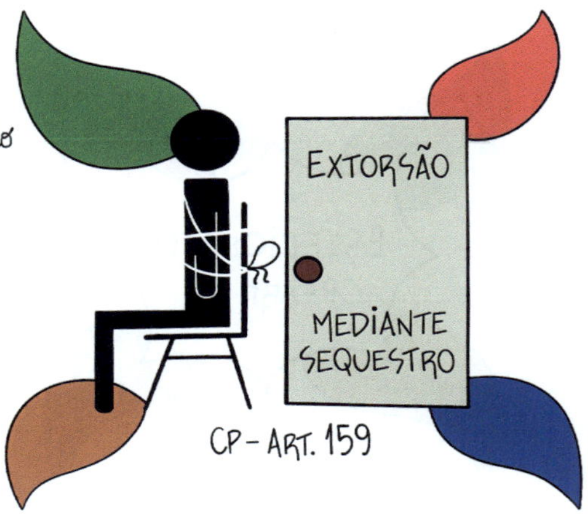


CP - ART. 159

SEQUESTRAR pessoa com FIM de obter VANTAGEM para si ou para outrem, como
- CONDIÇÃO ou
- PREÇO do RESGATE

Pena - reclusão de 8 a 15 anos

CAUSA DE REDUÇÃO DE PENA

PENA REDUZIDA DE 1 A 2/3

Requisitos:

- Crime cometido em CONCURSO de pessoas
- DENÚNCIA de um dos concorrentes à autoridade (delegado, juiz...)
- FACILITANDO a libertação do sequestrado

DELAÇÃO PREMIADA

QUALIFICADORAS

Se resulta a MORTE

Pena - reclusão de 24 a 30 anos

Se resulta LESÃO CORPORAL GRAVE

Pena - reclusão de 16 a 24 anos

QUALIFICADORAS

Pena - reclusão de 12 a 20 anos

- Se o sequestro dura MAIS de 24 horas
- Se o sequestrado é MENOR de 18 anos ou MAIOR de 60 anos
- Se o crime é cometido por BANDO ou QUADRILHA

# ESTELIONATO
## CP - ART. 171

- Obter VANTAGEM ILÍCITA
- Para si ou para outrem
- Em PREJUÍZO alheio
- Induzindo ou mantendo alguém em ERRO
- Mediante artifício ARDIL, ou qualquer outro meio FRAUDULENTO

Reclusão de 1 a 5 anos e multa

---

Ação penal CONDICIONADA À REPRESENTAÇÃO

SALVO se a vítima for:

- ADMINISTRAÇÃO PÚBLICA
  - DIRETA
  - INDIRETA
- CRIANÇA ou ADOLESCENTE
- Pessoa com DEFICIÊNCIA MENTAL
- MAIOR de 70 anos de idade
- INCAPAZ

---

Causas de AUMENTO de pena

- Aumento de 1/3 se a vítima é entidade de:
  - Direito PÚBLICO
  - Instituto de
    - ECONOMIA POPULAR
    - ASSISTÊNCIA SOCIAL
    - BENEFICÊNCIA
- Aumento de 1/3 ao DOBRO se a vítima é
  - IDOSA
  - VULNERÁVEL

Considerada a relevância do resultado gravoso

---

Se:

- Criminoso PRIMÁRIO e
- Prejuízo de PEQUENO VALOR

Juiz poderá:

- Substituir a pena de reclusão pela de detenção
- Diminuir a pena de UM a 2/3 ou
- Aplicar somente a pena de multa

# FRAUDE ELETRÔNICA (ESTELIONATO)

CP - ART. 171, §2-A

Reclusão de 4 a 8 anos e multta

A pena será AUMENTADA de 1/3 a 2/3

Se o crime é praticado mediante a utilização de SERVIDOR mantido FORA do território nacional

↓

Considerada a relevância do resultado gravoso

FRAUDE com Utilização de INFORMAÇÕES

↓

Fornecidas por VÍTIMA ou TERCEIRO INDUZIDO a ERRO

↓

Por meio de:

- REDES SOCIAIS
- CONTATO TELEFÔNICO
- CORREIO ELETRÔNICO FRAUDULENTO
- Outro meio fraudulento análogo

Quando praticados mediante:

- Depósito
- Emissão de cheque sem fundo
- Transferência de valores

A competência será definida pelo local de DOMICÍLIO da VÍTIMA

VÁRIAS VÍTIMAS:
será definida pela PREVENÇÃO

CPP - ART. 70, §4º

Súmula 554 do STF

O pagamento de cheque emitido sem provisão de fundos, NÃO OBSTA ao prosseguimento da ação penal, APÓS o RECEBIMENTO da denúncia

Súmula 73 do STJ

A utilização de papel moeda GROSSEIRAMENTE FALSIFICADO configura, em tese, o crime de ESTELIONATO, da competência da Justiça Estadual

Súmula 17 do STJ

Quando o falso (crime MEIO) se exaure no estelionato (crime FIM), não lhe restando, pois, potencialidade lesiva, é por este absorvido

CP-ART. 213

CONSTRANGER alguém, mediante VIOLÊNCIA ou GRAVE AMEAÇA, a:

- TER / PRATICAR CONJUNÇÃO CARNAL
- PERMITIR que se pratique outro ATO LIBIDINOSO

Pena – reclusão de 6 a 10 anos

QUALIFICADORAS

- Se resulta LESÃO CORPORAL GRAVE
  OU
  Vítima
  - MENOR de 18 anos
  - MAIOR de 14 anos

  Pena – reclusão de 8 a 12 anos

- Se resulta MORTE

  Pena – reclusão de 12 a 30 anos

CP-ART. 226 e 234-A

PENA AUMENTADA DE METADE A 2/3 se resulta GRAVIDEZ

PENA AUMENTADA DE METADE se o agente é:

- ASCENDENTE
- PADRASTO / MADRASTA
- TIO
- IRMÃO
- CÔNJUGE / COMPANHEIRO
- TUTOR / CURADOR
- PRECEPTOR
- EMPREGADOR da vítima

PENA AUMENTADA DE 1/3 A 2/3

- CONTROLAR o comportamento social ou sexual da vítima (ESTUPRO CORRETIVO)
- CONCURSO de 2 ou mais agentes (ESTUPRO COLETIVO)
- TRANSMISSÃO de DOENÇA sexual, de que sabe ou deveria saber ser portador
- Vítima IDOSA ou DEFICIENTE

CP – ART. 217-A

TER CONJUNÇÃO CARNAL ou PRATICAR outro ATO LIBIDINOSO com:

- MENOR de 14 anos
- Pessoa ENFERMA ou Pessoa com DEFICIÊNCIA MENTAL * SEM O NECESSÁRIO DISCERNIMENTO
- Pessoa que NÃO PODE, por qualquer causa, OFERECER RESISTÊNCIA

Pena – reclusão de 8 a 15 anos

QUALIFICADORAS

- Se resulta LESÃO CORPORAL GRAVE
  Pena – reclusão de 10 a 20 anos
- Se resulta MORTE
  Pena – reclusão de 12 a 30 anos

CP – ART. 226 e 234-A

PENA AUMENTADA DE METADE A 2/3 se resulta GRAVIDEZ

PENA AUMENTADA DE METADE se o agente é:

- ASCENDENTE
- PADRASTO / MADRASTA
- TIO
- IRMÃO
- CÔNJUGE / COMPANHEIRO
- TUTOR / CURADOR
- PRECEPTOR
- EMPREGADOR da vítima

PENA AUMENTADA DE 1/3 A 2/3

- CONTROLAR o comportamento social ou sexual da vítima (ESTUPRO CORRETIVO)
- CONCURSO de 2 ou mais agentes (ESTUPRO COLETIVO)
- TRANSMISSÃO de DOENÇA sexual, de que sabe ou deveria saber ser portador
- Vítima IDOSA ou DEFICIENTE (salvo se elementar do crime) *

Causar INCÊNDIO, expondo a PERIGO:

- a VIDA
- a INTEGRIDADE FÍSICA
- o PATRIMÔNIO

Reclusão de 3 a 6 anos e multta

- É crime de PERIGO COMUM
- Exige PERIGO CONCRETO

AUMENTO 1/3

Objetivo de VANTAGEM PECUNIÁRIA

Incêndio CULPOSO

Detenção de 6 meses a 2 anos

AUMENTO 1/3 se o incêndio é em:

- Casa habitada ou destinada a habitação
- Edifício público ou destinado a uso público
- Veículos de transporte coletivo
- Estação ferroviária ou aeródromo
- Estaleiro, fábrica ou oficina
- Depósito de explosivo, combustível ou inflamável
- Poço petrolífico ou galeria de mineração
- Lavoura, pastagem, mato ou floresta

## Explosão CULPOSA

- Dinamite ou substâncias de efeitos análogos
  Detenção de 6 meses a 2 anos

- Demais casos
  Detenção de 3 meses a 1 ano

Expor a:
- PERIGO de VIDA ou
- INTEGRIDADE FÍSICA ou
- PATRIMÔNIO de outrem

↓

Mediante:
- EXPLOSÃO
- ARREMESSO
- Simples colocação de ENGENHO
  - de DINATIMITE ou
  - de substâncias de efeitos análogos

Reclusão de 3 a 6 anos e multa

AUMENTO de pena de 1/3

- Se houver intuito de obter VANTAGEM PECUNIÁRIA em proveito próprio ou alheio
- Se a coisa visada ou atingida é:
  - Casa habitada ou destinada a habitação
  - Edifício público ou destinado a uso público
  - Veículos de transporte coletivo
  - Estação ferroviária ou aeródromo
  - Estaleiro, fábrica ou oficina
  - Depósito de explosivo, combustível ou inflamável
  - Poço petrolífico ou galeria de mineração
  - Lavoura, pastagem, mato ou floresta

Se a substância utilizada não é
- dinamite ou
- explosivo de efeitos análogos

Reclusão de 1 a 4 anos e multa

# CRIME MOEDA FALSA

CP-ART. 289

## FALSIFICAÇÃO

- MOEDA metálica ou papel-MOEDA
- FABRICAÇÃO ou ALTERAÇÃO
- De curso LEGAL | BRASIL / ESTRANGEIRO

Reclusão ③ a ⑫ anos
+
MULTA

Quem por conta própria ou alheia

- IMPORTA ou EXPORTA
- ADQUIRE
- CEDE
- EMPRESTA
- VENDE
- TROCA
- GUARDA
- INTRODUZ

Se FUNCIONÁRIO do banco de emissão que FABRICA, EMITE ou AUTORIZA:

- Moeda com título ou peso INFERIOR ao legal
- Papel-moeda em quantidade SUPERIOR à autorizada

Reclusão de ③ a ⑮ anos + MULTA

Também é crime DESVIAR ou fazer circular MOEDA ainda NÃO AUTORIZADA

Se a pessoa:

- Recebeu de BOA-FÉ (achou que era verdadeira)
- Descobre que é falsa
- Restitui à circulação

Detenção ⑥ meses a ② anos + MULTA

Falsificar DOCUMENTO PARTICULAR ou alterar documento verdadeiro

- Omitir ou inserir declaração | FALSA / DIVERSA
- Documento | PÚBLICO / PARTICULAR
- Fim | PREJUDICAR direito / Criar OBRIGAÇÃO / Alterar a VERDADE

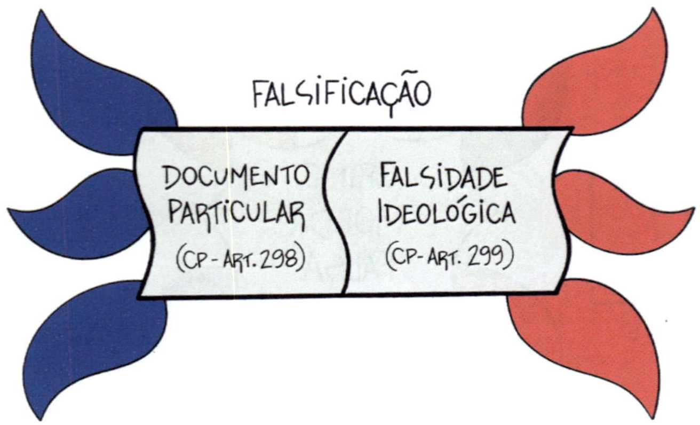


Falsidade na FORMA

Falsidade no CONTEÚDO

Reclusão de 1 a 5 anos

+

Multa

Reclusão:

- 1 a 5 anos e multa (PÚBLICO)
- 1 a 3 anos e multa (PARTICULAR)

DESACATO (CP-ART. 331) — OFENDER

Desacatar funcionário público no exercício da função ou em razão dela

RESISTÊNCIA (CP-ART. 329)

Opor-se a execução de ATO LEGAL
+
VIOLÊNCIA ou GRAVE AMEAÇA

DESOBEDIÊNCIA (CP-ART. 330)

Desobedecer a ORDEM LEGAL

TRÁFICO DE INFLUÊNCIA (CP-ART. 332)

Solicitar, exigir, cobrar ou obter vantagem, a pretexto de INFLUIR em ato de funcionário

CORRUPÇÃO ATIVA (CP-ART. 333)

- OFERECER
- PROMETER

} vantagem indevida

PECULATO mediante ERRO de outrem: APROPRIAR-SE de dinheiro ou qualquer utilidade que, no exercício do cargo, recebeu por ERRO de outrem

(ART. 313)

PECULATO ELETRÔNICO
(ART. 313-A e B)

Inserção de dados FALSOS nos sistemas da Administração Pública

FIM: VANTAGEM
DANO

PECULATO PRÓPRIO
(ART 312)

PECULATO APROPRIAÇÃO

APROPRIAR-SE de dinheiro, valor ou bem móvel, público ou privado de que TEM A POSSE, em razão do cargo, ou DESVIÁ-LO, em proveito próprio ou alheio

PECULATO DESVIO

Destinação diversa

Desvio (interesse público)
Emprego irregular de verbas públicas
ART. 315 – CP

- Reparação do dano DEPOIS da sentença irrecorrível — REDUZ DE METADE A PENA
- Reparação do dano ANTES da sentença irrecorrível — EXTINGUE A PUNIBILIDADE
(ART. 312, §3º)

PECULATO CULPOSO

(ART. 312, §2º)

Cria condições para a prática de peculato doloso

NEGLIGÊNCIA/IMPRUDÊNCIA/IMPERÍCIA

PECULATO IMPRÓPRIO

PECULATO FURTO (ART. 312, §1º)

NÃO TEM A POSSE

SUBTRAÇÃO de coisa sob guarda ou custódia da administração (valendo-se da FACILIDADE)

CORRUPÇÃO PASSIVA (CP-ART. 317)

SOLICITAR / RECEBER / ACEITAR PROMESSA de vantagem indevida

≠

CONCUSSÃO (CP-ART. 316)

EXIGIR vantagem indevida

≠

EXCESSO DE EXAÇÃO (CP-ART. 316, §1º)

EXIGIR TRIBUTO indevido

CONDESCENDÊNCIA CRIMINOSA (CP-ART. 320)

DEIXAR de responsabilizar (por indulgência) subordinado que cometeu INFRAÇÃO, ou não levar o fato ao conhecimento da autoridade competente

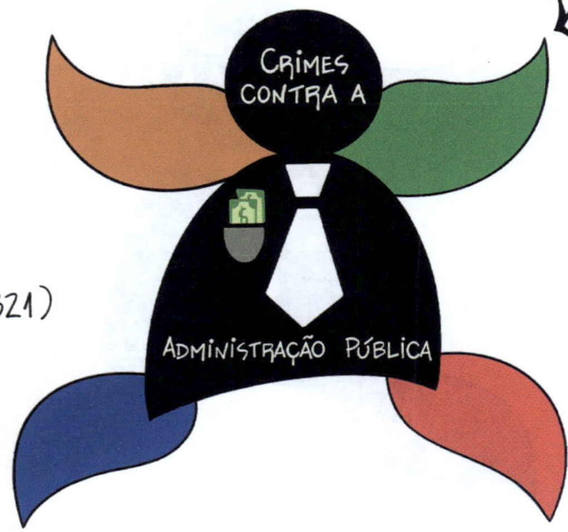


ADVOCACIA ADMINISTRATIVA (CP-ART. 321)

PATROCINAR interesse privado perante a administração pública

PREVARICAÇÃO (CP-ART. 319)

- Retardar
- Deixar de praticar
- Praticar contra a lei

> ato de ofício para SATISFAZER INTERESSE OU SENTIMENTO PESSOAL

- EXTRAVIAR
- SONEGAR
- INUTILIZAR

> livro oficial ou documento

(CP-ART. 314)

FAVORECIMENTO REAL (CP-ART. 349)

PRESTAR AUXÍLIO/AJUDAR o criminoso a tornar SEGURO o proveito do crime

Ex.: GUARDAR carro roubado

DENUNCIAÇÃO CALUNIOSA (CP-ART. 339)

Dar causa a instauração de inquérito ou processo contra alguém (SABENDO DA INOCÊNCIA)

FALSO TESTEMUNHO ou falsa perícia

(CP-ART. 342)

Fazer afirmação FALSA, negar ou calar a verdade como:

- TESTEMUNHA
- PERITO
- CONTADOR
- TRADUTOR
- INTÉRPRETE

(CP-ART. 340)

Comunicação FALSA de CRIME / CONTRAVENÇÃO

PROVOCAR a ação de autoridade

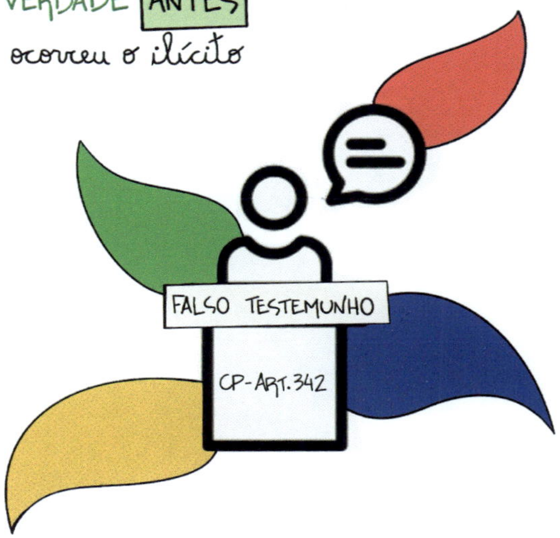


- O quê? FALSA AFIRMAÇÃO / NEGAR ou CALAR a VERDADE
- Quem? TESTEMUNHA / PERITO / CONTADOR / TRADUTOR / INTÉRPRETE
- Onde? PROCESSO JUDICIAL / ADMINISTRATIVO; INQUÉRITO POLICIAL; JUÍZO ARBITRAL

EXTINÇÃO da PUNIBILIDADE

RETRATAÇÃO ou declaração da VERDADE **ANTES** da SENTENÇA no processo em que ocorreu o ilícito

Causa de AUMENTO $\frac{1}{6}$ a $\frac{1}{3}$

- SUBORNO
- Para obter PROVA destinada a produzir efeito em processo em que for parte a ADMINISTRAÇÃO PÚBLICA

Reclusão de 2 a 4 anos

+

Multa

# PROCESSO PENAL

INQUALIFICADA (DENÚNCIA ANÔNIMA)

O inquérito NÃO PODE ser instaurado com base na denúncia anônima ISOLADA

MAS ...

A polícia pode realizar DILIGÊNCIAS para confirmar as informações

ESPONTÂNEA

Cognição IMEDIATA

Autoridade policial toma conhecimento do fato delituoso por meio de suas atividades ROTINEIRAS

Exemplo: IMPRENSA

COERCITIVA

Autoridade policial toma conhecimento do fato por meio da apresentação do indivíduo PRESO EM FLAGRANTE

PROVOCADA

Cognição MEDIATA

Autoridade policial toma conhecimento do fato delituoso por meio de um EXPEDIENTE ESCRITO

Exemplo: REPRESENTAÇÃO do ofendido

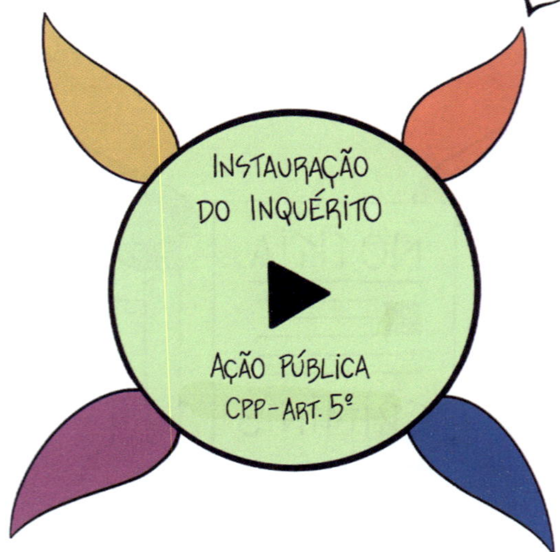


**1** De OFÍCIO pela AUTORIDADE POLICIAL

**2** Auto de PRISÃO EM FLAGRANTE

**3** REQUISIÇÃO

- AUTORIDADE JUDICIÁRIA
- MINISTÉRIO PÚBLICO

**4** REQUERIMENTO

- OFENDIDO
- REPRESENTANTE LEGAL

- Narração do fato
- Individualização do acusado
- Razões de convicção ou presunção da autoria
- Nomeação de testemunhas

**5** NOTÍCIA oferecida por QUALQUER PESSOA DO POVO

- Comunicação VERBAL ou por ESCRITO
- A procedência das informações deverá ser verificada antes

> CPP-ART. 5º, §2º – Do despacho que INDEFERIR o requerimento de abertura de inquérito caberá recurso para o CHEFE DE POLÍCIA

OFICIOSO – autoridade policial deverá agir DE OFÍCIO:

- ao tomar conhecimento de NOTÍCIA CRIME
- após manifestação do ofendido | QUEIXA / REPRESENTAÇÃO

OFICIAL – fica a cargo de ÓRGÃO OFICIAL do Estado

Conduzido de forma DISCRICIONÁRIA

TEMPORÁRIO ART. 10
Tem PRAZO de conclusão

INQUISITIVO
Contraditório e ampla defesa NÃO APLICÁVEIS

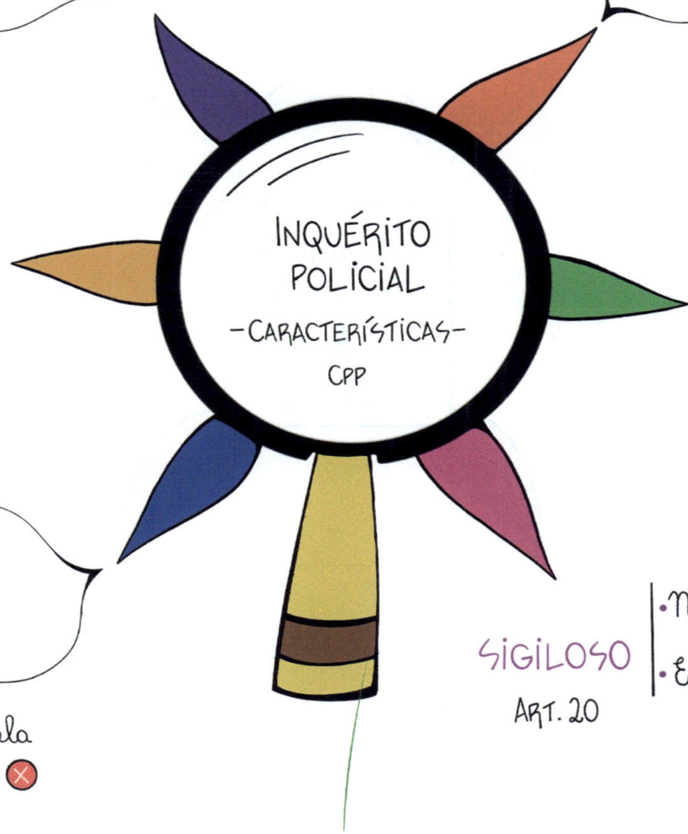


DISPENSÁVEL ART. 12

INDISPONÍVEL ART. 17
Autoridade policial NÃO PODE arquivar

ESCRITO
ART. 9º

SIGILOSO
ART. 20

- Necessário à ELUCIDAÇÃO DO FATO
ou
- Exigido pelo INTERESSE SOCIAL

## ADVOGADO

É necessário PROCURAÇÃO para acessar os autos?

REGRA: NÃO! ✗

✓ SIM se houver INFORMAÇÕES SIGILOSAS

A autoridade assegurará o SIGILO:

- Necessário à ELUCIDAÇÃO DO FATO
- Exigido pelo INTERESSE SOCIAL

* ADVOGADO

Acesso amplo aos elementos de prova

▼

Relacionados ao exercício do DIREITO DE DEFESA

\+

JÁ DOCUMENTADOS

S.V. 14 - STF

O sigilo NÃO ATINGE

- Autoridade JUDICIÁRIA
- MINISTÉRIO PÚBLICO
- ADVOGADO *

FALTA DE PROVAS

- Falta de base para a denúncia
- Ausência de justa causa
- Há apenas coisa julgada FORMAL
- Será possível nova denúncia se houver NOTÍCIA de prova NOVA

CPP – ART. 18

FATO ATÍPICO

Faz coisa julgada FORMAL e MATERIAL

↓

Acusado não poderá ser denunciado posteriormente

↑

EXTINÇÃO DA PUNIBILIDADE

Faz coisa julgada FORMAL e MATERIAL

A extinção da punibilidade declarada com base em CERTIDÃO DE ÓBITO FALSA

↓

NÃO FAZ coisa julgada MATERIAL

Prisão TEMPORÁRIA (8.072/90)
ART. 2º, §4º

Hediondos e equiparados: 30 dias (+30)

REGRA

- Preso: 10 dias
- Solto: 30 dias

CPP – ART. 10

Crime MILITAR

- Preso: 20 dias
- Solto: 40 dias (+20)

CPPM – ART. 20

Lei de DROGAS (11.343/06)

- Preso: 30 dias (+30)
- Solto: 90 dias (+90)

ART. 51

Crimes contra a ECONOMIA POPULAR (1.521/51)

- Preso: 10 dias
- Solto: 10 dias

ART. 10, §1º

Crimes de competência da JUSTIÇA FEDERAL (5.010/66)

- Preso: 15 dias (+15)
- Solto: 30 dias

ART. 66

## PRIVADA

- Titular:
  - OFENDIDO

    ou

  - (C) ÔNJUGE
    (A) SCENDENTE
    (D) ESCENDENTE
    (i) RMÃO
- Oferece QUEIXA-CRIME

## PÚBLICA INCONDICIONADA

- Titular: MINISTÉRIO PÚBLICO
- Oferece DENÚNCIA

PRAZO para o oferecimento da denúncia
15 dias réu SOLTO
5 dias réu PRESO

## PÚBLICA CONDICIONADA À REPRESENTAÇÃO

- Titular: MINISTÉRIO PÚBLICO
- Oferece DENÚNCIA
- Representação do
  - OFENDIDO

    ou

  - (C) ÔNJUGE
    (A) SCENDENTE
    (D) ESCENDENTE
    (i) RMÃO

  ou

- Requisição do MINISTRO DA JUSTIÇA

Queixa-crime e representação

PRAZO DECADENCIAL de 6 MESES

Contado da data em que se tiver conhecimento de quem é o autor da infração

REPRESENTAÇÃO (ESCRITA ou ORAL)

- ao Juiz
- ao MINISTÉRIO PÚBLICO
- à AUTORIDADE POLICIAL

**LEI MARIA DA PENHA** ART. 16

REPRESENTAÇÃO RETRATÁVEL
até o RECEBIMENTO da denúncia

↓

AUDIÊNCIA ESPECIAL para esse fim

Poderá ser exercida:

- PESSOALMENTE
- Por PROCURADOR com PODERES ESPECIAIS

CPP - ART. 39

**CRIMES EM GERAL**

REPRESENTAÇÃO RETRATÁVEL
até o OFERECIMENTO da denúncia

CPP - ART. 25

PRAZO DECADENCIAL

A REPRESENTAÇÃO deve ser feita dentro de 6 MESES, a contar do dia em que se vier a SABER QUEM É O AUTOR do crime

CPP - ART. 38

## Perdão (CPP - Art. 51)

- Depende da ACEITAÇÃO do querelado - ATO BILATERAL
- Ocorre NO CURSO do processo
- Se oferecer a um, se estende aos demais, desde que haja ACEITAÇÃO → PRINCÍPIO DA INDIVISIBILIDADE

## Renúncia (CPP - Art. 49)

- Se oferecer a um, se estende aos demais → PRINCÍPIO DA INDIVISIBILIDADE
- Não depende de aceitação do querelado - ATO UNILATERAL
- Ofendido só pode renunciar ANTES do processo

## Espécies:

- EXCLUSIVAMENTE PRIVADA: ofendido e C.A.D.I são titulares
- PERSONALÍSSIMA: só o ofendido é titular
- SUBSIDIÁRIA DA PÚBLICA: ofendido e C.A.D.I são titulares
  - INÉRCIA do Ministério Público (MP)
  - Prazo de 6 MESES contado do término do prazo do MP

## Perempção (CPP - Art. 60)

- INÉRCIA do querelante
- Perda do direito de prosseguir na ação

Poderá ser ADITADA pelo Ministério Público, que poderá INTERVIR em todos os termos subsequentes do processo (CPP-ART. 45)

Instrumento INICIAL da ação penal PRIVADA
Promovida pela parte OFENDIDA ou pelo CADI

Devem constar: NOME do querelante (CPP-ART.44)
Menção do FATO criminoso

Salvo se depender de diligências

Subscrita por advogado com PODERES ESPECIAIS

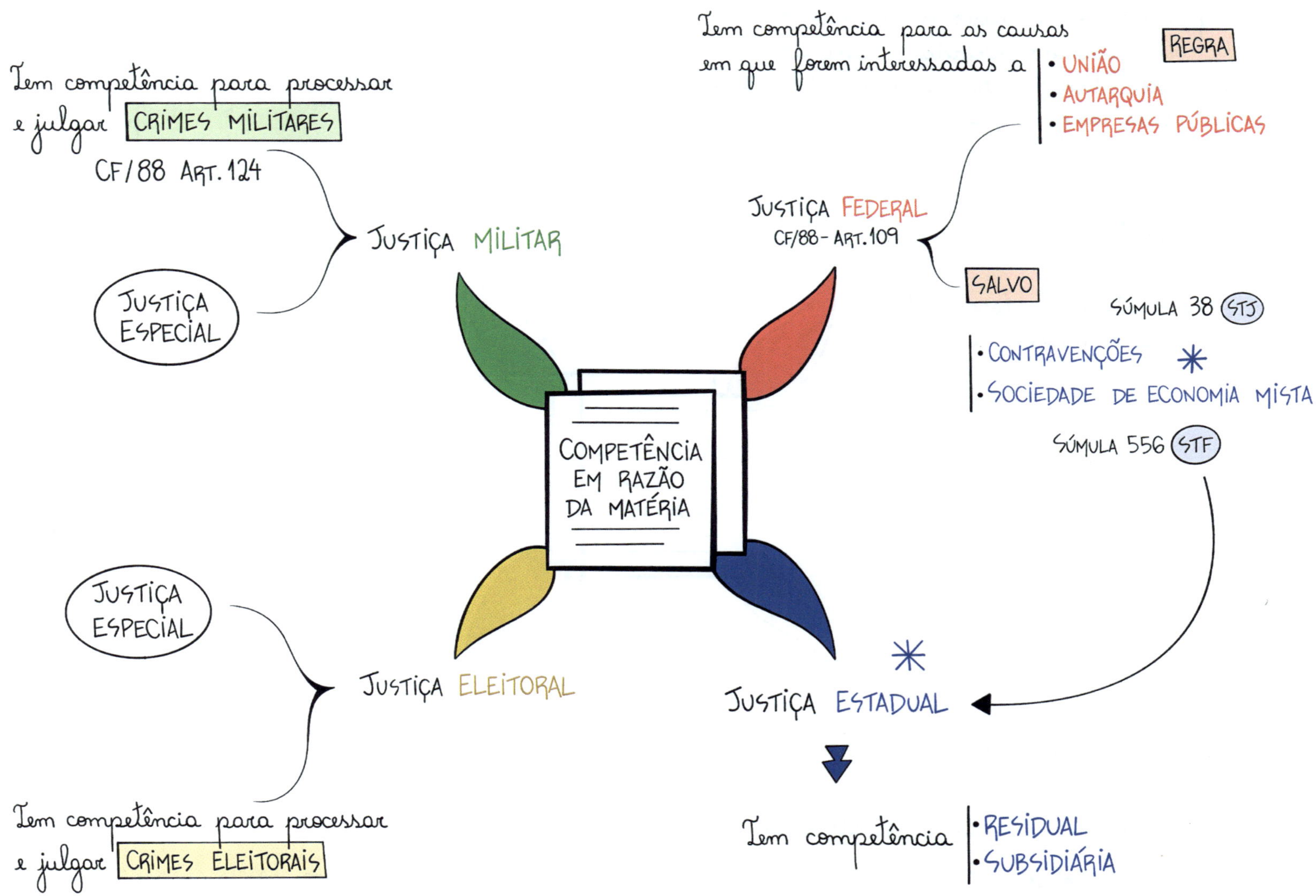

COMPETÊNCIA EM RAZÃO DA MATÉRIA
JUSTIÇA MILITAR
Tem competência para processar e julgar CRIMES MILITARES
CF/88 ART. 124
JUSTIÇA ESPECIAL
JUSTIÇA FEDERAL
CF/88 - ART. 109
Tem competência para as causas em que forem interessadas a
REGRA
• UNIÃO
• AUTARQUIA
• EMPRESAS PÚBLICAS
SALVO
SÚMULA 38 STJ
• CONTRAVENÇÕES *
• SOCIEDADE DE ECONOMIA MISTA
SÚMULA 556 STF
JUSTIÇA ESPECIAL
JUSTIÇA ELEITORAL
Tem competência para processar e julgar CRIMES ELEITORAIS
*
JUSTIÇA ESTADUAL
Tem competência
• RESIDUAL
• SUBSIDIÁRIA

- CRIMES previstos em tratado ou convenção INTERNACIONAL, quando iniciada a execução no País, o resultado tenha ou devesse ter ocorrido no estrangeiro, ou reciprocamente

Processar e julgar as causas em que a UNIÃO, AUTARQUIA ou EMPRESA PÚBLICA FEDERAL forem interessadas na condição de:
- AUTORAS
- RÉS
- ASSISTENTES
- OPONENTES

↓

EXCEÇÃO
- Falência
- Acidente de trabalho
- Justiça do Eleitoral e do Trabalho

- As causas relativas a DIREITOS HUMANOS

↓

Incidente de deslocamento de competência

- CRIMES POLÍTICOS
- INFRAÇÕES PENAIS praticadas em detrimento de BENS, SERVIÇOS ou INTERESSE da UNIÃO, suas AUTARQUIAS ou EMPRESAS PÚBLICAS, EXCLUÍDAS as:
  - Contravenções penais
  - Competência da Justiça Militar e Eleitoral

- Causas entre ESTADO ESTRANGEIRO ou ORGANISMO INTERNACIONAL X MUNICÍPIO ou DOMICILIADO no país
- Causas fundadas em TRATADO/CONTRATO da UNIÃO com ESTADO ESTRANGEIRO ou ORGANISMO INTERNACIONAL

CRIMES contra a ORGANIZAÇÃO do TRABALHO

- CRIMES contra o SISTEMA FINANCEIRO e a ORDEM ECONÔMICO-FINANCEIRO
  (Nos casos determinados por lei)

- Disputa sobre direitos INDÍGENAS

- CRIMES de ingresso ou permanência IRREGULAR de ESTRANGEIRO

- Causas sobre
  - NACIONALIDADE
  - NATURALIZAÇÃO

- Execução de:
  - CARTA ROGATÓRIA, após "exequatur"
  - SENTENÇA ESTRANGEIRA, após homologação

- HABEAS CORPUS em matéria CRIMINAL de sua competência ou quando o constrangimento provier de autoridade cujos atos não estejam diretamente sujeitos a outra jurisdição

- MANDADOS de SEGURANÇA
- HABEAS DATA

↓

Contra ato de autoridade federal

EXCETO

competência de tribunal federal

CRIMES cometidos a bordo de
- NAVIOS
- AERONAVES

Salvo competência da Justiça Militar

# COMPETÊNCIA TERRITORIAL

## REGRA — CPP - ART. 70

Será determinada pelo LUGAR EM QUE SE CONSUMAR A INFRAÇÃO

No caso de TENTATIVA será determinada pelo lugar em que for praticado o ÚLTIMO ATO DE EXECUÇÃO

## AÇÃO PRIVADA EXCLUSIVA

CPP - ART. 73

Querelante poderá escolher o foro de DOMICÍLIO / RESIDÊNCIA DO RÉU

↓

Ainda quando conhecido o lugar da infração

## Se local DESCONHECIDO:

DOMICÍLIO / RESIDÊNCIA DO RÉU

CPP - ART. 72

## PREVENÇÃO

- Se local INCERTO — CPP - ART. 70, §3º
- Crime CONTINUADO — CPP - ART. 71
- Crime PERMANENTE

## CRIMES CONEXOS / CONTINENTES

CPP - ART. 78

1º Lugar da infração com PENA MAIS GRAVE
2º Lugar do MAIOR NÚMERO de infrações
3º PREVENÇÃO

SÚMULA 122 (STJ) — Compete a JUSTIÇA FEDERAL o processo e julgamento unificado dos crimes CONEXOS de competência FEDERAL E ESTADUAL

# COMPETÊNCIA POR PRERROGATIVA DE FUNÇÃO

Jurisdição especial assegurada a certas FUNÇÕES PÚBLICAS

Exemplos:

- Desembargadores TJ → STJ
- Juiz de direito → TJ ao qual esteja vinculado
- Presidente da República → STF (CRIMES COMUNS)

FORO PRIVILEGIADO previsto na CF/88 PREVALECE sobre a competência do TRIBUNAL DO JÚRI → CRIMES DOLOSOS CONTRA A VIDA

SÚMULA VINCULANTE 45

Competência constitucional do TRIBUNAL DO JÚRI PREVALECE sobre o FORO PRIVILEGIADO que foi estabelecido EXCLUSIVAMENTE pela → Constituição ESTADUAL

SÚMULA 451 STF

Não se estende ao crime cometido APÓS A CESSAÇÃO DEFINITIVA DO EXERCÍCIO FUNCIONAL

O foro por prerrogativa de função conferido aos DEPUTADOS FEDERAIS E SENADORES se aplica apenas a crimes cometidos NO EXERCÍCIO DO CARGO E EM RAZÃO DAS FUNÇÕES a ele relacionadas STF

INTERSUBJETIVA
- VÁRIOS CRIMES
- VÁRIAS PESSOAS

- POR SIMULTANEIDADE: infrações praticadas ao mesmo tempo por várias pessoas, OCASIONALMENTE
- POR CONCURSO: infrações praticadas por várias pessoas em CONCURSO
- POR RECIPROCIDADE: infrações praticadas por várias pessoas UMAS CONTRA AS OUTRAS

OBJETIVA

Quando um crime ocorre para:

- FACILITAR a execução de outro crime
- OCULTAR outro crime
- GARANTIR IMPUNIDADE ou VANTAGEM de outro crime

PROCESSUAL

Quando a PROVA de um crime influencia na existência do outro

DESAPARECIMENTO de vestígios

IMPOSSÍVEL realizar o exame

PROVA TESTEMUNHAL poderá suprir

Conjunto de vestígios MATERIAIS ou SENSÍVEIS deixados pela infração

Pode ser feito a QUALQUER | DIA / HORA

CPP-ART. 158

Quando a infração deixar VESTÍGIOS

- OBRIGATÓRIO
- INDISPENSÁVEL
- Confissão não pode suprir o exame

O exame pode ser:

- DIRETO
- INDIRETO

### Jurisprudência

Poderá ser utilizada quando for a ÚNICA PROVA capaz de ABSOLVER o réu

São INADMISSÍVEIS, no processo, as PROVAS obtidas por MEIO ILÍCITO (CF-ART. 5º, LVI)

### Teoria dos FRUTOS DA ÁRVORE ENVENENADA

(CPP-ART. 157, §1º)

- São INADMISSÍVEIS as provas DERIVADAS das provas ILÍCITAS
- Salvo
  - Fonte INDEPENDENTE
  - Falta de NEXO CAUSAL

### PROVAS ILÍCITAS

(CPP-ART. 157)

- INADMISSÍVEIS
- Devem ser DESENTRANHADAS
- Que VIOLAM normas
  - LEGAIS
  - CONSTITUCIONAIS

NÃO SERÁ OBJETO DE PROVA
PRESUNÇÕES legais
Afirmação feita pela lei de que um fato é existente ou verdadeiro
Independentemente de prova
Exemplo:
Não precisa provar que o menor de 18 anos é inimputável
Fatos NOTÓRIOS
São aqueles de conhecimento público geral
Exemplo:
Não é necessário provar que o aeroporto de Congonhas fica na cidade de São Paulo!
Fatos INÚTEIS
IRRELEVANTES
OU
Que não interessam à decisão da causa
Sejam eles verdadeiros ou falsos
Fatos EVIDENTES
AXIOMÁTICOS
OU
INTUITIVOS
Exemplo:
Não é necessário provar que o fogo queima

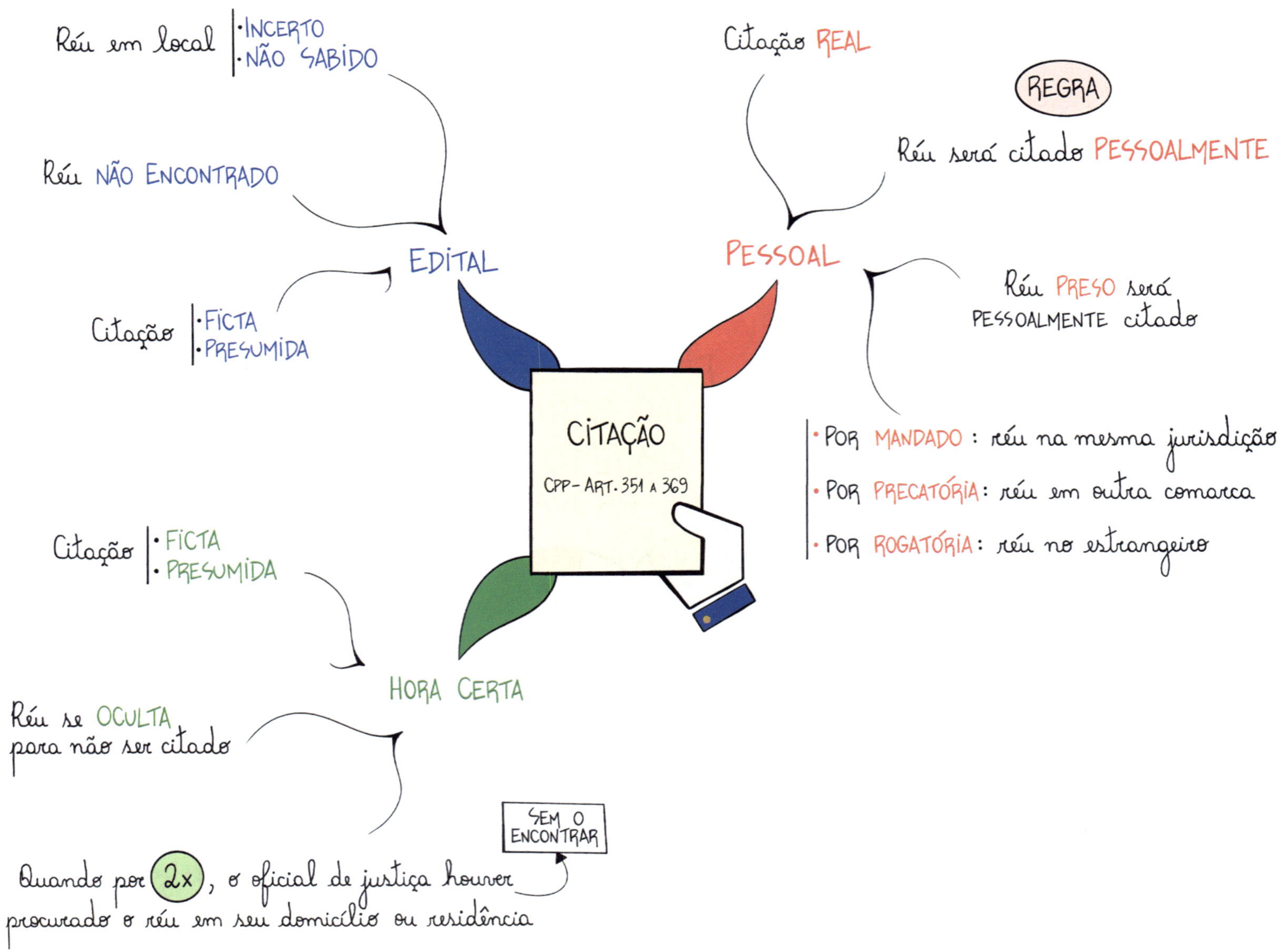
CITAÇÃO
CPP - ART. 351 A 369
EDITAL
Réu em local
· INCERTO
· NÃO SABIDO
Réu NÃO ENCONTRADO
Citação
· FICTA
· PRESUMIDA
PESSOAL
Citação REAL
REGRA
Réu será citado PESSOALMENTE
Réu PRESO será PESSOALMENTE citado
· POR MANDADO : réu na mesma jurisdição
· POR PRECATÓRIA: réu em outra comarca
· POR ROGATÓRIA: réu no estrangeiro
HORA CERTA
Citação
· FICTA
· PRESUMIDA
Réu se OCULTA para não ser citado
Quando por 2x, o oficial de justiça houver procurado o réu em seu domicílio ou residência
SEM O ENCONTRAR

# CITAÇÃO POR EDITAL

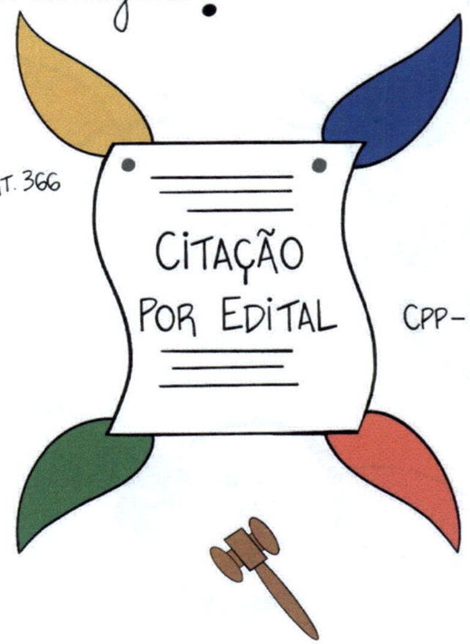


## CPP – ART. 365

**Réu NÃO ENCONTRADO**

- Local: INCERTO / NÃO SABIDO
- Citação: FICTA OU PRESUMIDA

**O edital indicará:**

- NOME ou CARACTERÍSTICAS do réu
- RESIDÊNCIA E PROFISSÃO do réu, se constarem do processo
- NOME do JUIZ que a determinar
- PRAZO E FINALIDADE
- JUÍZO, DIA, HORA E LUGAR em que o réu deverá comparecer

## CPP – ART. 366

**Se o réu NÃO comparecer ou NÃO constituir advogado?**

SUSPENSÃO do:

- PROCESSO
- PRAZO PRESCRICIONAL → Súmula 415 do STJ: Somente pode durar o período do prazo prescricional

Juiz poderá determinar:

- Produção de PROVA
  - ANTECIPADA
  - URGENTE
- PRISÃO PREVENTIVA

## SÚMULA 351 STF

É NULA a citação por edital de RÉU PRESO na MESMA unidade da federação em que o juiz exerce a sua jurisdição

## SÚMULA 366 STF

NÃO É NULA a citação por edital que indica o dispositivo da lei penal, embora NÃO TRANSCREVA a denúncia ou queixa, ou não resuma os fatos em que se baseia

Não depende de provimento judicial

OBRIGATÓRIO: autoridades policiais e seus agentes DEVERÃO prender

FACULTATIVO: qualquer um do povo PODERÁ prender

**PRISÃO ILEGAL: RELAXAMENTO**

## PRÓPRIO

- Quando o agente é pego COMETENDO a infração
- Quando o agente é pego APÓS ACABAR DE COMETER a infração

## IMPRÓPRIO

Quando o agente é PERSEGUIDO LOGO APÓS cometer a infração

## FICTO ou PRESUMIDO

- Quando o agente é encontrado LOGO DEPOIS com os INSTRUMENTOS
- Não exige perseguição

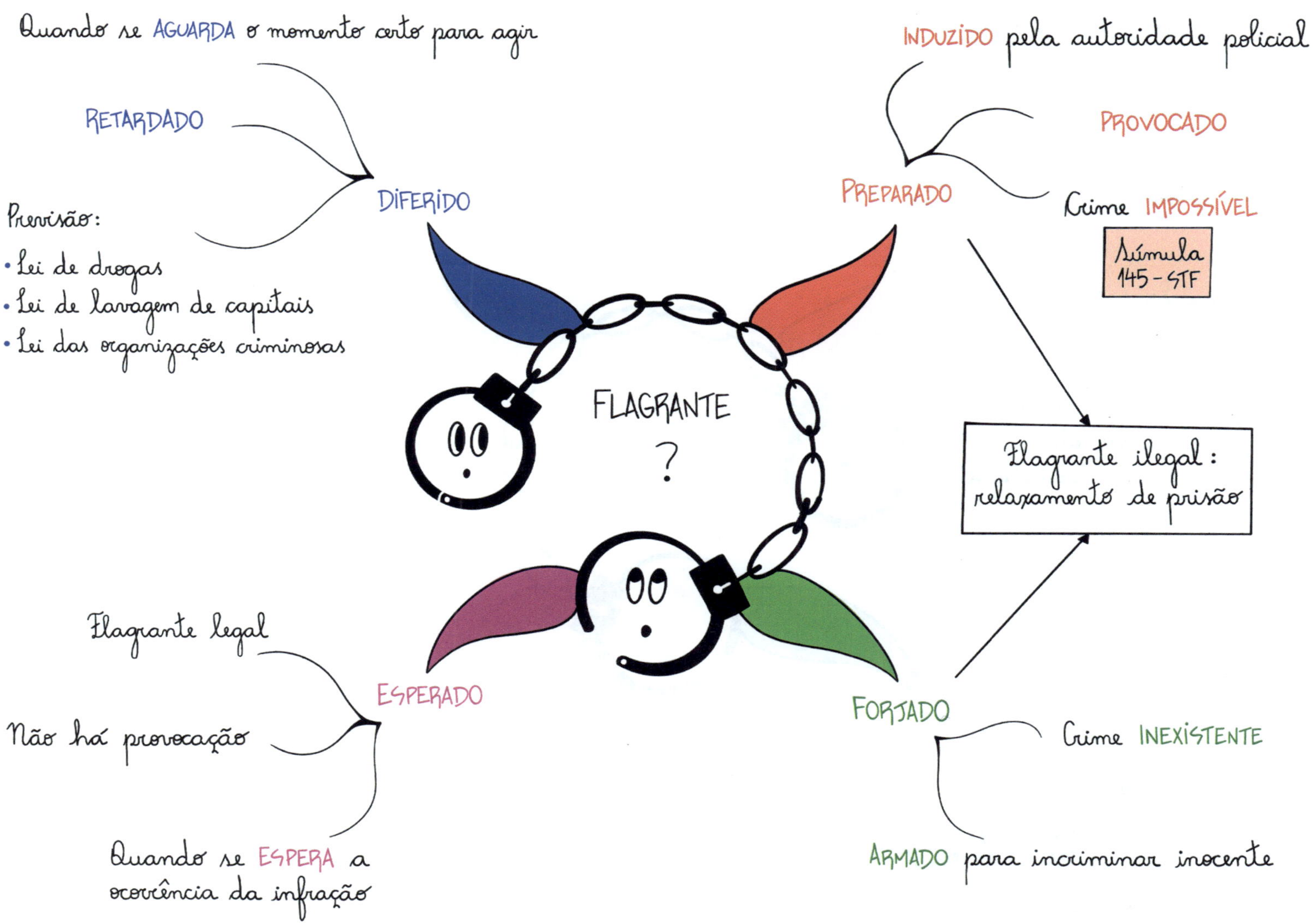

FLAGRANTE ?
DIFERIDO
Quando se AGUARDA o momento certo para agir
RETARDADO
Previsão:
• Lei de drogas
• Lei de lavagem de capitais
• Lei das organizações criminosas
PREPARADO
INDUZIDO pela autoridade policial
PROVOCADO
Crime IMPOSSÍVEL
Súmula 145 - STF
Flagrante ilegal: relaxamento de prisão
ESPERADO
Flagrante legal
Não há provocação
Quando se ESPERA a ocorrência da infração
FORJADO
Crime INEXISTENTE
ARMADO para incriminar inocente

# PRISÃO TEMPORÁRIA

Lei 7.960/89

STF — Requisitos cumulativos

- Quando houver fundadas razões de AUTORIA ou PARTICIPAÇÃO nos crimes do inciso III do art. 1º
- Quando IMPRESCINDÍVEL para as investigações
- Quando for justificada em fatos NOVOS ou contemporâneos
- Quando NÃO SUFICIENTE medidas cautelares diversas
- Quando for adequada:
  - à GRAVIDADE CONCRETA do crime
  - às CIRCUNSTÂNCIAS do fato
  - às CONDIÇÕES PESSOAIS do indiciado

Natureza CAUTELAR

Decretada durante a fase preliminar de investigações

Quem pede?

- Representação da AUTORIDADE POLICIAL
- Requerimento do MINISTÉRIO PÚBLICO

O JUIZ decreta – não pode decretar de ofício

PRAZO DETERMINADO

- 5 DIAS
- 30 DIAS nos crimes
  - HEDIONDOS
  - TORTURA
  - TERRORISMO
  - TRÁFICO DE DROGAS

– Prorrogável 1x por IGUAL período –

# PRISÃO PREVENTIVA

CPP- ART. 311 E 312

Pressupostos:

- CONVENIÊNCIA da instrução
  Ex.: evitar destruição de provas
  (OU)
- GARANTIA DA ORDEM pública e econômica
  Ex.: evitar reiteração criminosa
  (OU)
- SEGURANÇA na aplicação da lei
  Ex.: risco de fuga
  (OU)
- DESCUMPRIMENTO de cautelares

(E)

- PROVA da existência do CRIME
- INDÍCIOS de AUTORIA
- PERIGO da liberdade
- Existência CONCRETA de FATOS NOVOS

PRINCÍPIO DA ATUALIDADE

Pode ser decretada em QUALQUER fase da INVESTIGAÇÃO ou do PROCESSO penal

Natureza CAUTELAR

Prazo INDETERMINADO

Prazo de 90 dias para revisar (PACOTE ANTICRIME)

(STF) Não será irregular se não for reanalisada em 90 dias

JUIZ DECRETA

O juiz NÃO PODE mais decretar de ofício, nem mesmo na fase processual

PACOTE ANTICRIME

Quem pode PEDIR?

- QUERELANTE
- MINISTÉRIO PÚBLICO
- AUTORIDADE POLICIAL
- ASSISTENTE

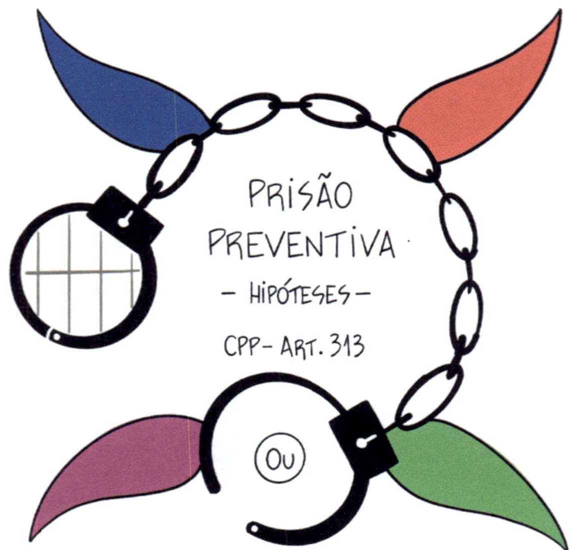


Se o crime envolver VIOLÊNCIA DOMÉSTICA ou FAMILIAR contra:

- MULHER
- CRIANÇA
- ADOLESCENTE
- IDOSO
- ENFERMO
- DEFICIENTE

↓

Para garantir a execução das medidas protetivas de urgência

CRIME DOLOSO

- Pena PRIVATIVA DE LIBERDADE
- Pena MÁX. SUPERIOR a 4 ANOS

DÚVIDA sobre a IDENTIDADE civil da pessoa

OU

NÃO FORNECER elementos para esclarecê-la

CONDENADO por outro CRIME DOLOSO em sentença transitada em julgado

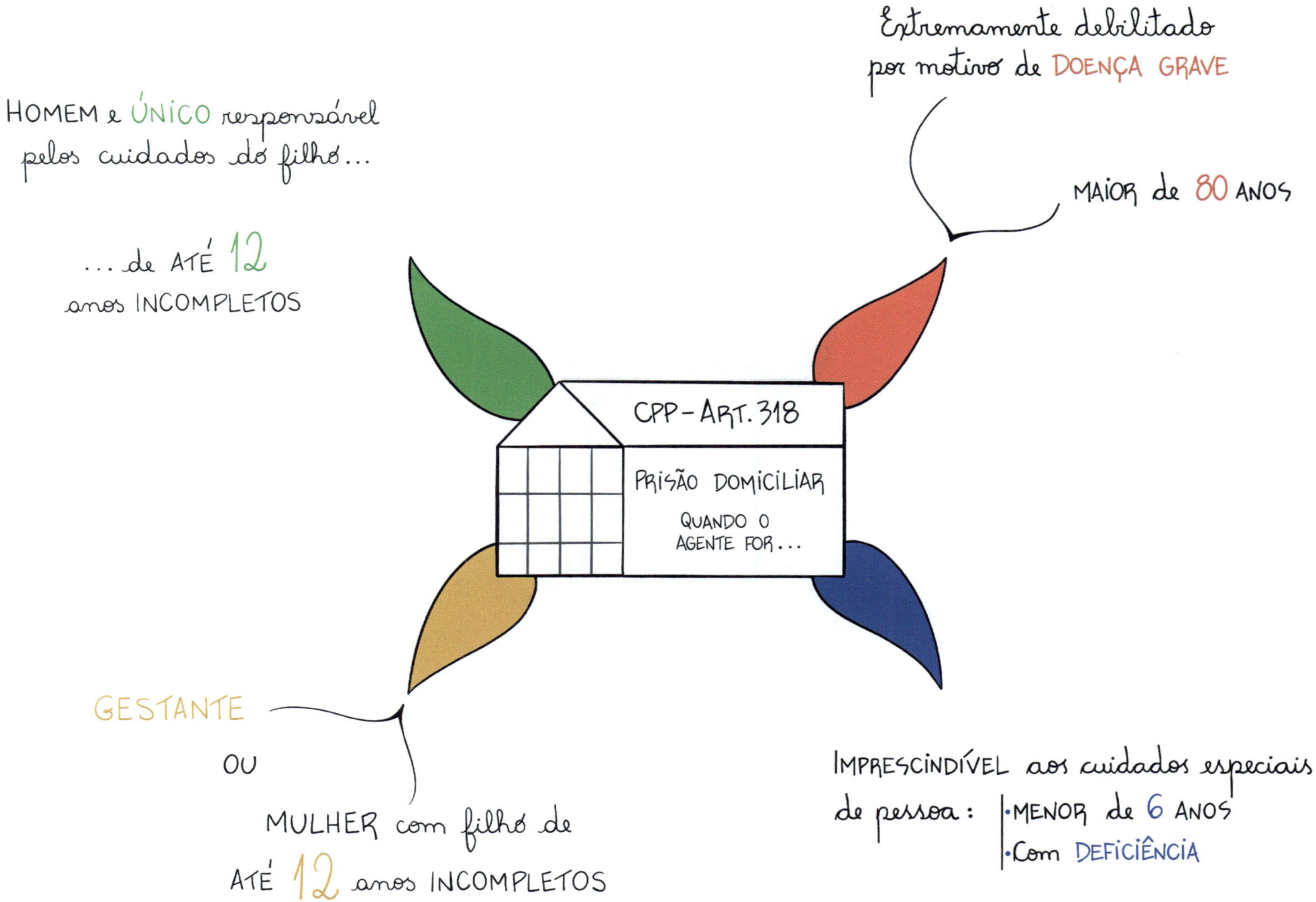
CPP - ART. 318
PRISÃO DOMICILIAR
QUANDO O AGENTE FOR...
Extremamente debilitado por motivo de DOENÇA GRAVE
MAIOR de 80 ANOS
HOMEM e ÚNICO responsável pelos cuidados do filho...
... de ATÉ 12 anos INCOMPLETOS
GESTANTE
OU
MULHER com filho de ATÉ 12 anos INCOMPLETOS
IMPRESCINDÍVEL aos cuidados especiais de pessoa:
• MENOR de 6 ANOS
• Com DEFICIÊNCIA

**Recolhimento DOMICILIAR**

- NOITE e dias de FOLGA
- Residência e trabalho FIXOS

**Comparecimento PERIÓDICO em juízo**

- Prazo e condições fixadas pelo juiz
- Para INFORMAR e JUSTIFICAR atividades

**MONITORAÇÃO ELETRÔNICA**

**Proibição de AUSENTAR-SE da COMARCA**

↓

Permanência | CONVENIENTE / NECESSÁRIA | para | INVESTIGAÇÃO / INSTRUÇÃO

**Proibição de ACESSO ou FREQUÊNCIA a determinados lugares**

- Circunstâncias relacionadas ao fato
- Para EVITAR RISCO de NOVAS INFRAÇÕES

## FIANÇA

- Quando admitir
- Assegurar COMPARECIMENTO aos atos do processo
- Evitar OBSTRUÇÃO ao andamento do processo
- RESISTÊNCIA INjustificada à ordem judicial

## Proibição de MANTER CONTATO com pessoa determinada

↓

Circunstâncias relacionadas ao fato

## INTERNAÇÃO PROVISÓRIA

- Crimes praticados com | VIOLÊNCIA / GRAVE AMEAÇA
- Acusado | IMPUTÁVEL / SEMI-IMPUTÁVEL
- Risco de REITERAÇÃO

## SUSPENSÃO

- Exercício de função pública
- Atividade de natureza | ECONÔMICA / FINANCEIRA

↓

JUSTO RECEIO de sua utilização para prática de infrações penais

# ACORDO DE NÃO PERSECUSSÃO PENAL

ANPP

CPP - ART. 28-A

Negócio jurídico de natureza EXTRAJUDICIAL

↓

HOMOLOGADO pelo juízo competente

Celebrado entre
- MINISTÉRIO PÚBLICO
- AUTOR do delito

↓

Assistido por DEFENSOR

## Condições:

- REPARAR ou RESTITUIR, salvo impossibilidade
- RENUNCIAR VOLUNTARIAMENTE ao proveito do crime
- Prestar SERVIÇO à comunidade ou entidades públicas
- PAGAR prestação PECUNIÁRIA
- Cumprir outra condição estabelecida pelo Ministério Público

## Vedações! Não caberá:

- Se cabível TRANSAÇÃO PENAL
- Se REINCIDENTE ou conduta criminal
  - HABITUAL
  - REITERADA
  - PROFISSIONAL

  EXCETO SE INSIGNIFICANTE
- Agente se beneficiado 5 ANOS antes
  - ANPP
  - TRANSAÇÃO PENAL
  - SUSPENSÃO CONDICIONAL DO PROCESSO
- VIOLÊNCIA DOMÉSTICA, FAMILIAR ou contra MULHER

## Requisitos:

- Não ser o caso de ARQUIVAMENTO
- CONFISSÃO formal do acusado
- Infração penal SEM VIOLÊNCIA ou GRAVE AMEAÇA
- Pena MÍNIMA INFERIOR a 4 ANOS

# TRANSAÇÃO PENAL

Lei 9099/95 - Art. 76

- Acordo
  - Ministério Público / Querelante
  - Autor

- Proposta: aplicação imediata
  - PRD
  - MULTA

Evitando a instauração do processo

Pena de MULTA única aplicável: poderá ser reduzida até a metade

## Pressupostos de admissibilidade

- Antecedentes
- Conduta social
- Personalidade do agente
- Motivos do delito
- Circunstâncias do delito

→ FAVORÁVEIS ao agente

## Pressupostos de admissibilidade

- Ausência de condenação, pela prática de CRIME, à PENA PRIVATIVA DE LIBERDADE, por sentença DEFINITIVA (REINCIDENTE OU NÃO)
- Não ter sido beneficiado, no prazo de 5 anos
  - ↓ PELA TRANSAÇÃO PENAL

## Pressupostos de admissibilidade

- Infração de MENOR POTENCIAL OFENSIVO
  - CONTRAVENÇÕES
  - CRIMES: pena MÁXIMA até 2 anos
- Não ser caso de ARQUIVAMENTO do TCO

NÃO TERÁ efeitos CIVIS – cabe aos interessados propor ação cabível no juízo cível

A sanção imposta NÃO CONSTARÁ de certidão de antecedentes criminais, salvo para impedir mesmo benefício *

Proposta ACEITA – será submetida à apreciação do juiz

HOMOLOGAÇÃO

- Não faz coisa julgada material S.V. 35
- Cláusulas descumpridas: volta à situação anterior – MP pode oferecer denúncia
- Da decisão homologatória de transação penal cabe APELAÇÃO

Proposta ACOLHIDA – o juiz vai aplicar | PRD MULTA

- Não importará em REINCIDÊNCIA
- Registro: para IMPEDIR o mesmo benefício no prazo de 5 anos *

# DIREITOS HUMANOS

# INCIDENTE DE DESLOCAMENTO DE COMPETÊNCIA (CF - ART. 109, §5º)

Para onde? JUSTIÇA FEDERAL

Tomará as medidas para exigir dos estados o cumprimento das obrigações estabelecidas pela CONVENÇÃO AMERICANA de DIREITOS HUMANOS

↳ ART. 28 (CLÁUSULA FEDERAL)

- Finalidade: ASSEGURAR o cumprimento de obrigações decorrentes de TRATADOS INTERNACIONAIS de DIREITOS HUMANOS dos quais o Brasil seja parte

- Hipótese: GRAVE VIOLAÇÃO de DIREITOS HUMANOS

- Quando poderá pedir?

  Em QUALQUER FASE do: INQUÉRITO / PROCESSO

- Quem PEDE? PROCURADOR-GERAL da REPÚBLICA

- Quem JULGA? STJ

## CONCEITO DE REFUGIADO

Lei 9.474 - Art. 1º e 2º

Os efeitos da condição dos refugiados serão extensivos ao:

- CÔNJUGE
- ASCENDENTES
- DESCENDENTES
- Demais membros do grupo familiar que do refugiado DEPENDEREM ECONOMICAMENTE

* Desde que se encontrem em TERRITÓRIO NACIONAL

Indivíduo que é OBRIGADO a deixar seu país de nacionalidade para buscar REFÚGIO em outro país

+

GRAVE e GENERALIZADA VIOLAÇÃO de direitos humanos

- Indivíduo que está FORA de seu país de nacionalidade

+

- Fundados temores de PERSEGUIÇÃO

+

* → • RAÇA
  • RELIGIÃO
  • NACIONALIDADE
  • GRUPO SOCIAL
  • OPINIÕES POLÍTICAS

- NÃO PODE ou NÃO QUER a proteção de seu país

- Indivíduo SEM nacionalidade

+

- FORA do país onde antes teve sua RESIDÊNCIA HABITUAL

+

- Fundados temores de PERSEGUIÇÃO *

+

- NÃO PODE ou NÃO QUER regressar (→ RESIDÊNCIA HABITUAL)

## NÃO BENEFICIÁRIOS DA CONDIÇÃO DE REFUGIADO

Lei 9.474 - Art. 3º

Indivíduos que JÁ POSSUEM PROTEÇÃO de organismo ou instituição das Nações Unidas

↓

Que não seja o ACNUR - Alto Comissariado das Nações Unidas para os Refugiados

Indivíduos CULPADOS de atos contrários aos fins e princípios das Nações Unidas

- Indivíduo que cometeu CRIME:
  - Contra a PAZ
  - De GUERRA
  - Contra a HUMANIDADE
  - HEDIONDO

- Indivíduo que tenha PARTICIPADO de:
  - Atos TERRORISTAS
  - TRÁFICO de drogas

Indivíduos RESIDENTES no território nacional

\+

DIREITOS e OBRIGAÇÕES como nacional brasileiro

# DIREITOS E DEVERES DOS REFUGIADOS

O refugiado necessita de PRÉVIA AUTORIZAÇÃO do Brasil para deixar o país.

✗ NÃO tem direito de possuir TÍTULO DE ELEITOR

O refugiado possui os DIREITOS e DEVERES dos estrangeiros no Brasil

✓
- Cédula de IDENTIDADE
- Carteira de TRABALHO
- Documento de VIAGEM

COMPROVANDO A CONDIÇÃO

✓ Pode exercer ATIVIDADE REMUNERADA no Brasil, ainda que pendente o processo de refúgio

Ingresso IRREGULAR no Brasil NÃO IMPEDE a solicitação de refúgio

## ARTIGO 4 e 5

Ninguém será:

- Mantido em ESCRAVIDÃO ou SERVIDÃO (Proibidos em todas as suas formas)
- Submetido a TORTURA, nem a tratamento ou castigo
    - CRUEL
    - DESUMANO
    - DEGRADANTE

Todos os seres humanos: **ARTIGO 1**

- Nascem:
    - LIVRES (Liberdade - direito de 1ª geração)
    - IGUAIS (Igualdade - direito de 2ª geração)

    → Em dignidade e direitos
- São dotados de:
    - RAZÃO
    - CONSCIÊNCIA
- Devem agir com espírito de FRATERNIDADE (Ideais de 3ª geração)

## ARTIGO 3

Todo ser humano tem direito à:

- VIDA
- LIBERDADE
- SEGURANÇA PESSOAL

## ARTIGO 2

UNIVERSALIDADE dos Direitos Humanos

▼

Os direitos humanos são oponíveis a TODOS, SEM DISTINÇÃO de qualquer espécie

ARTIGO 10

ACUSAÇÃO CRIMINAL

Direitos em plena IGUALDADE:

- AUDIÊNCIA JUSTA e PÚBLICA
- TRIBUNAL INDEPENDENTE e IMPARCIAL

ARTIGO 6

Todo ser humano tem o direito de ser reconhecido como PESSOA perante a LEI

- Em todos os lugares -

ARTIGO 7

Todos são IGUAIS perante a LEI

Igualdade FORMAL
Sem qualquer distinção
Igual proteção da lei

ARTIGO 9

Ninguém será ARBITRARIAMENTE:

- PRESO
- DETIDO
- EXILADO

ARTIGO 8

Todo ser humano tem direito a receber:

- dos TRIBUNAIS NACIONAIS competentes
- REMÉDIO efetivo
- para os atos que VIOLEM DIREITOS FUNDAMENTAIS

## ARTIGO 14

Vítimas de PERSEGUIÇÃO têm o direito de procurar e gozar ASILO em outros países

↓

Esse direito não pode ser invocado em caso de perseguição LEGITIMAMENTE MOTIVADA por:

- Crimes de direito comum
- Atos contrários aos objetivos e princípios das Nações Unidas

## ARTIGO 11

Direitos do ACUSADO de um ato DELITUOSO:

- PRESUNÇÃO de INOCÊNCIA, até provar a culpa
- Julgamento PÚBLICO, asseguradas as garantias
- Observância dos princípios:
  - LEGALIDADE
  - ANTERIORIDADE da lei penal

## ARTIGO 13

Todo ser humano tem direito:

- à liberdade de LOCOMOÇÃO e RESIDÊNCIA DENTRO das fronteiras de cada Estado
- de DEIXAR qualquer país, inclusive o próprio e a esse REGRESSAR

## ARTIGO 12

Direito à proteção da lei contra:

- Interferência na
  - VIDA PRIVADA
  - FAMÍLIA
  - LAR
  - CORRESPONDÊNCIA
- Ataque à
  - HONRA
  - REPUTAÇÃO

**ARTIGO 18**

Direito à liberdade de
- PENSAMENTO
- CONSCIÊNCIA
- RELIGIÃO

Inclui a liberdade de:

- MUDAR de religião ou crença
- MANIFESTAR a religião ou crença pelo
  - ENSINO
  - PRÁTICA
  - CULTO

PÚBLICO ou PARTICULAR

**ARTIGO 15**

Todo ser humano tem direito a uma NACIONALIDADE

Ninguém será ARBITRARIAMENTE privado de sua nacionalidade, nem do direito de mudar de nacionalidade

**ARTIGO 17**

Direito à PROPRIEDADE
- Só
- Em sociedade

Ninguém será ARBITRARIAMENTE privado de sua propriedade

**ARTIGO 16**

Homens e mulheres de maior idade têm o direito de:
- Contrair MATRIMÔNIO
- Fundar uma FAMÍLIA

- IGUAIS direitos em relação ao CASAMENTO
- VALIDADE: livre e pleno CONSENTIMENTO
- FAMÍLIA:
  - Núcleo natural e fundamental da sociedade
  - Direito à proteção da sociedade e do Estado

**ARTIGO 22**

Direitos
- ECONÔMICOS
- SOCIAIS
- CULTURAIS

Indispensáveis:
- à sua DIGNIDADE
- ao livre desenvolvimento da sua PERSONALIDADE

**ARTIGO 19**

Direito à liberdade de
- OPINIÃO
- EXPRESSÃO

Inclui a liberdade de:
- TER opiniões
- PROCURAR / RECEBER / TRANSMITIR > INFORMAÇÕES / IDEIAS

↓

- SEM interferências
- QUAISQUER meios
- INDEPENDENTEMENTE de fronteiras

**ARTIGO 21**

Direitos POLÍTICOS

- Direito de tomar parte no governo de seu país
  - DIRETAMENTE
  - POR REPRESENTANTES
- IGUAL direito de ACESSO ao serviço público do seu país
- VONTADE do POVO: base da autoridade do governo
  - Eleições PERIÓDICAS e LEGÍTIMAS
  - Sufrágio UNIVERSAL
  - Voto SECRETO ou processo equivalente

**ARTIGO 20**

Direito à liberdade de:
- REUNIÃO / ASSOCIAÇÃO > PACÍFICA

Ninguém pode ser obrigado a fazer parte de uma associação

**ARTIGO 25**

MATERNIDADE E INFÂNCIA

- Direito a cuidados e assistência ESPECIAIS
- Mesma proteção social para CRIANÇAS nascidas DENTRO ou FORA do matrimônio

**ARTIGO 23**

Direito ao TRABALHO

- LIVRE ESCOLHA do emprego
- Condições JUSTAS e FAVORÁVEIS
- Proteção contra o DESEMPREGO
- IGUAL remuneração por IGUAL trabalho
- Remuneração
  - JUSTA
  - SATISFATÓRIA
  - Compatível com a DIGNIDADE
- Organizar e ingressar em SINDICATOS

**ARTIGO 25**

Direito a um PADRÃO de VIDA capaz de assegurar a si e à sua família:

- Saúde
- Bem-estar
- Alimentação
- Vestuário
- Habitação
- Cuidados médicos
- Serviços sociais indispensáveis
- Segurança em caso de perda dos meios de subsistência:
  - Desemprego
  - Viuvez
  - Velhice
  - Invalidez

**ARTIGO 24**

Direito ao TRABALHO

- Direito a REPOUSO e LAZER
- Limitação RAZOÁVEL das horas de trabalho
- FÉRIAS
  - REMUNERADAS
  - PERIÓDICAS

- Direito à INSTRUÇÃO
- Será GRATUITA, pelo menos nos graus:
  - ELEMENTARES
  - FUNDAMENTAIS
- Instrução:
  - Elementar é OBRIGATÓRIA
  - Técnico-profissional: ACESSÍVEL a TODOS
  - Superior: baseada no MÉRITO

A INSTRUÇÃO será orientada no sentido:

- Do PLENO desenvolvimento da PERSONALIDADE humana
- Do FORTALECIMENTO do RESPEITO:
  - pelos DIREITOS do ser humano
  - pelas LIBERDADES fundamentais

Os PAIS têm PRIORIDADE de direito na ESCOLHA do GÊNERO de INSTRUÇÃO que será ministrada a seus filhos

A INSTRUÇÃO promoverá a
- COMPREENSÃO
- TOLERÂNCIA
- AMIZADE

Entre todas as NAÇÕES ou GRUPOS
- RACIAIS
- RELIGIOSOS

A INSTRUÇÃO coadjuvará as atividades das Nações Unidas em prol da MANUTENÇÃO da PAZ

ART. 30

As disposições não podem ser INTERPRETADAS para DESTRUIÇÃO dos direitos e liberdades

ART. 27

Direito:

- de participar LIVREMENTE da vida CULTURAL da comunidade
- de FRUIR das ARTES
- de participar do PROGRESSO CIENTÍFICO e de seus benefícios
- à proteção dos interesses MORAIS MATERIAIS decorrentes de qualquer produção | CIENTÍFICA LITERÁRIA ARTÍSTICA → da qual seja AUTOR

ART. 29

- DEVERES para com a comunidade
- Desenvolvimento da personalidade | LIVRE PLENO
- Sujeição às determinações LEGAIS
- Exercício dos direitos e liberdades de acordo com os OBJETIVOS PRINCÍPIOS das Nações Unidas

ART. 28

Direito a uma ordem social e internacional em que os direitos e liberdades estabelecidos na presente Declaração possam ser PLENAMENTE REALIZADOS

# LEIS EXTRAVAGANTES

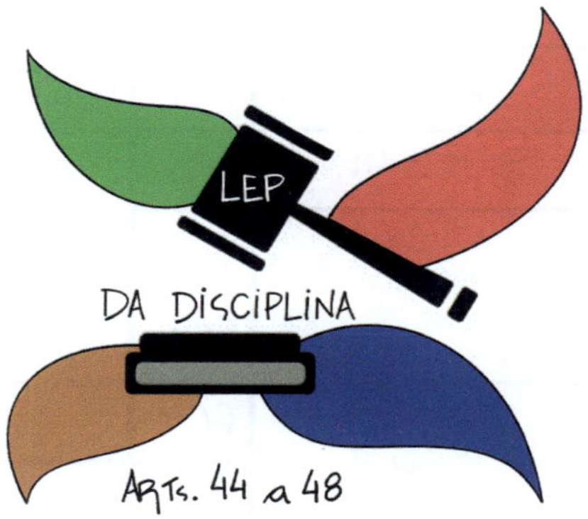


PODER DISCIPLINAR será exercido pela AUTORIDADE ADMINISTRATIVA - nas PPL e PRD

A disciplina consiste na:

- COLABORAÇÃO com a ORDEM
- OBEDIÊNCIA às determinações | AUTORIDADES / AGENTES
- Desempenho do TRABALHO

Quem está sujeito?

- CONDENADO | PPL / PRD
- PRESO PROVISÓRIO

O condenado ou denunciado será CIENTIFICADO das normas disciplinares, no INÍCIO da | EXECUÇÃO da pena / PRISÃO

Não haverá FALTA ou SANÇÃO disciplinar sem EXPRESSA e ANTERIOR previsão legal ou regulamentar

NÃO PODE:

- Emprego de CELA ESCURA
- Sanções COLETIVAS
- Colocar em PERIGO a integridade | FÍSICA / MORAL

## Progressão de Regime

**Art. 112**

| | | | |
|---|---|---|---|
| SEM violência ou grave ameaça | PRIMÁRIO | 16% | |
| | REINCIDENTE | 20% | |
| COM violência ou grave ameaça | PRIMÁRIO | 25% | |
| | REINCIDENTE | 30% | |
| HEDIONDO ou equiparado | PRIMÁRIO | 40% | |
| | | 50% | + MORTE (vedado livramento condicional) |
| | REINCIDENTE | 60% | |
| | | 70% | + MORTE (vedado livramento condicional) |
| FEMINICÍDIO | PRIMÁRIO | 55% | vedado o livramento condicional |
| ORGANIZAÇÃO criminosa para a prática de crime hediondo | X | 50% | |
| MILÍCIA PRIVADA | X | 50% | |

- PRIMÁRIA ✓
- BOM COMPORTAMENTO carcerário, comprovado pelo diretor do estabelecimento

✗ Não ter cometido crime COM violência ou grave ameaça

✗ Não ter integrado ORGANIZAÇÃO CRIMINOSA

✓ Ter cumprido ao menos $\frac{1}{8}$ da pena do regime anterior

✗ Não ter cometido o crime contra FILHO ou DEPENDENTE

LEP-ART. 126 a 130

## REGISTRO do trabalho e estudo

- MENSAL
- AUTORIDADE ADMINISTRATIVA → JUIZ DA EXECUÇÃO
- DIAS, HORAS
- FREQUÊNCIA
- ATIVIDADES

- Por TRABALHO → Para REGIME | FECHADO / SEMIABERTO
  No aberto, trabalho é condição
- Por ESTUDO | PRESENCIAL / A DISTÂNCIA

Declaração FALSA de prestação de serviço é CRIME
CP-ART. 299

Preso impossibilitado por ACIDENTE continuará com o benefício da remição

## FALTA GRAVE

- Juiz pode REVOGAR até 1/3 do tempo remido
- Recomeça a contagem a partir da data da infração

## Contagem:

- 1 dia de pena – 12 h de frequência escolar
- 1 dia de pena – 3 dias de trabalho

Súmula 562 - STJ
Trabalho EXTRAMUROS justifica a remição

O tempo remido será computado como pena cumprida

Praticar FATO:

- CRIME DOLOSO
- FALTA GRAVE

NÃO PAGAR MULTA (podendo pagar) cumulativamente imposta

(Rº aberto)

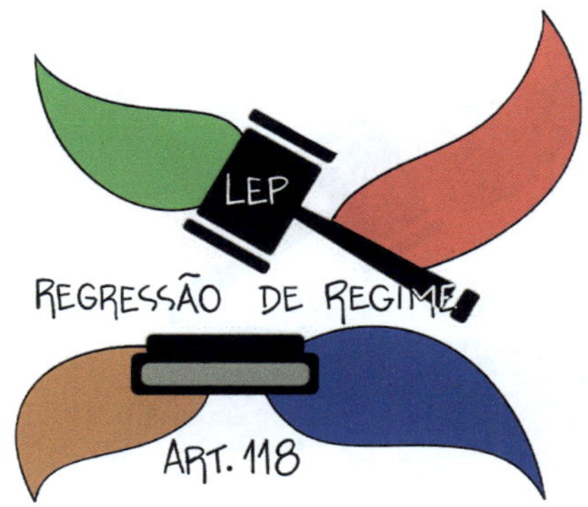


Ou

FRUSTAR os FINS da execução da pena

(Rº aberto)

Ser CONDENADO:

- Por CRIME ANTERIOR
- Pena somada tornar INCABÍVEL o regime

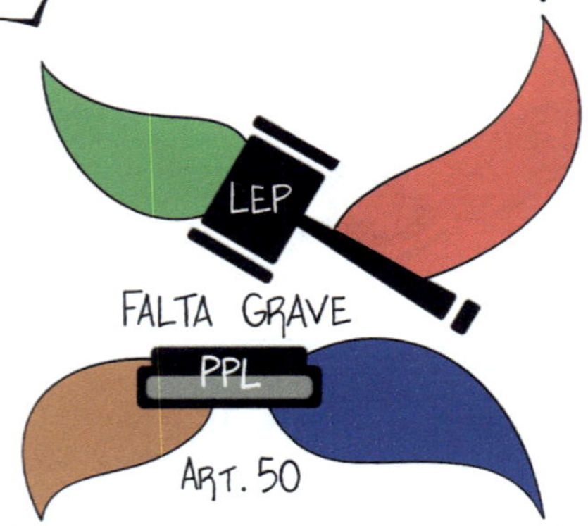


FALTA GRAVE

ART. 50

- POSSUIR, UTILIZAR ou FORNECER aparelho (TELEFONE / RÁDIO) que permita a COMUNICAÇÃO com
  - PRESOS
  - EXTERIOR
- RECUSAR submeter-se ao procedimento de IDENTIFICAÇÃO do PERFIL GENÉTICO
- INCITAR ou PARTICIPAR de movimento para subverter a
  - ORDEM
  - DISCIPLINA
- FUGIR
- DESCUMPRIR as CONDIÇÕES impostas no REGIME ABERTO
- INOBSERVAR deveres
  - OBEDIÊNCIA ao servidor
  - RESPEITO a qualquer pessoa
  - Execução
    - TRABALHO
    - TAREFA
    - ORDENS
- PROVOCAR ACIDENTE de TRABALHO
- POSSUIR (INDEVIDAMENTE) INSTRUMENTO capaz de ofender a INTEGRIDADE FÍSICA de outrem

SÚMULA 535-STJ

FALTA GRAVE

NÃO INTERROMPE o prazo para fim de COMUTAÇÃO de pena ou INDULTO

SÚMULA 533-STJ

FALTA DISCIPLINAR

IMPRESCINDÍVEL a instauração de PROCEDIMENTO ADMINISTRATIVO pelo diretor do estabelecimento prisional

↓

Direito de defesa

SÚMULA 441-STJ

FALTA GRAVE

NÃO INTERROMPE o prazo para a aquisição do LIVRAMENTO CONDICIONAL

SÚMULA 534-STJ

FALTA GRAVE

INTERROMPE a contagem do PRAZO para a PROGRESSÃO de REGIME

↓

Se REINICIA a partir do cometimento da falta

## Súmula Vinculante 56

A falta de estabelecimento penal adequado NÃO AUTORIZA a manutenção do condenado em regime prisional MAIS GRAVOSO

Cumprimento de PENAS RESTRITIVAS DE DIREITO e/ou ESTUDO ao sentenciado que progride ao regime aberto

LIBERDADE ELETRONICAMENTE MONITORADA ao sentenciado que sai antecipadamente ou é posto em prisão domiciliar por falta de vagas

SAÍDA ANTECIPADA de sentenciado no regime com falta de vagas

Lei 11.340/06

Cria mecanismos para COIBIR e PREVENIR a VIOLÊNCIA DOMÉSTICA e FAMILIAR contra a MULHER

↓

AÇÃO ou OMISSÃO baseada no GÊNERO

↓

Que possam causar:

- MORTE
- LESÃO
- SOFRIMENTO
  - FÍSICO
  - SEXUAL
  - PSICOLÓGICO
- DANO
  - MORAL
  - PATRIMONIAL

←

Praticada no âmbito:

- DOMÉSTICO: com ou sem vínculo familiar
- FAMILIAR: inclusive as esporadicamente agregadas

Em qualquer relação ÍNTIMA de AFETO

↓

Súmula 600 do STJ:
INdepende de coabitação

Exemplos:

- Marido e Mulher
- Namorado (a) e Namorada
- Pai e Filha
- Irmão e Irmã
- Mãe e Filha
- Patrão e Empregada Doméstica
- Namorado e Namorado *

SUJEITO PASSIVO

- É a vítima MULHER
- É aplicável às MULHERES TRANS (STJ) (STF)
- Só pode ser MULHER ?

! (STF)

* Pode ser estendida a casais HOMOAFETIVOS do SEXO MASCULINO

As relações HOMOAFETIVAS também são objeto da Lei Maria da Penha

↓

ART. 2º e ART. 5º parágrafo único

"INdependentemente de ORIENTAÇÃO SEXUAL"

SUJEITO ATIVO

- É o agressor
- INdepende do sexo
- Pode ser HOMEM ou MULHER

## PATRIMONIAL

Retenção, subtração ou destruição de:

TOTAL ou PARCIAL

- Objeto
- Instrumentos de trabalho
- Documentos
- Bens e valores

## PSICOLÓGICA

- Dano emocional
- Diminuição da autoestima
- Constrangimento
- Humilhação
- Chantagem
- Violação da intimidade
- Ameaça
- Perseguição
- Vigilância

## MORAL

- Calúnia
- Difamação
- Injúria

## FÍSICA

→ Ofender
- Saúde
- Integridade

## SEXUAL

- Forçar
  - Matrimônio
  - Prostituição
  - Aborto
  - Gravidez
- Impedir o uso de métodos contraceptivos
- Relação sexual não desejada
  - ↳ Constranger a
    - Participar
    - Manter
    - Presenciar

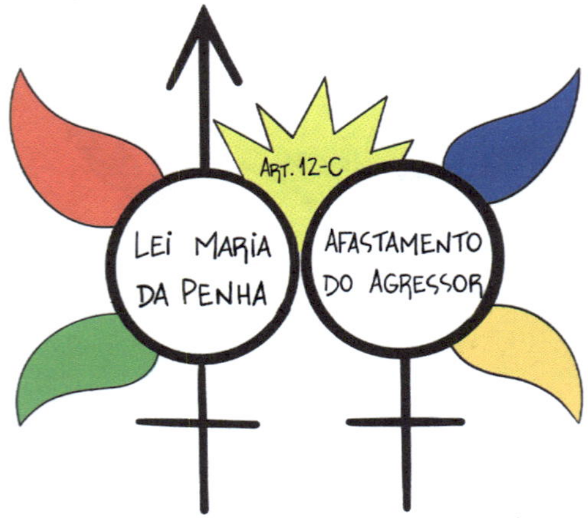


Não será concedida liberdade provisória ao preso

↓

Risco à:

- INTEGRIDADE FÍSICA da ofendida
- Efetividade da MEDIDA PROTETIVA de URGÊNCIA

Se a medida for aplicada pelo delegado ou pelo policial

↓

O juiz:

- Deverá ser comunicado — PRAZO MÁXIMO 24h
- Decidirá sobre a MANUTENÇÃO ou REVOGAÇÃO da medida
- Deverá dar CIÊNCIA ao MINISTÉRIO PÚBLICO

- Hipótese

RISCO atual ou iminente à VIDA ou à INTEGRIDADE FÍSICA da
- MULHER ou de
- seus DEPENDENTES

- O agressor será AFASTADO IMEDIATAMENTE:
  - Lar
  - Domicílio
  - Local de convivência
    - ↳ com a ofendida

Será afastado por:

- AUTORIDADE JUDICIAL
- DELEGADO de POLÍCIA (na falta do juiz)
- POLICIAL (na falta do juiz e do delegado)

A ofendida tem a opção de propor AÇÃO de DIVÓRCIO ou de DISSOLUÇÃO de UNIÃO ESTÁVEL

Onde?

Juizado de Violência Doméstica e Familiar contra a Mulher

Não é competência do juizado

Pretensão relacionada à PARTILHA de BENS

INÍCIO da violência APÓS o ajuizamento da ação

A ação terá preferência no juízo ONDE ESTIVER

Possui competência CÍVEL e CRIMINAL para

PROCESSAR
JULGAR
EXECUTAR

as causas decorrentes da violência doméstica

Deverá ser realizada:

- Perante o JUIZ
- Em AUDIÊNCIA especial para tal fim
- Ouvido o MINISTÉRIO PÚBLICO

RENÚNCIA À REPRESENTAÇÃO

Direito que a ofendida possui de DESISTIR de representar contra o agressor

Deverá ser realizada ANTES do RECEBIMENTO da denúncia

Cabível nas ações penais públicas CONDICIONADAS À REPRESENTAÇÃO

Ex: ameaça

Caberá ao juiz:

- Conhecer o pedido e DECIDIR sobre as medidas
- COMUNICAR ao MINISTÉRIO PÚBLICO
- Determinar:
  - APREENSÃO imediata de ARMA de FOGO
  - Encaminhamento à ASSISTÊNCIA JUDICIÁRIA
    - Divórcio
    - Separação judicial
    - Anulação de casamento
    - Dissolução de união estável

- Em regra quem decreta é o JUIZ
- A medida de AFASTAMENTO IMEDIATO do AGRESSOR poderá ser decretada pelo:
  - DELEGADO
  - POLICIAIS

(Ver mapa do ART. 12-C)

Pedido → Delegado → Juiz (48h PRA DECIDIR)

(Delegado → Juiz: 48h)

Quem pede?

- OFENDIDA
- MINISTÉRIO PÚBLICO

Poderão ser concedidas de IMEDIATO

INdependentemente de:

- Audiência das partes
- Manifestação do Ministério Público

↓

Deve ser comunicado

Serão aplicadas

ISOLADA ou CUMULATIVAMENTE

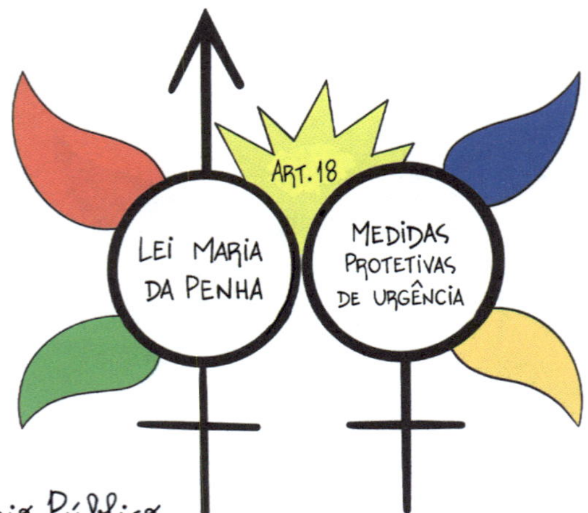


Poderá o juiz, a pedido do | Ministério Público / Ofendida

- Conceder NOVAS medidas
- REVER medidas já concedidas

Poderão ser SUBSTITUÍDAS:

- A qualquer tempo
- Por outras de maior eficácia

Se entender necessário à proteção

Ouvido o Ministério Público

- da OFENDIDA
- seus FAMILIARES
- seu PATRIMÔNIO

## DURAÇÃO

Vigorarão enquanto persistir o risco à integridade:

- FÍSICA
- PSICOLÓGICA
- SEXUAL
- PATRIMONIAL
- MORAL

da ofendida ou de seus dependentes

Serão concedidas em juízo de COGNIÇÃO SUMÁRIA a partir:

Do depoimento da ofendida perante a autoridade policial

OU

Da apresentação de suas alegações escritas

## INDEFERIMENTO

INEXISTÊNCIA de risco à integridade:

- FÍSICA
- PSICOLÓGICA
- SEXUAL
- PATRIMONIAL
- MORAL

da ofendida ou de seus dependentes

Serão concedidas INdependentemente:

- da tipificação penal
- do ajuizamento de ação penal ou cível
- da existência de inquérito ou B.O.

PROIBIÇÃO ⊗

- APROXIMAÇÃO e CONTATO
  - OFENDIDA
  - FAMILIARES
  - TESTEMUNHAS
- FREQUENTAR determinados lugares

AFASTAMENTO do

- lar
- domicílio
- local de convivência com a ofendida

- SUSPENSÃO da posse de ARMAS
- RESTRIÇÃO do porte de ARMAS

Prestação de ALIMENTOS

COMPARECIMENTO a programas de:

- RECUPERAÇÃO
- REEDUCAÇÃO

SUSPENSÃO ou RESTRIÇÃO de VISITAS aos dependentes MENORES, ouvida a equipe multidisciplinar ou serviço similar

ACOMPANHAMENTO PSICOSSOCIAL por meio de atendimento:

- INDIVIDUAL
- GRUPO DE APOIO

NÃO exclui a aplicação de OUTRAS SANÇÕES cabíveis

É crime DESCUMPRIR decisão judicial que defere MEDIDAS PROTETIVAS de URGÊNCIA

Pena: Reclusão de 2 a 5 anos, e multa

Na hipótese de PRISÃO em FLAGRANTE, apenas a AUTORIDADE JUDICIAL poderá conceder FIANÇA

A configuração do crime NÃO depende da competência civil ou criminal do juiz que deferiu as medidas protetivas

ESTUPRO

AÇÃO PENAL PÚBLICA

INCONDICIONADA

CRIMES CONTRA A HONRA

AÇÃO PENAL PRIVADA

LESÃO CORPORAL

AÇÃO PENAL PÚBLICA

INCONDICIONADA

Súmula do 542 do STJ

AMEAÇA

AÇÃO PENAL PÚBLICA

CONDICIONADA À REPRESENTAÇÃO

Súmula 588 do STJ

A prática de crime ou contravenção penal contra a mulher em situação de violência doméstica impossibilita a substituição da pena privativa de liberdade por restritiva de direitos

Aos crimes praticados com VIOLÊNCIA DOMÉSTICA e FAMILIAR contra a MULHER NÃO SE APLICA a Lei 9.099/95 ART. 41

E se for CONTRAVENÇÃO PENAL?

O STJ entende que também não se aplica

Súmula 589 do STJ

É inaplicável o princípio da insignificância nos crimes ou contravenções penais praticados contra a mulher no âmbito das relações domésticas

**REGRA**: PROIBIÇÃO DAS DROGAS

**RESSALVA**
- AUTORIZAÇÃO (UNIÃO)
  - LEGAL
  - REGULAMENTAR
- PARA FINS MEDICINAIS e CIENTÍFICOS EXCLUSIVAMENTE
- Plantas de uso estritamente RITUALÍSTICO-RELIGIOSO
  - EX: SANTO DAIME

Institui o Sistema Nacional de Políticas Públicas sobre Drogas (SISNAD)

Prescreve medidas para:
- PREVENÇÃO do uso indevido
- ATENÇÃO
- REINSERÇÃO SOCIAL de usuários e dependentes de drogas

Define CRIMES

Estabelece normas para REPRESSÃO
- à produção não autorizada e
- ao tráfico ilícito de drogas

**NORMA PENAL EM BRANCO**
- É aquela que DEPENDE de COMPLEMENTO NORMATIVO
- A definição das substâncias ilícitas é dada por:
  - LEI ESPECÍFICA
  - ATO DO PODER EXECUTIVO → PORTARIA MS/SVS nº 344/98 (ANVISA) — LISTA ATUALIZADA

**DROGAS**

Substâncias ou produtos
- ENTORPECENTES
- PSICOTRÓPICAS
- PRECURSORAS
- SOB CONTROLE ESPECIAL

CAPAZES DE CAUSAR DEPENDÊNCIA

# PORTE DE DROGAS PARA USO PESSOAL
Lei 11.343/06
ART. 28

## JURISPRUDÊNCIA

Ano de 2006 – DESCARCERIZAÇÃO

↓

Afastou a aplicação das penas privativas de liberdade

NÃO ABOLIU O CRIME

## Conduta:

- ADQUIRIR
- GUARDAR
- TER EM DEPÓSITO
- TRANSPORTAR
- TROUXER CONSIGO

↓

DROGAS para CONSUMO PESSOAL

↓

- Sem autorização
- Em desacordo | lei / regulamento

## SANÇÕES

ISOLADA OU CUMULADA

- ADVERTÊNCIA sobre os efeitos da droga
- PRESTAÇÃO de SERVIÇOS à comunidade
- MEDIDA EDUCATIVA de comparecimento a programa ou curso educativo

PRAZO MÁXIMO (prestação de serviços e medida educativa):
- 5 MESES
- 10 MESES (REINCIDÊNCIA)

## Conduta:

- SEMEAR
- CULTIVAR
- COLHER

para CONSUMO PESSOAL

↓

PLANTAS destinadas à preparação de PEQUENA quantidade de substância ou produto capaz de causar DEPENDÊNCIA FÍSICA ou PSÍQUICA

# PORTE DE DROGAS PARA USO PESSOAL

Lei 11.343/06
ART. 28

## Decisão STF em 2024

DESCRIMINALIZAÇÃO do PORTE de MACONHA para CONSUMO PESSOAL (até 40 gramas)

Passa a ser ILÍCITO ADMINISTRATIVO

## Para determinar se é CONSUMO PESSOAL, o juiz irá considerar:

- NATUREZA
- QUANTIDADE

> da substância apreendida

- LOCAL
- CONDIÇÕES

> da ação

- CIRCUNSTÂNCIAS sociais e pessoais

- CONDUTA
- ANTECEDENTES

> do agente

## Se o agente se RECUSAR INJUSTIFICADAMENTE a cumprir as MEDIDAS EDUCATIVAS?

O juiz poderá submeter o agente, SUCESSIVAMENTE a:

- ADMOESTAÇÃO VERBAL
- MULTA

## O juiz determinará ao Poder Público que coloque à disposição do infrator, estabelecimento de saúde:

- GRATUITO
- Para tratamento ESPECIALIZADO
- PREFERENCIALMENTE AMBULATORIAL

# TRÁFICO DE DROGAS
Lei 11.343/06
Art. 33

Condutas:
- IMPORTAR
- EXPORTAR
- REMETER
- PREPARAR
- PRODUZIR
- FABRICAR
- ADQUIRIR
- VENDER
- EXPOR à VENDA
- OFERECER
- TER em depósito
- TRAZER consigo
- GUARDAR
- PRESCREVER
- MINISTRAR
- ENTREGAR a consumo
- FORNECER

DROGAS

Condutas:
- IMPORTAR
- EXPORTAR
- REMETER
- FABRICAR
- ADQUIRIR
- VENDER
- EXPOR à VENDA
- OFERECER
- FORNECER
- TER em depósito
- TRANSPORTAR
- TRAZER consigo
- GUARDAR

MATÉRIA-PRIMA
INSUMO
PRODUTO QUÍMICO

↓

Para preparar DROGAS

Condutas:
- SEMEAR
- CULTIVAR
- COLHER

PLANTAS que sejam MATÉRIA-PRIMA para a preparação de DROGAS

USAR LOCAL ou BEM de que tem:
- PROPRIEDADE
- POSSE
- ADMINISTRAÇÃO
- GUARDA
- VIGILÂNCIA

Ou deixar outro usar, para o tráfico de drogas

VENDE ou ENTREGA [DROGAS / MATÉRIA-PRIMA / INSUMOS / PRODUTO QUÍMICO] a AGENTE POLICIAL DISFARÇADO, quando houver elementos probatórios razoáveis de conduta CRIMINAL PREEXISTENTE

Lembrando que de acordo com o ART. 5º XLIII, o TRÁFICO DE DROGAS é crime:

- INAFIANÇÁVEL
- INSUSCETÍVEL de
  - GRAÇA
  - ANISTIA

As condutas descritas no ART. 33 e §1º serão crimes quando cometidas:

- SEM AUTORIZAÇÃO
- EM DESACORDO com
  - LEI
  - REGULAMENTO

As condutas descritas no ART. 33 e §1º serão crimes ainda que cometidas

GRATUITAMENTE

Pena

RECLUSÃO de 5 a 15 anos

\+

pagamento de 500 a 1.500 dias-MULTA

# TRÁFICO PRIVILEGIADO

Lei 11.343/06
Art. 33, §4º

NÃO É CRIME HEDIONDO

As penas dos crimes de TRÁFICO DE DROGAS poderão ser REDUZIDAS de UM SEXTO a DOIS TERÇOS

É possível a SUBSTITUIÇÃO da pena privativa de liberdade pela pena restritiva de direito

REQUISITOS

- PRIMÁRIO
- BONS ANTECEDENTES
- NÃO se dedicar às ATIVIDADES CRIMINOSAS
- NÃO integrar ORGANIZAÇÃO CRIMINOSA

Reclusão de 3 a 10 anos

\+

700 a 1.200 dias-multa

ASSOCIAÇÃO de duas ou mais pessoas

FIM: TRAFICAR drogas ou equipamentos para a produção de drogas

Reiteradamente ou não

MAS

Exige a | PERMANÊNCIA
ESTABILIDADE

Não é crime HEDIONDO e nem equiparado

O concurso EVENTUAL de pessoas não caracteriza uma associação

## Aumento de Pena
Lei 11.343/06
Art. 40

- Crime praticado com
  - Violência
  - Grave ameaça
  - Arma de fogo
  - Intimidação

- Tráfico
  - Internacional
  - Interestadual

- Se o agente
  - Financiar
  - Custear

  > o crime

- Se envolver:
  - Criança
  - Adolescente
  - Quem tenha a capacidade de entendimento e determinação diminuída ou suprimida

Infrações cometidas em ambientes sociais

Exemplos:
- Estabelecimento prisional
- Escola
- Hospital
- Clube
- Transporte público

Se o agente se prevalecer de função pública ou se estiver no desempenho de missão de:
- Educação
- Poder familiar
- Guarda
- Vigilância

Aumento de um sexto a dois terços nos crimes dos arts. 33 a 37

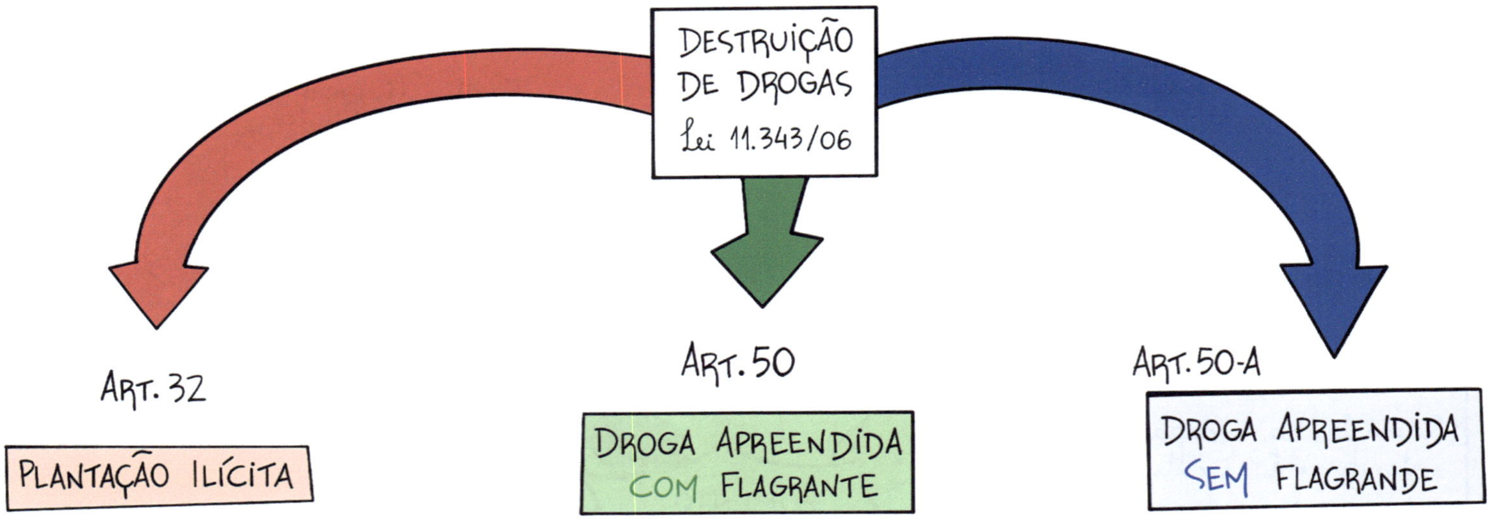


| | | |
|---|---|---|
| Destruição IMEDIATA | Destruição em 15 dias contados da determinação judicial | Destruição em 30 dias contados da apreensão |
| NÃO PRECISA de AUTORIZAÇÃO JUDICIAL | PRECISA de AUTORIZAÇÃO JUDICIAL | NÃO PRECISA de AUTORIZAÇÃO JUDICIAL |
| Pelo DELEGADO de POLÍCIA | Pelo DELEGADO de POLÍCIA → Na presença do: · MINISTÉRIO PÚBLICO · AUTORIDADE SANITÁRIA | Pelo DELEGADO de POLÍCIA |

## Posse Irregular de Arma de Fogo de Uso Permitido

Possuir ou manter sob sua guarda:

- Arma de fogo
- Acessório
- Munição

de uso permitido

Em desacordo com:
- Lei
- Regulamento

No interior de sua residência ou dependência desta

Ou no seu local de trabalho, desde que seja o:
- Titular
- Responsável legal

do estabelecimento ou empresa

Detenção, de 1 a 2 anos, e multa

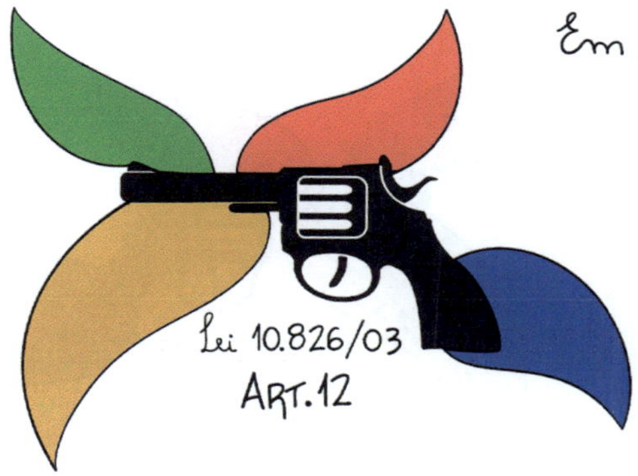

## OMISSÃO de CAUTELA

Do | PROPRIETÁRIO ou DIRETOR RESPONSÁVEL

de empresa de | SEGURANÇA ou TRANSPORTE de VALORES

↓

DEIXAR de:

- Registrar OCORRÊNCIA POLICIAL E
- Comunicar à POLÍCIA FEDERAL

| • PERDA • FURTO • ROUBO • EXTRAVIO | > de | ARMA de FOGO ACESSÓRIO MUNIÇÃO |

↓

Sob sua guarda, nas primeiras 24h depois de ocorrido o fato

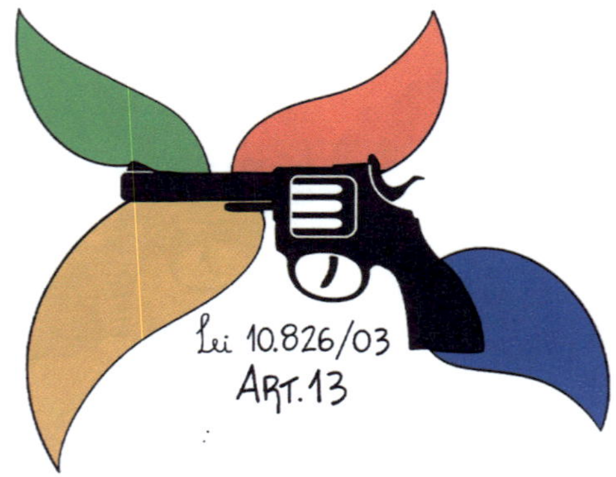


## OMISSÃO de CAUTELA

DEIXAR de observar as CAUTELAS necessárias para IMPEDIR que MENOR de 18 anos ou pessoa portadora de DEFICIÊNCIA MENTAL se apodere de ARMA de FOGO que esteja na sua POSSE ou PROPRIEDADE

↓

Detenção, de 1 a 2 anos, e multa

## PORTE ILEGAL de ARMA de FOGO de USO PERMITIDO

É crime INAFIANÇÁVEL

Salvo quando a arma de fogo estiver registrada em nome do agente

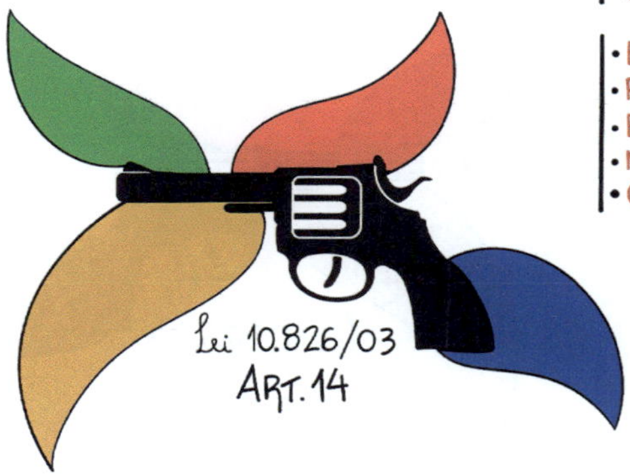


- PORTAR
- DETER
- ADQUIRIR
- FORNECER
- RECEBER
- TER em depósito
- TRANSPORTAR
- CEDER

> Ainda que GRATUITAMENTE

- EMPRESTAR
- REMETER
- EMPREGAR
- MANTER sob guarda
- OCULTAR

↓

- ARMA de FOGO
- ACESSÓRIO
- MUNIÇÃO

> de USO PERMITIDO

SEM autorização

Em DESACORDO com a LEI / REGULAMENTO

Reclusão de 2 a 4 anos, e multa

A pena é AUMENTADA DA METADE se:

- REINCIDENTE ESPECÍFICO
- Integra:
  - FORÇAS ARMADAS
  - GUARDAS
  - SEGURANÇA PÚBLICA e PRIVADA
  - ENTIDADES DESPORTIVAS
  - Carreira FISCAL

Disparar ARMA DE FOGO ou acionar MUNIÇÃO

- Lugar HABITADO ou em suas adjacências
- VIA PÚBLICA ou em direção a ela

O crime de disparo de ARMA DE FOGO é

INAFIANÇÁVEL

PENA

Reclusão de 2 a 4 anos

+

Multa

## POSSE ou PORTE ILEGAL de ARMA de FOGO de USO RESTRITO

Se envolver ARMA de FOGO de USO PROIBIDO

Reclusão de 4 a 12 anos

- POSSUIR
- DETER
- PORTAR
- ADQUIRIR
- FORNECER
- RECEBER
- TER em depósito
- TRANSPORTAR
- CEDER
- EMPRESTAR
- REMETER
- EMPREGAR
- MANTER sob sua guarda
- OCULTAR

(POSSUIR … TRANSPORTAR) → Ainda que GRATUITAMENTE

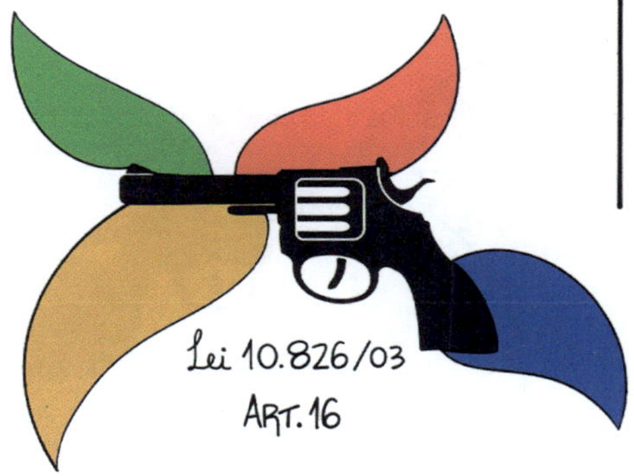


ARMA de FOGO / ACESSÓRIO / MUNIÇÃO → de USO RESTRITO

SEM autorização

Em DESACORDO | LEI / REGULAMENTO

Reclusão de 3 a 6 anos, e multa

- Produzir
- Recarregar
- Reciclar

SEM autorização LEGAL

ou

- ADULTERAR | EXPLOSIVO / MUNIÇÃO

SUPRIMIR ou ALTERAR:

- MARCA
- NUMERAÇÃO
- SINAL de IDENTIFICAÇÃO

de ARMA de FOGO ou ARTEFATO

- VENDER
- ENTREGAR
- FORNECER

ainda que GRATUITAMENTE

- ARMA de FOGO
- ACESSÓRIO
- MUNIÇÃO
- EXPLOSIVO

a CRIANÇA ou ADOLESCENTE

Lei 10.826/03

ART. 16

- POSSUIR
- DETER
- FABRICAR
- EMPREGAR

artefato | EXPLOSIVO / INCENDIÁRIO

- SEM autorização
- Em DESACORDO | LEI / REGULAMENTO

- PORTAR
- POSSUIR
- ADQUIRIR
- TRANSPORTAR
- FORNECER

arma de fogo

Com

- NUMERAÇÃO
- MARCA
- SINAL de IDENTIFICAÇÃO

| RASPADO / SUPRIMIDO / ADULTERADO

- Mudar as CARACTERÍSTICAS de ARMA de FOGO
- Tornando equivalente a ARMAS de USO | RESTRITO / PROIBIDO
- DIFICULTAR ou INDUZIR ao ERRO
  - autoridade POLICIAL
  - PERITO
  - JUIZ

Reclusão de ③ a ⑥ anos, e multa; será ④ a ⑫ anos se envolver arma de uso PROIBIDO

## Comércio ilegal de arma de fogo

- Adquirir
- Alugar
- Receber
- Transportar
- Conduzir
- Ocultar
- Ter em depósito
- Montar - Desmontar - Remontar
- Adulterar
- Vender - Expor à venda
- Utilizar

  - Arma de fogo
  - Acessório
  - Munição

  ↓

- Em proveito próprio ou alheio
- No exercício de atividade
  - Comercial *
  - Industrial
- Sem autorização ou
- Em desacordo
  - Lei
  - Regulamento

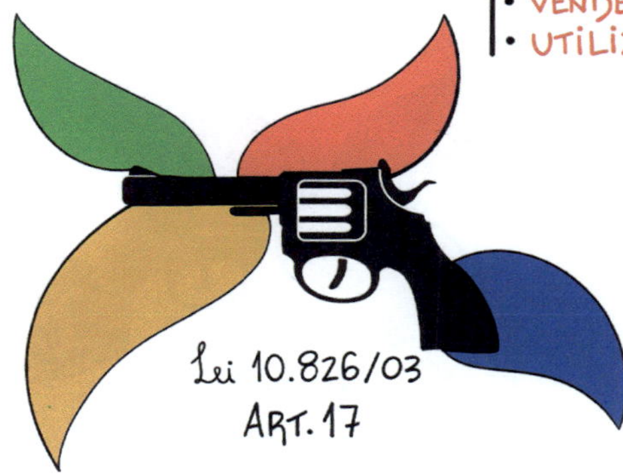

Lei 10.826/03
Art. 17

* Equipara-se à atividade
  - Comercial
  - Industrial

Qualquer forma de:

- Prestação de serviços
- Fabricação
- Comércio

→ Irregular / Clandestino

Inclusive o exercido em residência

- Vender
- Entregar
  - Arma de fogo
  - Acessório
  - Munição
  - Sem autorização ou
  - Em desacordo
    - Lei
    - Regulamento

a agente policial disfarçado
\+
prova razoável de conduta criminal preexistente

**Reclusão de 6 a 12 anos, e multa**

## TRÁFICO INTERNACIONAL de ARMA de FOGO

- IMPORTAR
- EXPORTAR
- FAVORECER a entrada ou saída do território nacional

De
- ARMA de FOGO
- ACESSÓRIO
- MUNIÇÃO

SEM autorização da autoridade competente

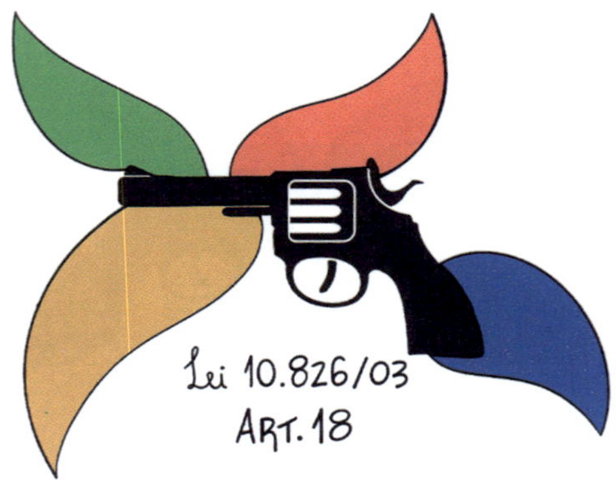


Reclusão de 8 a 16 anos, e multa

- VENDER
- ENTREGAR

- ARMA de FOGO
- ACESSÓRIO
- MUNIÇÃO

- Em OPERAÇÃO de IMPORTAÇÃO
- SEM autorização da autoridade competente

a AGENTE POLICIAL DISFARÇADO

\+

PROVA RAZOÁVEL de conduta CRIMINAL PREEXISTENTE

ART. 21

- POSSE ou PORTE ILEGAL de USO RESTRITO
- COMÉRCIO ILEGAL
- TRÁFICO INTERNACIONAL

São INSUSCETÍVEIS de LIBERDADE PROVISÓRIA

TRÁFICO INTERNACIONAL E COMÉRCIO ILEGAL

A pena é AUMENTADA da METADE se a

ARMA de FOGO / ACESSÓRIO / MUNIÇÃO → for de USO: RESTRITO / PROIBIDO

ART. 19

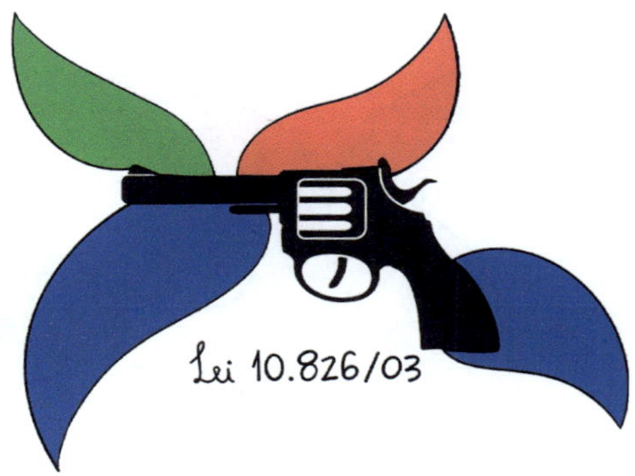


ART. 20

- PORTE ILEGAL de uso PERMITIDO
- DISPARO
- POSSE ou PORTE ILEGAL de uso RESTRITO
- COMÉRCIO ILEGAL
- TRÁFICO INTERNACIONAL

A pena é AUMENTADA da METADE se:

- O agente for REINCIDENTE ESPECÍFICO
- Forem praticados por integrantes (Rol exemplificativo):
  - FORÇAS ARMADAS
  - GUARDAS MUNICIPAIS e PRISIONAIS
  - SEGURANÇA PÚBLICA e PRIVADA
  - ENTIDADES DESPORTIVAS
  - CARREIRA FISCAL

**MACETE**

Ⓟ ERMITIDO
Ⓟ OLÍCIA FEDERAL

RESTR ITO
EXÉRC ITO

É OBRIGATÓRIO o REGISTRO de ARMA de FOGO no órgão competente

ART. 3º

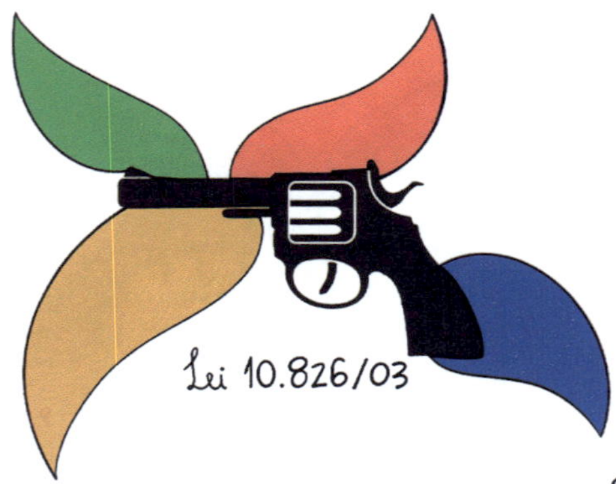

Lei 10.826/03

ART. 3º, p.u.

USO RESTRITO

Serão registradas no COMANDO do EXÉRCITO, salvo as aquisições feitas pelos COMANDOS MILITARES

Também responsável pelo cadastro de armas do | Colecionador, Atirador, Caçador

Cadastradas no SIGMA
(Sistema de Gerenciamento Militar de Armas)

USO PERMITIDO

O certificado de registro será:

AUTORIZADO pelo SINARM – Sistema Nacional de ARMas

↓

EXPEDIDO pela POLÍCIA FEDERAL

ART. 1º, III

CRAF (Certificado de Registro de Arma de Fogo)

AUTORIZA A POSSE

Os crimes de abuso de autoridade são de AÇÃO PENAL PÚBLICA INCONDICIONADA

⇓

Será admitida a AÇÃO PRIVADA SUBSIDIÁRIA

- ⑥ meses para exercer
- Inércia do Ministério Público

ART. 3º

Sujeito ativo: AGENTE PÚBLICO (servidor ou não)

⇓

Que ABUSAR do PODER no exercício de suas funções ou a pretexto de exercê-las

ART. 1º

Lei 13.869/2019

Não configura abuso de autoridade:

DIVERGÊNCIA

- Na INTERPRETAÇÃO da lei
- Na AVALIAÇÃO de fatos e normas

Exige FINALIDADE ESPECÍFICA

- PREJUDICAR terceiro ou
- BENEFICIAR a si ou a terceiro
- MERO CAPRICHO ou
- SATISFAÇÃO PESSOAL ou

Compreende
(mas não se limita)

- Servidores públicos e MILITARES ou equiparados
- Membros:
  - do LEGISLATIVO
  - do EXECUTIVO
  - do JUDICIÁRIO
  - do MINISTÉRIO PÚBLICO
  - dos TRIBUNAIS ou CONSELHOS de CONTA

QUALQUER AGENTE PÚBLICO

- Servidor ou não
- Da administração
  - DIRETA
  - INDIRETA
  - FUNDACIONAL
- De qualquer dos Poderes
  - LEGISLATIVO
  - ADMINISTRATIVO
  - JUDICIÁRIO
  
  da
  - UNIÃO
  - ESTADOS
  - DISTRITO FEDERAL
  - MUNICÍPIOS
  - TERRITÓRIOS

Abrange qualquer forma de INVESTIDURA:

- NOMEAÇÃO
- ELEIÇÃO
- DESIGNAÇÃO
- CONTRATAÇÃO

Ainda que
- TRANSITORIAMENTE
- SEM remuneração

Abrange qualquer VÍNCULO
- CARGO
- FUNÇÃO
- EMPREGO
- MANDATO

Lei 13.869/2019

**ART. 8º**

Sentença penal que reconhecer EXCLUDENTE de ILICITUDE

↓

Faz COISA JULGADA no âmbito
- CÍVEL
- ADMINISTRATIVO-DISCIPLINAR

**ART. 4º**

Efeitos da condenação:
- Obrigação de REPARAR o DANO
- INABILITAÇÃO para o exercício de (1) a (5) anos
  - CARGO
  - MANDATO
  - FUNÇÃO
- PERDA do
  - CARGO
  - MANDATO
  - FUNÇÃO

→
- Não automáticos
- Condicionados à reincidência

**ART. 5º**

Penas RESTRITIVAS de direito → Aplicação: AUTÔNOMA ou CUMULATIVA

- Prestação de SERVIÇOS
  - COMUNIDADE
  - ENTIDADES PÚBLICAS
- SUSPENSÃO do exercício (1) a (6) meses
  - CARGO
  - MANDATO
  - FUNÇÃO

  → PERDA dos vencimentos e vantagens

**ART. 7º**

RESPONSABILIDADES
- CIVIL
- ADMINISTRATIVA

↓

São INDEPENDENTES da CRIMINAL

AUTORIDADE JUDICIÁRIA | NO PRAZO RAZOÁVEL

DEIXAR de DEFERIR
- LIMINAR
ou
- ORDEM de HABEAS CORPUS

quando MANIFESTAMENTE cabível

↓

detenção de 1 a 4 anos, e multa

↑

DEIXAR de:

AUTORIDADE JUDICIÁRIA | NO PRAZO RAZOÁVEL

- SUBSTITUIR prisão preventiva por MEDIDA CAUTELAR DIVERSA

ou

- CONCEDER LIBERDADE PROVISÓRIA, quando MANIFESTAMENTE cabível

Lei 13.869/2019

DECRETAR medida de PRIVAÇÃO de LIBERDADE em MANIFESTA ILEGALIDADE

↓

detenção de 1 a 4 anos, e multa

↑

AUTORIDADE JUDICIÁRIA | NO PRAZO RAZOÁVEL

DEIXAR de relaxar a prisão MANIFESTAMENTE ILEGAL

**PROLONGAR** a execução de:

- pena privativa de liberdade
- prisão temporária; prisão preventiva
- medida de segurança ou internação

Deixando, sem motivo justo ou excepcional:

- de executar o alvará de soltura imediatamente após recebido ou
- de promover a soltura do preso quando esgotado o prazo | JUDICIAL ou LEGAL

↓

Detenção de 6 meses a 2 anos e multa

↑

**DEIXAR de ENTREGAR AO PRESO, a NOTA de CULPA**

- No prazo de 24h
- ASSINADO pela autoridade
- Constando | MOTIVO da prisão | NOMES (condutor e testemunhas)

Lei 13.869/2019

**DEIXAR de COMUNICAR PRISÃO em FLAGRANTE:**

- INJUSTIFICADAMENTE
- à AUTORIDADE JUDICIÁRIA
- no PRAZO RAZOÁVEL

↓

Detenção de 6 meses a 2 anos e multa

↑

**DEIXAR de COMUNICAR, IMEDIATAMENTE:**

- Execução de PRISÃO TEMPORÁRIA ou PREVENTIVA à AUTORIDADE JUDICIÁRIA que a decretou
- PRISÃO de qualquer pessoa e o local onde se encontra à | • FAMÍLIA | • PESSOA INDICADA

ART. 15

PROSSEGUIR com o INTERROGATÓRIO:

- de quem tenha decidido exercer o DIREITO ao SILÊNCIO
- de quem tenha optado por ser assistido por ADVOGADO, SEM a PRESENÇA dele

Detenção de 1 a 4 anos, e multa

ART. 10

DECRETAR a condução coercitiva de TESTEMUNHA ou INVESTIGADO

- MANIFESTAMENTE DESCABIDA ou
- SEM PRÉVIA INTIMAÇÃO de comparecimento ao juízo

Detenção de 1 a 4 anos, e multa

Lei 13.869/2019

CONSTRANGER a DEPOR, sob AMEAÇA de PRISÃO, pessoa que deva guardar SEGREDO em razão de FUNÇÃO, MINISTÉRIO, OFÍCIO ou PROFISSÃO

Detenção de 1 a 4 anos, e multa

ART. 13

CONSTRANGER o preso ou detento a:

- Exibição do CORPO à curiosidade pública
- Produção de PROVA contra si ou terceiros
- Submissão a situação VEXATÓRIA / CONSTRANGIMENTO ILEGAL

→ mediante:

- VIOLÊNCIA
- GRAVE AMEAÇA
- REDUÇÃO da RESISTÊNCIA

Detenção de 1 a 4 anos, e multa, sem prejuízo da pena cominada à violência

Submeter a vítima de infração penal ou a testemunha de crimes VIOLENTOS a procedimentos:

- DESNECESSÁRIOS
- REPETITIVOS
- INVASIVOS

Que a leve a REVIVER, sem necessidade:

- a situação de violência
- outras situações potencialmente geradoras de:
  - SOFRIMENTO
  - ESTIGMATIZAÇÃO

Pena AUMENTADA em DOBRO

Se o agente público INTIMIDAR a vítima de crimes VIOLENTOS gerando indevida REVITIMIZAÇÃO

Lei 13.869/2019

Detenção de 3 meses a 1 ano
e
Multa

Pena AUMENTADA de 2/3

Se o agente público PERMITIR que TERCEIRO INTIMIDE a vítima de crimes VIOLENTOS gerando indevida REVITIMIZAÇÃO

MANTER presos os dois SEXOS na MESMA CELA

MANTER a CRIANÇA ou ADOLESCENTE:

- Na MESMA CELA com MAIOR de idade
- Em ambiente INADEQUADO

Detenção de 1 a 4 anos, e multa

ART. 21

DEIXAR de IDENTIFICAR-SE ou IDENTIFICAR-SE FALSAMENTE ao preso:

- por ocasião de sua captura ou
- quando deva fazê-lo durante sua detenção ou prisão

Lei 13.869/2019

Detenção de 6 meses a 2 anos, e multa

ART. 16

Responsável por INTERROGATÓRIO em sede de procedimento investigatório de infração penal

DEIXAR de IDENTIFICAR-SE ao preso ou atribuir a si mesmo FALSA

- IDENTIDADE
- CARGO
- FUNÇÃO

ART. 18

Submeter o preso a INTERROGATÓRIO durante o REPOUSO NOTURNO, SALVO se:

- Capturado em FLAGRANTE ou
- CONSENTIMENTO + devidamente ASSISTIDO

Detenção de 6 meses a 2 anos, e multa

IMPEDIR o preso, réu solto ou o investigado de:

- Entrevista PESSOAL e RESERVADA com advogado
  - PRAZO RAZOÁVEL
  - ANTES da AUDIÊNCIA JUDICIAL
- Sentar ao lado do advogado e de se COMUNICAR com ele durante a audiência
  - Salvo INTERROGATÓRIO ou VIDEOCONFERÊNCIA -

↓

Detenção de 6 meses a 2 anos, e multa

↑

ART. 20

IMPEDIR, SEM JUSTA CAUSA, entrevista

- PESSOAL
- RESERVADA

do preso com seu advogado

Lei 13.869/2019

IMPEDIR ou RETARDAR o ENVIO de PLEITO de PRESO à AUTORIDADE JUDICIÁRIA COMPETENTE *

INJUSTIFICADAMENTE

↓

Para apreciar a

- LEGALIDADE da PRISÃO
- CIRCUNSTÂNCIAS da CUSTÓDIA

↓

ART. 19

Detenção de 1 a 4 anos, e multa

↑

MAGISTRADO CIENTE do IMPEDIMENTO ou DEMORA *

- Não toma as providências para SANAR
- Não sendo competente, NÃO ENVIA para quem o seja

Ou nele permanecer

INVADIR ou ADENTRAR em IMÓVEL ALHEIO ou suas dependências

- CLANDESTINAMENTE
- ASTUCIOSAMENTE
- à REVELIA da vontade do ocupante

- SEM determinação judicial
- FORA das condições legais

Não haverá crime:

- Ingresso para prestar SOCORRO
- Fundados indícios
  - FLAGRANTE
  - DESASTRE

Lei 13.869/2019

VIOLÊNCIA GRAVE AMEAÇA

- COAGIR alguém a franquear-lhe o acesso a IMÓVEL e suas dependências
- Cumprir MANDADO de BUSCA e APREENSÃO DOMICILIAR APÓS às 21h ou ANTES das 5h

Detenção de 1 a 4 anos, e multa

Lei 13.869/2019

ART. 25

- Proceder à obtenção de PROVA, em investigação ou fiscalização, por meio MANIFESTAMENTE ILÍCITO
- Fazer uso de PROVA, em desfavor do investigado ou fiscalizado, com PRÉVIO CONHECIMENTO da ILICITUDE

Detenção de 1 a 4 anos, e multa

ART. 23

INOVAR ARTIFICIOSAMENTE em | DILIGÊNCIA / INVESTIGAÇÃO / PROCESSO

* O estado de | LUGAR / COISA / PESSOA

Com o FIM de:

- Eximir-se de RESPONSABILIDADE
- Responsabilizar CRIMINALMENTE ou AGRAVAR a responsabilidade de alguém

↓

Detenção de 1 a 4 anos, e multa

↑

Praticar a conduta* com o intuito de:

- Eximir-se de responsabilidade | CIVIL / ADMINISTRATIVA por EXCESSO praticado em diligência
- OMITIR dados e informações ou DIVULGAR de forma INCOMPLETA para DESVIAR o curso de
  - DILIGÊNCIA
  - INVESTIGAÇÃO
  - PROCESSO

ART. 24

CONSTRANGER funcionário ou empregado de INSTITUIÇÃO HOSPITALAR pública ou privada → VIOLÊNCIA / GRAVE AMEAÇA

↓

A admitir para tratamento pessoa cujo ÓBITO já tenha ocorrido, para ALTERAR LOCAL ou MOMENTO do crime, prejudicando sua apuração

Detenção de 1 a 4 anos, e multa além da pena cominada à violência

## Art. 28

DIVULGAR GRAVAÇÃO sem relação com a PROVA

- Expondo a | INTIMIDADE / VIDA PRIVADA
- Ferindo a | HONRA / IMAGEM

do | INVESTIGADO ou ACUSADO

Detenção de 1 a 4 anos, e multa

## Art. 27

Requisitar INSTAURAÇÃO ou INSTAURAR procedimento investigatório de INFRAÇÃO
- PENAL
- ADMINISTRATIVA

Em desfavor de alguém

À falta de qualquer indício da prática de:
- CRIME
- ILÍCITO FUNCIONAL
- INFRAÇÃO ADMINISTRATIVA

Detenção de 6 meses a 2 anos, e multa

Não há crime quando se tratar de SINDICÂNCIA ou INVESTIGAÇÃO
- PRELIMINAR
- SUMÁRIA

Devidamente JUSTIFICADA

Lei 13.869/2019

## Art. 29

Prestar INFORMAÇÃO FALSA sobre procedimento
- JUDICIAL
- POLICIAL
- FISCAL
- ADMINISTRATIVO

Para prejudicar interesse de investigado

Detenção de 6 meses a 2 anos, e multa

NEGAR ao interessado e ao seu advogado ACESSO aos autos de qualquer procedimento investigatório de infração
- PENAL
- CIVIL
- ADMINISTRATIVA

E impedir a obtenção de cópias

Detenção de (6) meses a (2) anos, e multta

ART. 32

Ressalvado o acesso a peças:

Relativas a diligências
- EM CURSO
- FUTURAS

↓

Cujo SIGILO seja imprescindível

Lei 13.869/2019

Iniciar ou proceder à PERSECUÇÃO
- PENAL
- CIVIL
- ADMINISTRATIVA

- SEM JUSTA CAUSA fundamentada
- Contra quem SABE INOCENTE

Detenção de (1) a (4) anos, e multa

ART. 30

ART. 31

ESTENDER INJUSTIFICADAMENTE:
- INVESTIGAÇÃO
- EXECUÇÃO
- CONCLUSÃO de procedimento

PROCRASTINANDO em prejuízo do
- INVESTIGADO
- FISCALIZADO

Detenção de (6) meses a (2) anos, e multa

ART. 38

ANTECIPAR atribuição de CULPA

- Responsável pelas investigações
- Por meio de comunicação, inclusive rede social
- Antes de
  - concluídas as apurações e
  - formalizada a acusação

Detenção de 6 meses a 2 anos, e multa

ART. 33

- EXIGIR
  - INFORMAÇÃO
  - Cumprimento de OBRIGAÇÃO

  ↓

  SEM amparo legal

- Utilizar a condição de AGENTE PÚBLICO para:
  - se EXIMIR de OBRIGAÇÃO LEGAL
  - obter VANTAGEM ou PRIVILÉGIO INdevido

Detenção de 6 meses a 2 anos, e multa

ART. 37

DEMORAR demasiada e INjustificadamente no exame de processo de que tenha requerido VISTA em órgão colegiado

Finalidade
- PROCRASTINAR andamento
- RETARDAR julgamento

Detenção de 6 meses a 2 anos, e multa

ART. 36

Decretar, em processo judicial, a INDISPONIBILIDADE de ATIVOS FINANCEIROS, em quantia que EXTRAPOLE EXACERBADAMENTE o valor estimado para a satisfação da DÍVIDA da parte ou DEIXAR de CORRIGIR se demonstrado, pela parte, o excesso

Detenção de 1 a 4 anos, e multa

# CRIMES HEDIONDOS (CARACTERÍSTICAS)

Não PRESCRITÍVEIS

Admite a LIBERDADE PROVISÓRIA *
SEM FIANÇA

INAFIANÇÁVEIS

* INSUSCETÍVEIS de
- GRAÇA
- ANISTIA
- INDULTO

Progressão de regime MAIS SEVERA

| | | | |
|---|---|---|---|
| HEDIONDO ou equiparado | PRIMÁRIO | 40% | |
| | | 50% | + MORTE |
| | REINCIDENTE | 60% | |
| | | 70% | + MORTE |

- Crimes repugnantes que terão um tratamento mais RIGOROSO

Lei 8.072/90

- Se está na Lei de Crimes Hediondos é um CRIME HEDIONDO

Rol TAXATIVO
ART. 1º

* A tentativa NÃO AFASTA a hediondez

EQUIPARADOS a hediondo *

- (T)RÁFICO de drogas
- (T)ORTURA
- (T)ERRORISMO

# CRIMES HEDIONDOS

UNIÃO manterá estabelecimentos penais:

- de segurança MÁXIMA
- Para condenados de ALTA PERICULOSIDADE, cuja permanência em presídios estaduais ponha em RISCO a ORDEM ou INCOLUMIDADE PÚBLICA

## Cumprimento da pena

INICIALMENTE em regime FECHADO

MAS ...

STF: É inconstitucional fixar o regime inicial fechado de cumprimento de pena com base apenas na hediondez

## PRISÃO TEMPORÁRIA

PRAZO de 30 dias

↓

PRORROGÁVEL por IGUAL período em caso de EXTREMA e COMPROVADA NECESSIDADE

Em caso de sentença condenatória, o juiz decidirá FUNDAMENTADAMENTE se o réu poderá APELAR em LIBERDADE

- Induzimento
- Instigação
- Auxílio

ao SUICÍDIO ou AUTOMUTILAÇÃO

Realizados por
- Rede de COMPUTADORES
- Rede SOCIAL
- TRANSMISSÃO em tempo REAL

HOMICÍDIO SIMPLES quando praticado em atividade típica de GRUPO de EXTERMÍNIO

(Ainda que cometido por UM só agente)

MILÍCIA PRIVADA: NÃO É hediondo

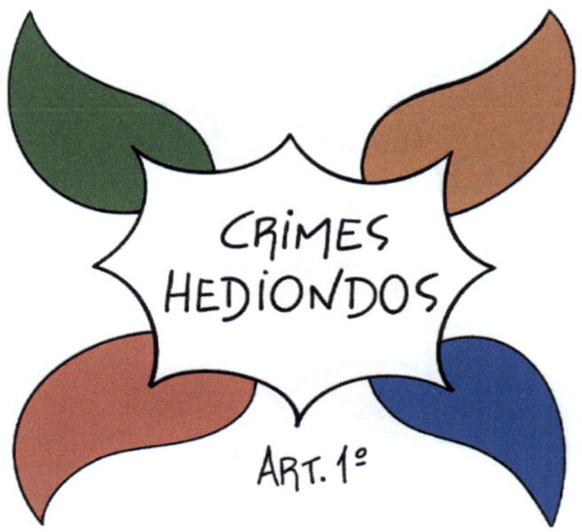


FEMINICÍDIO

Não é mais uma hipótese de homicídio qualificado

Agora é crime autônomo

HOMICÍDIO QUALIFICADO

Obs.:

A coexistência com o PRIVILÉGIO AFASTA o caráter hediondo

# CRIMES HEDIONDOS

ART. 1º

EXTORSÃO mediante SEQUESTRO e na forma QUALIFICADA

FURTO qualificado pelo emprego de:

- EXPLOSIVO ou
- ARTEFATO ANÁLOGO que cause PERIGO COMUM

EXTORSÃO qualificada pela:

- RESTRIÇÃO da LIBERDADE da vítima
- LESÃO CORPORAL
- MORTE

ROUBO

Circunstanciado:

- pela RESTRIÇÃO de LIBERDADE da vítima
- pelo emprego de ARMA de FOGO
- pelo emprego de ARMA de FOGO de uso
  - PROIBIDO
  - RESTRITO

Qualificado pelo resultado

- LESÃO CORPORAL
  - GRAVE
  - GRAVÍSSIMA
- MORTE

# CRIMES HEDIONDOS

ART. 1º

- TRÁFICO de PESSOAS cometido contra:
  - CRIANÇA
  - ADOLESCENTE

- SEQUESTRO e CÁRCERE privado cometido contra MENOR de 18 anos

LESÃO CORPORAL dolosa
- GRAVÍSSIMA
- Seguida de MORTE

Quando praticados contra agentes de SEGURANÇA PÚBLICA, POLICIAIS, MILITARES
No exercício da função ou em razão dela

Ou contra seu:
- CÔNJUGE
- COMPANHEIRO
- PARENTE consanguíneo até o 3º grau

- EPIDEMIA com resultado MORTE

- Falsificação / Corrupção / Adulteração / Alteração de produtos para fins:
  - TERAPÊUTICOS
  - MEDICINAIS

- ESTUPRO
- ESTUPRO de VULNERÁVEL
- Favorecimento da PROSTITUIÇÃO ou de outra forma de EXPLORAÇÃO SEXUAL: de
  - CRIANÇA
  - ADOLESCENTE
  - VULNERÁVEL

# CRIMES HEDIONDOS

ART. 1º, P.U.

Crimes previstos no CÓDIGO PENAL MILITAR que apresentem IDENTIDADE com os crimes previstos no ART. 1º

Crime de:

- POSSE ou PORTE ilegal de ARMA de FOGO de uso PROIBIDO
- COMÉRCIO ilegal de ARMA de FOGO
- TRÁFICO internacional de:
  - ARMA de FOGO
  - ACESSÓRIO
  - MUNIÇÃO

Crimes previstos no ECA

- CENA de SEXO EXPLÍCITO ou PORNOGRÁFICO envolvendo CRIANÇA ou ADOLESCENTE
  - INTERMEDIAR a participação
  - CONTRACENAR

  - EXIBIR
  - TRANSMITIR
  - AUXILIAR
  - FACILITAR a exibição ou transmissão

  → Em tempo real, por qualquer meio digital

  - ADQUIRIR
  - POSSUIR
  - ARMAZENAR

  > por qualquer meio ou forma de registro

- Crime de GENOCÍDIO
- Crime de ORGANIZAÇÃO CRIMINOSA quando direcionado à prática de crime HEDIONDO ou EQUIPARADO

MEIOS DE PROVA

- COLABORAÇÃO PREMIADA
- INFILTRAÇÃO DE AGENTES
- AÇÃO CONTROLADA (FLAGRANTE DIFERIDO)

Definição de organização criminosa:

- ASSOCIAÇÃO de 4 ou MAIS pessoas
- Estruturalmente ORDENADA e HIERÁRQUICA
- Caracterizada pela DIVISÃO DE TAREFAS
- Finalidade: prática de INFRAÇÕES PENAIS (ESTABILIDADE PERMANÊNCIA)
    - PENAS MÁX. > 4 ANOS
    - CARÁTER TRANSNACIONAL
- Objetivo: obter VANTAGEM de qualquer natureza

ART. 1º, §1º

≠

ART. 2º – CRIME de O.C.

PROMOVER
CONSTITUIR
FINANCIAR
INTEGRAR

Pessoalmente ou por interposta pessoa

Reclusão de 3 a 8 anos e MULTA

Não se confunde com o crime de ASSOCIAÇÃO CRIMINOSA (CP-ART.288)

- No MÍNIMO 3 pessoas
- Para praticar QUALQUER CRIME
- Não exige a divisão de tarefas
- Não há finalidade específica

Lei 10.850/13
Art. 3ºA a 7º

- Meio de obtenção de PROVA
- Presença do ADVOGADO ou DEFENSOR PÚBLICO
- O juiz NÃO PODE PARTICIPAR das negociações
  - → É responsável pela HOMOLOGAÇÃO do acordo

- CAUTELARES | REAIS / PESSOAIS
- RECEBIMENTO | DENÚNCIA / QUEIXA
- SENTENÇA CONDENATÓRIA

→ ⊗ Não podem ocorrer com base APENAS nas declarações do colaborador

O Ministério Público poderá não oferecer a denúncia se:

- Falar de infração DESCONHECIDA
- NÃO FOR LÍDER
- 1º A COLABORAR

Deverá ter os seguintes resultados:

- IDENTIFICAÇÃO | · COAUTORES · PARTÍCIPES e as respectivas infrações
- REVELAÇÃO | · ESTRUTURA HIERÁRQUICA · DIVISÃO DE TAREFAS
- PREVENÇÃO de INFRAÇÕES PENAIS decorrentes
- RECUPERAÇÃO do PROVEITO das infrações penais
- LOCALIZAÇÃO de VÍTIMA (integridade física preservada)

O juiz poderá:

- Conceder PERDÃO JUDICIAL
- Reduzir em até $\frac{2}{3}$ a PPL
- Substituir a PPL por PRD

A colaboração deverá ser | · EFETIVA · VOLUNTÁRIA

INFILTRAÇÃO VIRTUAL

- PRAZO: 6 MESES
- PRORROGÁVEL
- MÁXIMO: 720 DIAS

- Meio de PROVA
- ÚLTIMO recurso
- PRECISA de AUTORIZAÇÃO JUDICIAL
- O agente pode RECUSAR/DESISTIR

Lei 12.850 - ARTs. 10 a 14

Pode cometer CRIME?

- Excludente de CULPABILIDADE
- INEXIGIBILIDADE de conduta diversa
- Pode responder pelos EXCESSOS

- PRAZO de 6 MESES
- PRORROGÁVEL se necessário
- RELATÓRIO circunstanciado

TRANSPOSIÇÃO de FRONTEIRAS

A polícia brasileira só poderá intervir por meio da AÇÃO CONTROLADA se houver COOPERAÇÃO com o outro país

Também chamada de:

- FLAGRANTE | POSTERGADO, DIFERIDO ou RETARDADO
- INTERVENÇÃO
- RETARDAMENTO
> ADMINISTRATIVO

Lei 10.850/13 ART. 8º a 9º

O JUIZ poderá determinar os LIMITES da atividade

- ✗ NÃO PRECISA de AUTORIZAÇÃO JUDICIAL
- ✓ PRECISA de COMUNICAÇÃO PRÉVIA do JUIZ

## CRIME DE OMISSÃO

Aquele que se OMITIR em face dos crimes de TORTURA

Quando tiver o DEVER de | EVITAR / APURAR

Detenção de ① a ④ anos

## CRIME DE TORTURA

Constranger alguém com | VIOLÊNCIA / GRAVE AMEAÇA

↓

causando SOFRIMENTO | FÍSICO / MENTAL

Finalidade: TORTURA |
- PROVA
- CRIME
- DISCRIMINAÇÃO

Reclusão de ② a ⑧ anos

## CRIME EQUIPARADO A TORTURA

Submeter pessoa |
- PRESA ou
- EM MEDIDA de SEGURANÇA

↓

a SOFRIMENTO |
- FÍSICO
- MENTAL

↓

por ato | NÃO previsto em LEI / NÃO resultante de medida LEGAL

Reclusão de ② a ⑧ anos

## CRIME DE TORTURA

Submeter alguém sob sua | GUARDA / PODER / AUTORIDADE

↓

com emprego de | VIOLÊNCIA / GRAVE AMEAÇA

↓

a INTENSO SOFRIMENTO | FÍSICO / MENTAL

Finalidade: TORTURA CASTIGO

Reclusão de ② a ⑧ anos

TORTURA PELA TORTURA (ART. 1º, §1º)

Submeter pessoa
- PRESA ou
- EM MEDIDA de SEGURANÇA

a sofrimento por ato:
- NÃO previsto em LEI
- NÃO resultante de medida LEGAL

TORTURA CASTIGO (ART. 1º, II)

Finalidade:
- CASTIGO pessoal
- MEDIDA de caráter PREVENTIVO

TORTURA POR OMISSÃO (ART. 1º, §2º)

Se OMITIR em face das demais torturas

Quando tiver o DEVER de
- EVITAR
- APURAR

TORTURA PROVA ou PERSECUTÓRIA (ART. 1º, I "a")

Finalidade: obter
- INFORMAÇÃO
- DECLARAÇÃO
- CONFISSÃO

da VÍTIMA ou de TERCEIRA pessoa

TORTURA DISCRIMINATÓRIA (ART. 1º, I "c")

Finalidade: discriminação
- RACIAL
- RELIGIOSA

TORTURA CRIME (ART. 1º, I "b")

Finalidade: provocar
- AÇÃO
- OMISSÃO

CRIMINOSA

# CRIME DE TORTURA
## Lei 9.455/97
ART. 1º (§)

- É INAFIANÇÁVEL
  E
  INSUSCETÍVEL de
  - GRAÇA
  - ANISTIA
- Início do cumprimento da pena em REGIME FECHADO?
  - **INCONSTITUCIONAL**

---

- Se resulta LESÃO CORPORAL
  - GRAVE
  - GRAVÍSSIMA
- Reclusão de (4) a (10) anos

---

- Se resulta MORTE
- Reclusão de (8) a (16) anos

---

A condenação acarretará:

- PERDA do
  - CARGO
  - FUNÇÃO
  - EMPREGO

  público

  E
- INTERDIÇÃO para o seu exercício pelo DOBRO do prazo da pena aplicada

---

AUMENTA A PENA

**UM SEXTO ATÉ UM TERÇO**

Se cometido

- Por AGENTE PÚBLICO
- Contra
  - CRIANÇA
  - GESTANTE
  - DEFICIENTE
  - ADOLESCENTE
  - MAIOR de (60) anos
- Mediante SEQUESTRO

NÃO são atos de terrorismo as condutas em

MANIFESTAÇÕES
- POLÍTICAS
- SOCIAIS
- SINDICAIS
- RELIGIOSAS
- de CLASSE ou CATEGORIA PROFISSIONAL

visando
- CONTESTAR
- CRITICAR
- PROTESTAR
- APOIAR

Para defender
- DIREITOS
- GARANTIAS
- LIBERDADES

CONSTITUCIONAIS

Prática de ATOS de TERRORISMO por RAZÕES de
- XENOFOBIA
- DISCRIMINAÇÃO / PRECONCEITO
  - RAÇA
  - COR
  - ETNIA
  - RELIGIÃO

Qual é a FINALIDADE?

Provocar TERROR SOCIAL ou GENERALIZADO expondo a PERIGO
- PESSOA
- PATRIMÔNIO
- PAZ PÚBLICA
- INCOLUMIDADE PÚBLICA

→ Bens jurídicos tutelados

Quais são os ATOS de TERRORISMO?

- ATENTAR contra
  - VIDA
  - INTEGRIDADE FÍSICA
- Usar, ameaçar a usar, transportar, guardar, portar ou trazer consigo SUBSTÂNCIAS PERIGOSAS
- Sabotar ou se apoderar com VIOLÊNCIA, GRAVE AMEAÇA ou por MEIO CIBERNÉTICO, do controle total ou parcial, ainda que TEMPORÁRIO, de LOCAIS de INTERESSE PÚBLICO

# INTERCEPTAÇÃO TELEFÔNICA (PROVA)

Lei 9296/96

Realizar captação ambiental — PROVA ILÍCITA

⬇

Falta de autorização judicial

⬇

Reclusão de 2 a 4 anos e multta
ART. 10A

QUEM pode autorizar? JUIZ

FINALIDADE:
- INVESTIGAÇÃO
- INSTRUÇÃO CRIMINAL

PRAZO: MÁX. 15 dias

Renovável
- Decisão JUDICIAL
- IGUAIS períodos
- INDISPENSÁVEL
- Crime
  - PERMANENTE
  - HABITUAL
  - CONTINUADO

## HIPÓTESES

- Quando a prova não puder ser feita por outros meios
  - DISPONÍVEIS
  - = EFICÁCIA

- Quando houver elementos probatórios razoáveis de AUTORIA e PARTICIPAÇÃO em infração penal cujas penas MÁX. sejam >4 anos ou em delitos conexos

QUEM pode requerer?

- AUTORIDADE POLICIAL
- MINISTÉRIO PÚBLICO

# Muito Obrigada!

EDITORA
JusPODIVM
www.editorajuspodivm.com.br

COLOR
system

JUS4238